Ensayos sobre paz y desarrollo

El caso de Colombia y la experiencia internacional

Andrés Solimano con:
Felipe Sáez, Caroline Moser, Cecilia López
Editores

THE WORLD BANK

Diseño cubierta: Héctor Prado M., Tercer Mundo Editores

Primera edición: septiembre 1999

ISBN: 958-96760-0-6

Edición, diagramación electrónica,
impresión y encuadernación:
Tercer Mundo Editores

Impreso y hecho en Colombia
Printed and Made in Colombia

CONTENIDO

AGRADECIMIENTOS

Este libro busca dar a conocer al público el trabajo analítico y programas piloto llevados a cabo por el Banco Mundial en torno a la paz y el desarrollo en Colombia. Otro tema del libro es examinar la experiencia internacional del Banco en situaciones postconflicto en distintos países del mundo y su relevancia para Colombia. El tema de identificar las determinantes socioeconómicas del conflicto, la violencia y las reformas para la paz en Colombia surgió como elemento clave de la estrategia de asistencia del Banco Mundial para el país, que se definiera conjuntamente con las autoridades gubernamentales y representantes de la sociedad civil.

En el campo analítico se ha hecho énfasis en la necesidad de combinar el conocimiento de la experiencia y la realidad colombianas, con las lecciones que se devienen de situaciones de conflicto y procesos de paz a nivel internacional. En el campo operacional, se ha puesto énfasis en la necesidad de trabajar directamente con los sectores más vulnerables en las zonas de conflicto y bajo esquemas innovativos que permitan un amplio desarrollo y participación de las comunidades afectadas por la violencia y el conflicto armado, en torno a proyectos productivos y a la preservación del capital social.

Quisiéramos agradecer en forma muy especial a los equipos que han llevado a cabo los trabajos que se presentan en esta publicación, los cuales fueron encabezados por Caroline Moser para el ensayo sobre "La violencia en Colombia: cómo construir una paz sostenible y fortalecer el capital social"; Cecilia López y Arturo García Durán en el caso del ensayo sobre "Los costos ocultos de la paz en Colombia" y Nat Colletta, Markus Kostner, Patricia Cleves y Johanna Mendelson para el caso del ensayo "Hacia una arquitectura para la paz y el desarrollo sostenibles: lecciones provenientes de la experiencia del Banco Mundial". Así mismo, quisiéramos agradecer la contribución de la Comisión Económica para la América Latina, Cepal, de las Naciones Unidas, en el caso del ensayo preparado por Cecilia López y Arturo García sobre "Los costos ocultos de la paz en Colombia". Ha sido fundamental, para llevar a cabo este esfuerzo, el financiamiento aportado por el gobierno japonés para algunos de los equipos de trabajo y para los eventos de discusión de estos documentos con representantes de la sociedad civil y de entidades gubernamentales. Por último, a los representantes de diversas organizaciones sociales que tuvieron a bien participar en largas jornadas de discusión de estos ensayos, especialmente la Asamblea Permanente de la Sociedad Civil por la Paz, Mandato Ciudadano por la Paz, Redepaz y Red de Universidades por la Paz. Se agradece también la efectiva colaboración de Carlos Alberto García a la edición en español del libro.

Esperamos con este libro hacer una contribución significativa al creciente debate nacional en torno a estrategias y programas que permitan la construcción de una paz duradera y sostenible en el país.

PREFACIO

En los tiempos que corren, pocas son las certidumbres que tenemos sobre la ruta para la obtención del progreso de los pueblos. Las ideologías, lo sabemos, no se nos ofrecen hoy como fórmulas seguras para el bienestar individual o colectivo.

Pero si están en crisis las ideologías nunca como ahora son urgentes las ideas. Su libre, sereno y amplio debate es esencial para abrir las puertas hacia nuevos y creativos senderos para aventurarnos hacia el futuro.

Sabemos que en nuestro equipaje de transeúntes hacia el siglo XXI no podemos llevar la pesada carga de la violencia, ni las estructuras de iniquidad, ni la marginación, ni la injusticia, ni los atropellos a la dignidad humana.

En el amanecer del nuevo milenio nos corresponde el reto de erigir la democracia, la justicia social, los derechos humanos, la protección del ambiente y la seguridad humana, que son los elementos del auténtico desarrollo humano. También son ellos los fundamentos políticos para la obtención de una paz perenne y estable; de una paz aferrada al respeto y la exaltación de la persona, como principio y fin de toda actividad social.

Ésa es la perspectiva que he privilegiado en la política de paz para Colombia. El proceso de reconciliación debe ser el escenario para restituir a todo colombiano su bienestar material y espiritual. Eso no se logra con el simple acallar de las armas, sino a través de las transformaciones de aquellas estructuras económicas, políticas y sociales que retardan nuestro acceso a los beneficios del desarrollo.

Y si la paz es mucho más que la ausencia de la guerra, su construcción es una tarea que compromete al conjunto de la sociedad nacional, y no sólo a quienes intervienen directamente en el proceso de solución política del conflicto armado. Sabemos que nadie en nuestros tiempos puede arrogarse el derecho de "ser la voz de quienes no tienen voz", y por eso el compromiso con la paz también es un compromiso con la participación democrática.

Hemos entendido que no hay paz sin desarrollo, pero también que no hay desarrollo sin democracia. Debemos traducir esa comprensión en todos los planes y programas de inversión económica y social, públicos o privados, no sólo como instrumentos para la ampliación de las oportunidades de progreso material, sino como el vehículo del entendimiento social, a través de la definición colectiva y compartida de los propósitos supremos de una Nación. Ése es, sin lugar a dudas, el apremio más crucial de nuestros tiempos.

Colombia ha participado muy activamente en la construcción de la paz en el hemisferio americano. Lo ha hecho mediante el apoyo político y el respaldo de iniciativas latinoamericanas tan trascendentales como el Grupo de Contadora para América Central, el Acuerdo de Esquipulas II y como país amigo de los procesos de paz de El Salvador y Guatemala.

Esas iniciativas de paz fueron reconocidas por haberse fijado propósitos muy ambiciosos, no sólo en materia económica, a través de la redención de una región tan azotada por la violencia, sino por medio de la democratización, la desmilitarización de la sociedad, la protección de los derechos humanos y de la reconstitución de los esquemas regionales de integración económica.

Es bueno recordar que en esos mecanismos está también el origen de la reforma a la Carta de la Organización de los Estados Americanos de 1984, suscrita en Cartagena de Indias y con la cual se consagró como obligación de los Estados americanos su establecimiento como democracias representativas. Fueron también esos esfuerzos los que derivaron en el Grupo de Río que es, sin lugar a dudas, el mecanismo de consulta política más importante de las Américas.

El Banco Mundial ha acompañado en forma permanente y comprometida todos estos procesos, con un notable respeto de las decisiones nacionales y de las concertaciones regionales.

Como herramienta técnica y financiera de la comunidad internacional, es justo agradecer al Banco Mundial, que ha estado al servicio de trascendentales decisiones políticas, como las que deberemos pronto adoptar tanto en Colombia como en el resto de América para su bienaventurada proyección hacia el futuro.

ANDRÉS PASTRANA
Presidente de Colombia

INTRODUCCIÓN Y SÍNTESIS

Andrés Solimano

Alcanzar la paz e impulsar el proceso de desarrollo económico y social son los principales desafíos que enfrentan países que viven en situaciones de conflicto interno, entre los cuales se encuentra Colombia en la actualidad. Una variedad de estudios realizados dentro y fuera de este país, incluso los análisis que se realizan en el presente volumen, indican que la violencia y el conflicto armado colombianos obedecen a un complejo conjunto de factores económicos, sociales, históricos y políticos[1]. El país ha registrado un patrón de crecimiento económico que ha coexistido con la pobreza y la desigualdad en la distribución de la riqueza productiva (p. ej., tierra), y en el acceso tanto a las oportunidades económicas (empleo, educación, crédito) como a las decisiones públicas. Además, Colombia ostenta una larga historia de conflictos armados: enfrentamientos entre liberales y conservadores, en el siglo XIX; el llamado período de la "violencia" de mediados del siglo XX y la agudización del conflicto armado desde las décadas de los ochenta y noventa con la irrupción del narcotráfico y los grupos paramilitares. En general, la existencia de las confrontaciones es indicativa de las dificultades de las instituciones políticas para encauzar por vías pacíficas los conflictos subyacentes en toda sociedad.

Entre las décadas de los cincuenta y ochenta, se pensaba que el conflicto no afectaba muy significativamente el proceso de crecimiento y

1 El Banco Mundial, en su estrategia de asistencia a Colombia, ha identificado la violencia y el conflicto armado, tal vez, como el principal obstáculo para que Colombia desarrolle plenamente su potencial de crecimiento económico y progreso social. En este sentido, el Banco Mundial ha desarrollado un trabajo analítico de entendimiento de las causas –particularmente las socioeconómicas– detrás de la violencia y el conflicto colombianos, buscando identificar qué políticas son apropiadas para reducir los efectos de la violencia y promover el desarrollo. También el Banco Mundial ha financiado proyectos piloto en zonas afectadas por el conflicto (Magdalena Medio, Caquetá y otras), que tratan de reconstituir el tejido y el capital sociales afectados por la guerra; financiado pequeños proyectos productivos ejecutados por instituciones locales de la sociedad civil.

desarrollo económico en el país. En efecto, Colombia, en ese período, evitó incurrir en desequilibrios macroeconómicos de importancia, mantuvo un ritmo de crecimiento económico respetable y realizó avances en sus políticas sociales; todo esto, a pesar del conflicto armado y de niveles de violencia superiores a otros países de la región.

Esta situación empezó a cambiar en la década de los noventa, en la medida en que el conflicto armado se expandió, con la guerrilla logrando una presencia e influencia más importante en el territorio colombiano, desafiando el aparato armado del Estado, complicado con una crisis política interna durante el gobierno del presidente Ernesto Samper, que llevaron, durante la segunda mitad de la década de los noventa, a una reducción del ritmo de crecimiento económico y a la aparición de desequilibrios macroeconómicos crónicos. Esto indica, claramente, que el conflicto en este país está afectando su proceso de desarrollo económico. Así, el conflicto armado y la violencia en general crean inseguridad ciudadana e inestabilidad política, hechos que deterioran el clima de inversión privada (nacional y extranjera), lo cual, a su vez, tiende a reducir el ritmo de crecimiento económico del país. Ante esta situación, las instituciones públicas y el gobierno deben dedicar gran parte de sus esfuerzos a la resolución de conflictos más que a apoyar directamente la creación de riqueza. Por otra parte, la misma desaceleración del ritmo de crecimiento económico ha llevado a un aumento de la desocupación y de la pobreza y a una reducción de los ingresos fiscales que se necesitan para financiar los programas sociales. Además de constituir un drama permanente para la población, la violencia y el conflicto armado destruyen distintos tipos de capital (humano, físico, social y natural), dificultan la creación de riqueza y empeoran la calidad de vida de los ciudadanos.

En esta perspectiva, el alcanzar la paz y atacar las causas estructurales que generan la violencia son objetivos que van también en la dirección de resolver los problemas del desarrollo. En este sentido, ambos propósitos –paz y desarrollo– se complementan y refuerzan mutuamente.

Políticas económicas y sociales para la paz

El fin del conflicto armado y el logro de la paz son pasos indispensables para generar un espacio económico, social y político para atacar los problemas estructurales de la economía y sociedad colombiana en términos de un ritmo insuficiente de crecimiento económico, pobreza y desigualdad. Se espera que la paz genere un dividendo positivo de mayor crecimiento económico para Colombia. El país debe elevar sus coeficientes de inversión por lo menos a un 25% del producto interno bruto, y velar además por su eficiencia y calidad, para coadyuvar al logro de una tasa de crecimiento del orden de 5 a 6% por año. A estos ritmos es posible alcanzar reducciones más significativas de la pobreza y la desocupación –esta última ha aumentado en forma notoria recientemente– y mejorar los niveles de vida de los colombianos. Un aumento de la inversión será posible si la estabilidad económica y la seguridad interna se restablecen y consolidan, si el marco legal y regulatorio es adecuado, si las tasas de interés son moderadas y consistentes con la rentabilidad real del capital y si la infraestructura pública y la disponibilidad de recursos humanos son apropiados. El dividendo de paz también se origina por el efecto de liberación de recursos públicos y privados destinados actualmente al conflicto armado y que se pueden usar para fines productivos en un escenario de paz.

Al dividendo económico que se obtiene con la paz hay que agregarle también algunos costos. El desafío consiste en identificar la naturaleza de los mismos y movilizar los recursos necesarios para cubrirlos. Pero, definitivamente, hay que invertir en la paz.

En la actualidad, importantes contingentes de la población, sobre todo los jóvenes de las áreas rurales, son combatientes directamente involucrados en la lucha armada o derivan ingresos de ocupaciones relacionadas con la confrontación. En una situación postconflicto, estas personas deben encontrar ocupación en la economía de la paz. Por lo tanto, se requerirá crear empleos para que quienes han intervenido en el conflicto, especialmente los ex combatientes, se reintegren a la actividad económica. Se necesita desarrollar un proceso de reentrenamiento productivo que prepare a estos últimos para la vida laboral y que les proporcione las calificaciones apropiadas al mundo del trabajo, la disciplina y las actitudes cívicas compatibles con la estabilidad, la producción y la paz.

Si la economía regresa a una senda de crecimiento sostenido, estos puestos de trabajo provendrán, fundamentalmente, del sector privado. Sin embargo, en un ambiente recesivo es necesario crear empleos de emergencia y fomentar inversiones públicas intensivas en mano de obra. La experiencia muestra que en otros países que, como El Salvador y Guatemala a comienzos de la década de los noventa, han logrado emerger de conflictos armados, los índices de violencia no-política y de criminalidad urbana aumentaron después de haber puesto fin a los enfrentamientos de origen predominantemente rural (aunque con ramificaciones urbanas). Este fenómeno está asociado a migraciones masivas a las ciudades en donde no se ofrecen muchas oportunidades de empleo. El incremento de la violencia no-política (violencia económica y social) que ha seguido al logro de la paz en esos países tiene causas complejas, pero sin duda puede encontrar su explicación en la falta de oportunidades de empleo, así como en la dificultad para reintegrarse a una sociedad sin guerra, por parte de personas habituadas a derivar sus experiencias y capacidades del conflicto armado.

El tránsito de una cultura de la violencia a una de paz también exige un proceso educativo profundo, de cambio de valores y hábitos. El esfuerzo de reactivación económica y creación de empleos productivos y de cambio de valores requiere varios ingredientes: decisión política, recursos financieros, capacidad de gestión de programas en los niveles central, regional y local, así como participación social. Evitar la violencia y la criminalidad en una situación postconflicto demandará igualmente un esfuerzo fiscal y una política social activa. Pero, paradójicamente, los efectos positivos de una eventual reducción del gasto en defensa con posterioridad al logro de los acuerdos de paz pueden ser anulados por un aumento del mismo gasto en policía y mantenimiento del orden interno, si la violencia y la criminalidad no disminuyen.

La consolidación de la paz requerirá una política social activa. Esta última debe centrarse, al menos, en dos áreas. En primer lugar, en la implementación de redes de protección social, para enfrentar las necesidades populares que emergen durante la guerra y después de ella. Algunos componentes de un programa de protección social con estos fines son: (i) provisión de seguridad alimentaria para los grupos vulnerables, los pobres y los desplazados por la guerra; (ii) generación de empleos y oportunidades productivas para los desocupados; (iii) ejecución de programas de reentrenamiento laboral y (iv) suministro de servicios médicos y psicológicos a los afectados física y emocionalmente por la guerra. En segundo lugar, es necesario reforzar la política social de tipo estructural, que complemente la política de protección social de "emergencia", aunque no debe desconocerse que hay elementos de esta última que van más allá del corto plazo y que son necesarios tanto durante el conflicto como después del mismo. Entre las políticas sociales de tipo estructural se distinguen las de educación, de salud, de crédito, de vivienda y de pensiones. Estas políticas deben actuar como mecanismos niveladores de oportunidades en el acceso a activos productivos y generadores de riqueza como el crédito y la educación. Dado que en Colombia la confrontación armada se localiza primordialmente en áreas rurales, la política rural y, dentro de ella, los temas de la reforma agraria y del acceso a los recursos naturales adquieren especial relevancia.

FINANCIAMIENTO DE POLÍTICAS PRO PAZ

Un desafío importante que debe enfrentar un país como Colombia se encuentra en cómo acomodar políticas de alivio al conflicto y de logro de la paz, en el marco de una reducción del déficit fiscal orientado a mantener el equilibrio macroeconómico y a reducir la presión en el mercado crediticio generada por las necesidades de financiamiento deficitario del Estado. Éste no es un reto pequeño, puesto que para enfrentarlo se requiere: (i) fortalecer y aumentar la recaudación tributaria, (ii) contener el incremento del gasto público y asignar prioridad a aquella inversión que propicie una sinergia con actividades pro paz. Dado el nexo conflicto armado-pobreza, el gasto social que llegue a los afectados por la guerra debe tener prioridad. También deben recibir un tratamiento preferencial los gastos en infraestructura y vivienda, por las posibilidades de generación de empleo que ofrecen en muchos casos.

Asimismo, Colombia debe continuar y acentuar su esfuerzo de acceso a la financiación externa multilateral y a la cooperación bilateral para apoyar el proceso de paz. El conflicto armado de este país es una preocupación para la comunidad latinoamericana e internacional, además de ser un desafío nacional. Es importante dar a conocer a los donantes externos las diferentes implicaciones del conflicto y también fortalecer internamente la capacidad para manejar programas de paz financiados con apoyo externo.

INSTITUCIONES, ACTORES Y UN NUEVO CONTRATO SOCIAL

La experiencia internacional y la historia muestran que la presencia de enfrentamientos armados es un indicio de la existencia de fallas institucionales. Una de las principales funciones de las instituciones es la de procesar, por medios pacíficos, los conflictos latentes en toda sociedad. El conflicto social puede tener un origen económico asociado a presiones distributivas por una mayor participación en el ingreso nacional, por parte de distintos grupos y sectores económicos. Pero también puede obedecer a la apropiación de rentas sobre actividades como el narcotráfico, por parte de distintos grupos armados. Adicionalmente, puede originarse por visiones alternativas de organización de la sociedad y la existencia de proyectos político-ideológicos, no fácilmente reconciliables dentro de la sociedad. Esto último parecería menos probable después del fin de la Guerra Fría y del proyecto comunista, pero aún es relevante en Colombia con la agenda política de la guerrilla.

Las instituciones públicas (partidos políticos, poder judicial, Parlamento) deben regular estos conflictos, para mantener la estabilidad social. En un sistema democrático, ellas deben garantizar a todos los ciudadanos la oportunidad de expresar su voz y de participar en las decisiones públicas. Naturalmente, esto requiere el respeto genuino a la ley y el acatamiento a las reglas del juego del sistema democrático, por parte de todos los ciudadanos. Éste es un tema tratado en los acuerdos de paz, que generalmente definen una estructura institucional y que constituyen usualmente un nuevo contrato social que asigna derechos y responsabilidades a los grupos rebeldes (guerrilla, paramilitares), al reincorporarlos al sistema democrático, de modo que sus agendas políticas se impulsen por medios pacíficos y no por la vía armada.

Un actor emergente en el proceso social colombiano es la llamada sociedad civil formada por un cuerpo amplio y heterogéneo de grupos y organizaciones. Entre ellos, se cuentan sindicatos, asociaciones empresariales, grupos religiosos, organizaciones artísticas, culturales y de los medios de comunicación; cooperativas, asociaciones de base, etc. Varios de estos grupos pueden jugar un significativo papel en el proceso de paz, tanto como generadores de consensos y apoyo al mismo, como también en calidad de elementos activos en la formulación e implementación de políticas de paz, incluyendo, por cierto, aquéllas de contenido económico-social.

La paz como un bien público global: el papel de la comunidad internacional

Contrario a los casos de El Salvador, Guatemala y Nicaragua, países que lograron la paz después de la terminación de la guerra fría, el conflicto armado colombiano ha sobrevivido y permanecido[2]. Hoy en día se considera una de las confrontaciones de más larga duración y de mayor extensión geográfica en América Latina. Sin duda, el logro de la paz en Colombia sería un elemento estabilizador para la región andina y el continente latinoamericano en general. En la era de la globalización, los conflictos nacionales tienen repercusiones regionales y globales. Así, la paz se convierte en una especie de bien público global que requiere una respuesta institucional a nivel internacional.

En el marco analítico de la paz como un bien público global, las organizaciones internacionales, como las Naciones Unidas, las instituciones de Bretton Woods y los bancos regionales de desarrollo, enfrentan el desafío de integrar el logro de la paz con el impulso al desarrollo económico, lo que requiere el rediseño de concepciones estratégicas e instrumentos operativos, para hacerlos especialmente relevantes para países que viven situaciones de conflicto, o que han logrado emerger de ellas.

El Banco Mundial, en su estrategia de asistencia a países en esta situación, hace énfasis en varios elementos: (i) la necesidad de desarrollar un conjunto de prácticas internacionales exitosas –políticas públicas, proyectos, apoyo a reformas institucionales– que sean relevantes a países que aún viven un conflicto armado y que buscan las vías de la paz (algunas de tales prácticas se documentan en este libro); (ii) la asistencia técnica especializada en distintas áreas relevantes para la consolidación de la paz (reabsorción de combatientes, programas sociales de apoyo a la paz, reforma judicial, etc.); (iii) la transferencia de recursos para financiar programas económicos y sociales orientados a mitigar el impacto de la guerra sobre grupos vulnerables y a la consolidación de la paz, conjuntamente con el fortalecimiento del presupuesto fiscal y de la balanza de pagos de los países receptores en situaciones de conflicto interno.

PLAN DEL LIBRO

El presente volumen está constituido por un prefacio y tres capítulos incluida esta introducción. El capítulo 1 titulado "La violencia en Co-

2 Una de las hipótesis de la persistencia del conflicto armado colombiano se refiere a su conexión con las enormes rentas generadas por los "impuestos" al narcotráfico que derivan los grupos insurgentes.

lombia: cómo construir una paz sostenible y fortalecer el capital social", escrito por Caroline Moser del Banco Mundial con la colaboración de un grupo de académicos colombianos, proporciona un marco conceptual para entender un espectro amplio de tipos de violencia política, económica y social, a la vez que examina sus causas y mecanismos de propagación. Se establecen cuatro niveles de causalidad en los determinantes de cada tipo de violencia: el estructural, el institucional, el interpersonal y el individual. En este trabajo se identifica el papel que han jugado tanto la historia política colombiana como el acceso diferenciado a los poderes económico y político en la generación y persistencia de la violencia política en Colombia. En lo económico, se hace especial referencia a la tierra y los recursos naturales. En cuanto a los determinantes de la violencia de tipo 'económico-social', la pobreza y la desigualdad son identificadas como importantes factores explicativos, a los que se agregan otros de índole familiar, la falla de los mecanismos judiciales y el papel del alcohol, las drogas y las armas de fuego como los elementos precipitantes o propagadores de dicho tipo de violencia.

Moser y su equipo de colaboradores identifican como costos de la violencia su impacto adverso sobre el capital físico y natural, el capital humano y el capital social del país. Finalmente, los autores examinan distintas iniciativas en marcha en Colombia para reducir la violencia y proponen nuevas áreas de política pública que incluyen la vinculación de la sociedad civil, las organizaciones de base, la familia y el poder local, en el diseño e implementación de las mismas.

El capítulo 2 titulado "Los costos ocultos de la paz en Colombia" fue elaborado por Cecilia López y Arturo García y su análisis se concentra en el origen socioeconómico del conflicto armado colombiano. Se plantea que éste surge de un fenómeno de exclusión política y económica que ha caracterizado, según los autores, a la organización social colombiana. En particular, se identifican 'tres mitos' presentes en muchos análisis de la historia y la sociedad colombianas: (i) la democracia política; (ii) la economía sólida y (iii) la pobreza como causa fundamental de la violencia. Los autores examinan los costos para alcanzar la paz y los límites fiscales para solventarlos, en forma sostenida. Sin embargo, también señalan que el problema no es tanto de recursos económicos, sino mas bien de complejas relaciones de poder que dificultan el logro de la paz.

López y Durán, basados en las hipótesis del historiador Marco Palacios, plantean que la violencia, el clientelismo y la corrupción han bloqueado una democracia efectiva en el país, marginando del proceso de decisiones públicas a grupos pobres urbanos y segmentos regionales.

En términos de la economía, los autores destacan un nivel insuficiente de ahorro nacional e inversión productiva que ha conducido a un ritmo sólo moderado de crecimiento económico de largo plazo en Colombia. A nivel sectorial, se sostiene que los sectores agrícola y de servicios del país poseen poco dinamismo y que el sector industrial genera bajos niveles de eficiencia y de crecimiento de la productividad. Enseguida, se señala que los problemas de la exclusión y la desigualdad, más que la pobreza, son los determinantes principales de la violencia y del conflicto armado colombianos.

Finalmente, en este ensayo se identifica la necesidad de articular un consenso nacional sobre la implementación de reformas (reforma agraria, redefinición de la política social, reforma judicial y otras) y la transformación de las instituciones políticas y económicas para lograr la paz en Colombia.

El capítulo 3, "Hacia una arquitectura para la paz y el desarrollo sostenibles: lecciones provenientes de la experiencia del Banco Mundial", Nat Colletta, Markus Kostner y su equipo de la Unidad Postconflicto del Banco Mundial ofrecen un enfoque integrado al tema de la paz, basado en las experiencias recientes de asistencia del Banco a países que viven en situaciones de conflictos armados internos o las han superado.

Los autores examinan distintos componentes de una estrategia para lograr un proceso de paz sustentable; éstos incluyen: (i) el logro de la pacificación, o sea, básicamente el tema de los acuerdos de paz y las políticas de apoyo a los mismos; (ii) el logro del consenso social interno para consolidar la paz; que incluye a la sociedad civil y al gobierno; (iii) el papel de la comunidad internacional en el apoyo al proceso de paz y (iv) la sustentabilidad de la paz, por la vía de la inclusión política, económica y social de los distintos grupos en conflicto, el fortalecimiento de la seguridad interna, el respeto a los derechos humanos y el imperio de la ley.

En este ensayo se evalúa una variedad de situaciones de conflicto y de experiencias de paz, tanto en América Latina (El Salvador, Guatemala, Nicaragua), como fuera de la región (Irlanda del Norte, Franja de Gaza y Palestina, Sudáfrica y otros casos), a la vez que se ilustran los distintos componentes de lo que los autores llaman 'la arquitectura de la paz y el desarrollo sostenibles'; con el objeto de señalar su relevancia para el caso colombiano.

CONCLUSIONES

Las principales conclusiones que emergen de esta publicación se pueden sintetizar en lo siguiente:

1. El logro y la consolidación de la paz son un requisito esencial para que Colombia retome su senda de desarrollo económico y social; a su vez, sin desarrollo económico, justicia social y democracia será difícil consolidar la paz.
2. La violencia en Colombia tiene manifestaciones políticas, económicas y sociales. Sus causas son múltiples y complejas. Una historia de enfrentamientos en los siglos XIX y XX, los fenómenos de pobreza, desigualdad económica, segmentación en el acceso a las decisiones públicas, a los que superponen factores propagantes como el consumo y producción de alcohol y drogas y el uso extensivo de armas de fuego, han acompañado el fenómeno de la violencia en el país.
3. El logro de la paz debe sustentarse en un amplio consenso interno e ir acompañado de políticas económicas y sociales que incentiven el crecimiento económico, la creación de empleos, la seguridad alimentaria, la igualdad de oportunidades, la transparencia de las instituciones, el entrenamiento laboral y la educación cívica en los valores del trabajo y la convivencia pacífica. Para que estas políticas sean efectivas, se requiere un cuidadoso proceso participativo de diseño, financiación e implementación. Este proceso debe ser muy participativo. La comunidad internacional y el Banco Mundial son vehículos de asistencia técnica, financiación y conocimiento global y regional en temas como la reabsorción productiva de desplazados y desmovilizados de la guerra, reconstrucción física de infraestructura, fortalecimiento institucional y otros.
4. El esfuerzo internacional de apoyo a la paz y el desarrollo en Colombia requiere un esfuerzo complementario interno de disciplina fiscal, capacidad de implementación de proyectos y políticas, construcción de consensos internos entre gobierno, sector priva-

do, trabajadores y sociedad civil en aras de un proyecto nacional de recuperación económica y del logro y consolidación de la paz.

5. El logro de la paz requiere reformas institucionales, eventualmente un nuevo contrato social. Este contrato social puede visualizarse en torno a dos ejes: (i) un orden económico conducente a la estabilidad, el crecimiento y la justicia social, (ii) un orden institucional democrático, transparente e incluyente que permita que los conflictos de la sociedad colombiana se canalicen por vías pacíficas y democráticas; apoyado por un esfuerzo de reconstitución del capital social, afectado por años de conflicto y violencia.
6. Colombia es un país con una enorme base de recursos humanos y naturales, una localización geográfica muy favorable para el comercio internacional, una valiosa tradición democrática y cultural que a pesar de todas las dificultades actuales, permiten ser optimistas sobre su enorme potencial de desarrollo económico y progreso social que se pueden realizar en paz y de cara al siglo XXI.

Capítulo 1
La violencia en Colombia: cómo construir una paz sostenible y fortalecer el capital social*

Caroline Moser

I. Introducción

Colombia, una de las democracias más antiguas y duraderas, es un país de ingresos medios, rico en recursos naturales y humanos que ha alcanzado mejoras sostenidas en sus indicadores sociales y económicos a lo largo de las últimas décadas. Sin embargo, este desarrollo se ha dado *a pesar de* 50 años de ebullición lenta de una guerra civil, así como del crecimiento de los carteles de la droga y de niveles de criminalidad y violencia, tanto urbana como rural, cada vez más altos. Las raíces de la actual violencia política se remontan al *Bogotazo* de 1948, una insurrección urbana. Los conflictos partidistas entre liberales y conservadores en los decenios de 1940 y 1950, conocidos literalmente como *la Violencia*, cedieron el paso a una insurgencia guerrillera de izquierda, entre las décadas de 1960 y 1980. Hasta fines de los años ochenta, por más serio que fuera, el conflicto armado sólo tenía un impacto muy marginal en el proceso de desarrollo económico del país. Afectaba primordialmente a quienes se hallaban involucrados directamente en él, así como a poblaciones marginales en zonas rurales remotas. Al mismo tiempo, la delincuencia y la violencia urbanas golpeaban, sobre todo, a los habitantes de barrios de bajos ingresos, antes que a la sociedad como un todo.

Sin embargo, en el último decenio, la violencia ha crecido de tal forma, en intensidad y amplitud, que aunque afecta de maneras diversas

---

* Este trabajo fue elaborado, en 1998, por Caroline Moser, especialista en jefe en desarrollo social (LCSES) con la asistencia de Sarah Lister, Cathy McIlwaine, Elizabeth Shrader y Annika Törnqvist (LCSES). Los documentos de base fueron preparados por Patricia Cleves (SDVPU), Johanna Mendelson Forman (SDVPC), Pablo Emilio Angarita y César Alejandro Osorio Moreno (Instituto Popular de Capacitación, Medellín), Joanna Klevens (consultora, Santa Fe de Bogotá), Alejandro Reyes (Universidad Nacional, Santa Fe de Bogotá), Tim Ross (consultor, Santa Fe de Bogotá), y Mauricio Rubio (Universidad de los Andes, Santa Fe de Bogotá).

a la población, hoy constituye un fenómeno generalizado y una pesada carga para la mayoría de los colombianos. A medida que el conflicto guerrillero, antiguamente remoto, se ha convertido en una "guerra" a escala nacional, que involucra a los grupos paramilitares y a los carteles de la droga y produce cambios en los actores sociales comprometidos, las mismas causas de la violencia también han ido cambiando. Éstas incluyen, desde acontecimientos externos, como el final de la Guerra Fría, hasta transformaciones internas relacionadas con la liberalización económica, el desarrollo de las explotaciones carbonífera y petrolera y el impacto del tráfico mundial de narcóticos ilícitos.

En el transcurso de los últimos 30 años, los *violentólogos*, expertos pertenecientes a una disciplina académica enteramente colombiana, han analizado los patrones cambiantes de la violencia política. Al mismo tiempo, desde 1982, sucesivos gobiernos han buscado soluciones tanto militares como políticas para lograr la paz con los distintos grupos guerrilleros y han ofrecido programas, para responder a las causas subyacentes de la guerra de guerrillas y otras formas de violencia nacional. A lo anterior, se suma que, en tanto que entidades gubernamentales, organizaciones no gubernamentales y fundaciones privadas han gastado incontables millones procurando reducir los niveles de criminalidad urbana, las fuerzas policiales y militares han concentrado sus energías en tratar de desvertebrar los carteles de la droga.

Pese a los esfuerzos por reducir los niveles de violencia, actualmente tanto el gobierno como la sociedad civil reconocen que ésta es *el obstáculo mayor* para el desarrollo del país, ya que afecta el crecimiento y la productividad a niveles macro y microeconómico y reduce la capacidad del gobierno para erradicar la pobreza, la inequidad y la exclusión que afectan a la mayoría de la población urbana y rural[1]. El triunfo electoral

---

1 El hecho lo ejemplifica bien la Estrategia de Asistencia Nacional (EAN) para Colombia que definió el Banco Mundial en 1997, desarrollada con un enfoque participativo que involucró consultas a la sociedad civil. Ese documento identificó a la violencia como el principal obstáculo para el desarrollo económico del país y resaltó la necesidad de una política intersectorial exhaustiva para alcanzar la paz y el desarrollo sostenibles. La *reducción de la violencia,* con su contraparte, *la paz y el desarrollo,* se identificaron como una de seis áreas clave en que el Banco Mundial podía asistir a Colombia en su proceso de desarrollo.

del presidente Pastrana y la iniciación de su gobierno, en agosto de 1998, se visualizaron como una valiosa oportunidad para impulsar la iniciativa fundamental lanzada por gobiernos anteriores, en favor de la paz y el desarrollo. Sin embargo, persisten interrogantes fiscales y financieros que se resumen en una sola pregunta: ¿Cuál es el costo de la paz?

Este estudio[2], que pretende contribuir a los esfuerzos de los colombianos por responder con mayor eficacia al problema fundamental de la violencia, busca también discutir tres asuntos de relevancia tanto conceptual como operativa:

- Un marco conceptual que identifica una gama de violencia que no es sólo política, sino también económica y social;
- Una evaluación de los costos de la violencia, que incluye tanto los costos económicos como los sociales y toma en cuenta, en particular, la manera como la violencia ha deteriorado el tejido social y el capital social de las comunidades de base colombianas;
- Un paquete "integrado" de intervenciones futuras que toma en cuenta estos aspectos, para ayudar en el complejo proceso de reducir los niveles generales de violencia.

II. Un marco conceptual para categorizar la violencia en Colombia

A. Una categorización tripartita: la violencia política, económica y social

Proveer un marco conceptual que categorice la violencia es el primer paso para comprender este fenómeno en forma sistemática y para lograr desarrollar iniciativas de paz sostenibles. Sin embargo, existe una serie de limitantes importantes. En primer lugar, la violencia es, a la vez, sumamente compleja y específica a su contexto. En segundo lugar, es importante reconocer que aunque los datos estadísticos no lo reporten,

---

2 Para preparar ese estudio sectorial se comisionaron análisis de base a cargo de expertos, en su mayoría colombianos, quienes se constituyen en los principales pensadores en sus campos respectivos. Esas ponencias conformaron fuentes primarias para la obtención de datos descriptivos, análisis preliminares y estudios de caso.

la multiplicidad de percepciones sobre la violencia, afecta el bienestar de los ciudadanos. En tercer lugar, las prioridades de los miembros de la comunidad sobre la importancia de diferentes categorías de violencia difieren de aquéllas de los políticos, de los legisladores o de los forjadores de políticas. Finalmente, cualquier categorización es, por definición, estática, ya que en realidad existe un espectro ininterrumpido en el cual diferentes tipos de violencia se refuerzan mutuamente.

CUADRO 1.1
MARCO CONCEPTUAL SOBRE LA VIOLENCIA

Categoría de violencia	Definición	Manifestación
Política	Actos violentos motivados por el deseo, consciente o inconsciente, de lograr o retener el poder político.	El conflicto guerrillero; el conflicto paramilitar; los asesinatos políticos; el conflicto armado entre partidos políticos.
Económica	Actos violentos motivados por el deseo, consciente o inconsciente, de obtener ganancias económicas o lograr o retener el poder económico.	La delincuencia callejera; el robo de automóviles; los hurtos y asaltos; el tráfico de drogas; los secuestros; la violencia física que ocurre durante un delito económico.
Social	Actos violentos motivados por el deseo, consciente o inconsciente, de avanzar socialmente o conquistar o retener el poder social.	La violencia interpersonal, como la violencia contra mujeres y niños; las agresiones sexuales contra mujeres y niños; las discusiones que desembocan en violencia.

Con base en las investigaciones de los violentólogos colombianos y otros expertos, esta ponencia introduce una categorización tripartita de la violencia, en la cual ésta se clasifica como *política, económica* y *social*, según la motivación primordial, consciente o inconsciente, de quien la ejerce sea tomar o mantener, por la fuerza, el poder político, económico o social. El Cuadro 1.1 resume algunos de los tipos comunes de violencia en Colombia, de acuerdo con esta categorización. De manera deliberada, estos tipos se han definido en forma amplia y no son necesariamente excluyentes, especialmente en lo que respecta a los actos específicos cometidos[3]. Un marco que logre distinguir entre la violencia política, la económica y la social es de importancia crítica, por varias razones.

En primer lugar, porque ofrece un enfoque *integrado*, a nivel conceptual y operativo, que reconoce las conexiones entre las dinámicas de los diferentes tipos de violencia. En la actualidad, los académicos, los forjadores de políticas y los administradores de proyectos tienden a considerar *por separado* los diferentes tipos de violencia, sin tener en cuenta su impacto o su causalidad de una manera holística. En muchos contextos, la violencia urbana se equipara con la delincuencia y la violencia rural con la guerra de guerrillas. La violencia interpersonal, rara vez se incorpora en el discurso público y el análisis de género se limita a la violencia doméstica y a la victimización por homicidios. Esta segregación conceptual limita los esfuerzos por llegar más allá de las intervenciones para reducir casos individuales de violencia y por desarrollar estrategias integradas para una paz sostenible.

En segundo lugar, este marco resalta la necesidad de disponer de *diferentes enfoques para la reducción de la violencia,* con base en las distintas motivaciones de los que protagonizan hechos violentos. La violencia política requiere una paz negociada. Sin embargo, también es cierto que las retribuciones económicas que se obtienen por pertenecer a un grupo guerrillero plantean la necesidad de crear empleos para los combatientes desmovilizados. Igualmente, los aspectos económicos del tráfico de drogas complican la búsqueda de la paz, puesto que los guerrilleros perciben ingresos por medio de "impuestos" a los traficantes, lo cual les garantiza cierta estabilidad financiera. Sin embargo, los esfuerzos por poner fin a la producción de cocaína no eliminarán a las fuerzas guerrilleras, las cuales es probable que hallen otros medios para apoyar su violencia, puesto que, en el fondo, cuentan con una motivación política. De modo similar, si bien la independencia económica que produce la

---

3 Por ejemplo, un grupo guerrillero puede secuestrar a un funcionario gubernamental, como un acto de expresión política; pero también el mismo grupo puede secuestrar a un rico terrateniente para generar ingresos. Un miembro de una pandilla juvenil puede cometer un robo, como un rito de iniciación; mientras otro joven puede robar por dinero. La violencia interpersonal –el hombre que golpea a su pareja, los vecinos enfrascados en un argumento hostil– son formas de violencia que tienen que ver con el dominio social.

percepción de un ingreso propio puede ayudar a algunas mujeres que han sufrido el maltrato, esta aparente autonomía no ataca las causas fundamentales de dicha forma de violencia social, que tiene sus raíces en la subordinación de género. Lo anterior explica por qué muchas mujeres maltratadas son de clase media y tienen empleo y títulos profesionales.

En tercer lugar, este marco conceptual permite explicar *por qué las intervenciones para reducir un tipo de violencia pueden no producir resultados con respecto a otros tipos de la misma.* Las reducciones en una esfera de la violencia pueden verse acompañadas por aumentos en otra u otras categorías de la misma. Por ejemplo, en la ciudad de Nueva York, los programas de patrullaje comunal han contribuido a un descenso del 43% en las tasas de criminalidad económica. Pero, al mismo tiempo, se ha reportado un incremento del 41% en los casos de brutalidad policial. De otro lado, al alcanzarse los acuerdos de paz en El Salvador, se redujo la violencia política, pero crecieron las tasas de homicidio y de delitos económicos. Así, las muertes violentas llegaron en 1994 a 9.135 (164,5 por 100 millones), y pese a que declinaron en 1996 a 8.047 (139 por 100 millones), esta cifra siguió superando el promedio anual de 6.000 muertes durante la guerra civil (Pearce, 1998). De un modo similar, en Sudáfrica, los datos policiales muestran que los delitos violentos, en particular asesinatos y violaciones, han crecido sustancialmente durante la transición democrática para desmantelar el *Apartheid*, especialmente desde 1990 (Louw, 1997).

B. Categorización de las tendencias de la violencia en Colombia

En el caso de Colombia, es importante destacar las tendencias más notables de la violencia, e identificar, en la medida de lo posible, las diferentes categorías a que se refieren estas tendencias. Se debe hacer hincapié en que los análisis de las tendencias de los diferentes tipos de violencia, especialmente de aquéllas provenientes de los datos estadísticos disponibles, están afectados por el subregistro. Esta subestimación es más evidente en el caso particular de la violencia social, especialmente de la violencia intrafamiliar.

1. Algunas tendencias han empeorado

Al utilizar la tasa de homicidio como indicador de los niveles de violencia[4], las cifras oficiales demuestran un crecimiento acelerado entre 1974 y 1995, al pasar, en dicho período, de 15 homicidios por cada 100.000 habitantes a 92 por cada 100.000[5]. En términos generales, los niveles de violencia han crecido, de manera dramática, después de 1985, aunque las tasas de homicidio han caído en las ciudades grandes. Menos del 20% de los homicidios se clasifican como "políticos". Indicios recientes atribuyen el 60% de éstos a los grupos paramilitares, el 23,5% a la guerrilla y un 7,5% a ataques armados de militares (Chernick, 1997).

El restante 80% de los homicidios "no-políticos" se considera consecuencia de la violencia económica, tanto del crimen organizado (en el contexto del tráfico de drogas y los secuestros planificados) como de la delincuencia común (incluyendo robos, hurto de automóviles y secuestros improvisados), así como de la violencia social (interpersonal), particularmente la relacionada con el abuso del alcohol y las muertes por armas de fuego. Si bien los tipos de violencia varían en las áreas urbanas y rurales, las tasas de homicidio son aproximadamente las mismas. Las tres ciudades principales de Colombia –Bogotá, Cali y Medellín– responden por un porcentaje entre 40 y 60% de los homicidios urbanos, mientras que la violencia rural se presenta, sobre todo, en la frontera agrícola y en las reservas de recursos naturales, así como en áreas en donde predominan los medianos caficultores.

---

4 La tasa de homicidio, expresada como el número de muertes por 100.000 habitantes, es el indicador más común para medir la delincuencia y la violencia, tanto en Colombia como en el plano internacional. Aunque es el más utilizado, sus limitaciones deben tomarse en cuenta. Una sociedad puede mostrar un alto nivel de criminalidad y violencia no-letal, lo que daría una tasa de homicidio baja; similarmente, la violencia social puede ser elevada y frecuente sin que ello se refleje en la tasa de homicidio.

5 Las cifras se basan en estadísticas gubernamentales. Cisalva, una ONG de investigación que recolecta sus propios datos, informó de tasas de 50 por 100.000 en 1980, de 219,3 por 100.000 en 1993 y de 179,9 por 100.000 en 1995.

2. *La insurgencia armada está más cimentada y difundida que en ningún otro momento de los últimos tres decenios*

En el transcurso de los últimos cinco decenios, el número de actores sociales involucrados en el conflicto armado ha crecido. Si anteriormente el recuento se limitaba a la guerrilla y las fuerzas armadas, hoy incluye a los carteles de la droga y a los grupos paramilitares de derecha. Esta diversificación se ha visto acompañada por una creciente proximidad –tanto espacial como en términos de redes recíprocas interdependientes– entre los diferentes actores involucrados. Las zonas más violentas del país son aquéllas en las cuales dos o más actores se encuentran en conflicto. Sobresalen aquéllas con presencia guerrillera y paramilitar. Esto, a su vez, ha generado una gran diversidad en los tipos de violencia, los cuales se manifiestan de diversas maneras, a lo largo y ancho del país.

3. *Han crecido las áreas con escasa presencia estatal*

Aunque no parece existir relación directa entre las intervenciones estatales y los niveles de violencia en un lugar dado, todo parece indicar que las áreas geográficas colombianas, que han tenido una reducción en la presencia activa del Estado, han registrado incrementos en sus niveles de violencia. Los municipios con algún tipo de presencia guerrillera, que en 1985 representaban el 17% del total del país, en 1995 llegaron al 58%. Más aún, si se suman las áreas con algún tipo de conflicto militar, paramilitar o relacionado con el narcotráfico, cerca del 75% del país experimenta algún nivel de conflicto armado. Esta situación ha provocado un número creciente de desplazados, que actualmente se calcula en cerca de un millón.

4. *En forma creciente, la violencia afecta desproporcionadamente a ciertos grupos*

Los hombres jóvenes, de bajos ingresos y menor educación, tienen las mayores posibilidades de ser, a la vez, tanto los causantes como las víctimas de homicidios. Entre 1980 y 1995, las tasas nacionales de homicidio crecieron de 29 a 394 por 100.000, para los varones del grupo de edad entre 15 y 44 años. Para las mujeres, el aumento fue de 2 o 3 por 100.000

a 30 por 100.000, en el mismo lapso. Dicho de otro modo, las tasas de homicidio entre los varones aumentaron 13,5 veces en dicho período. A lo largo del mismo, la tendencia muestra que son los hombres más jóvenes los involucrados, tanto en relación con las lesiones letales, como con las no-letales. En las áreas de mayor delincuencia urbana de Bogotá, los homicidios alcanzaron el asombroso nivel de 341 por 100.000 (Camacho y Guzmán, 1997). Adicionalmente, los menores de edad constituyen una proporción sumamente elevada de agresores y víctimas de los delitos económicos y sociales urbanos. En 1997, el 16% de las víctimas de asesinato en Bogotá tenían menos de 18 años y cerca de 20.000 menores fueron acusados de haber cometido delitos graves, incluyendo 747 violaciones y 3.445 actos diversos de violencia económica o social, que provocaron lesiones o muertes (Ross, 1998). Por su parte, las mujeres y sus hijos dependientes son el grupo más afectado por el desplazamiento interno. De la población afectada por este fenómeno en Colombia, el 58% lo conforman mujeres y el 75% tiene menos de 25 años (Conferencia Episcopal Colombiana, 1994). Las comunidades indígenas también se han visto golpeadas, de manera desproporcionada, por el conflicto armado en todo el país.

5. La brutalidad de la reciente violencia política oscurece otros tipos de violencia

La severidad de los asesinatos de motivación política y los abusos contra los derechos humanos, por razones políticas, hacen que la violencia económica y la violencia social reciban menor atención. De las dos últimas, se puede argumentar que la violencia económica es la más severa, además de que en un inmenso número de casos ésta es de naturaleza urbana. Las cifras reportadas en 1996 sobre muertes violentas, en Bogotá, identifican un 65% de homicidios, un 20% de accidentes de tránsito y un 6% de suicidios. Del total, el 55% se cometió con armas de fuego, el 17% con objetos cortopunzantes, mientras un 24% corresponde a accidentes automovilísticos. Sin embargo, en los últimos tres años, se ha dado una reducción en la tasa de homicidio. Así, Bogotá y Cali han reportado caídas del 30%, mientras que en Medellín se habla de una reducción del 50% (Guerrero, 1998).

La mayoría de las muertes y heridas violentas reportadas se atribuye a la delincuencia común. Los datos nacionales indican que el 12% de los hogares ha sido víctima de la violencia, en el último año. De ellos, en un 10% se trata de víctimas de robos, en un 0,6% de víctimas de asaltos, en un 0,6% de extorsión, en un 0,5% de homicidio y en un 0,02% de secuestro. Los niveles reportados de violencia social son relativamente bajos, en comparación con otros tipos de violencia. La única encuesta realizada a escala nacional sobre violencia contra las mujeres halló que el 19,3% de las mismas han experimentado algún tipo de violencia. De éstas, sólo el 27% denunció a las autoridades ataques físicos o sexuales de su pareja. A su vez, una encuesta sobre niños aseguró que el 4,3% de ellos ha sufrido el abuso físico y el 9,7% ha padecido abusos emocionales en algún momento. Pero de estos casos, menos del 2% se reporta a *Medicina Legal* cada año.

6. La industria de la droga agrava los niveles de violencia

La vasta industria ilegal de la droga es un factor que pesa mucho en la generación de violencia, tanto económica como política en Colombia. Como uno de los tres principales productores de coca de América Latina, un centro de procesamiento significativo y, cada vez más, un país consumidor, Colombia experimenta diferentes tipos de violencia relacionados con el narcotráfico, los cuales varían en su importancia e intensidad. En primer lugar, la violencia está vinculada al crimen organizado de la producción y tráfico de droga. Este tipo incluye los ataques violentos para impedir la fumigación aérea, la violencia por la distribución de la droga, que involucra las matanzas entre pandillas y los asesinatos de prominentes figuras políticas y judiciales, atribuidos a los carteles de Medellín y Cali, ocurridos con mayor frecuencia entre 1989 y 1993. En segundo lugar, la violencia se relaciona con la militarización de la lucha contra las drogas, la cual ha relegitimado el papel interno de las fuerzas armadas y ha contribuido a que la población no pueda distinguir claramente entre los papeles jugados por los militares y la policía y vea difusa la función de las fronteras nacionales, en su calidad de entidades legales. En tercer lugar, la violencia desorganizada ocurre en torno a la distribución y consumo de estupefacientes, cuando los adictos necesitan dinero para sostener su hábito o los traficantes callejeros son asaltados, para despojarlos de sus ganancias. Análisis recientes sugieren que la sostenibilidad, a largo plazo, de la actividad guerrillera, desde comienzos del decenio de los ochenta, está estrechamente ligada con su vinculación a la industria de la droga.

7. Las "limpiezas sociales" son consideradas por algunos como el recurso más rápido y eficaz para eliminar físicamente a los delincuentes y otros indeseables

Las "limpiezas sociales" se definen como la erradicación, por medio del homicidio, de individuos o grupos, con el objeto de mantener la estabilidad de la comunidad. Tienen como su blanco a criminales, drogadictos, pandilleros juveniles, niños de la calle, recolectores informales de basura, homosexuales, personas que se dedican a la prostitución e indigentes. Su objetivo es reducir la actividad criminal, sobre todo los delitos contra la propiedad. Se opta por el asesinato, porque quienes aplican estas prácticas consideran que las víctimas no pueden rehabilitarse, que las entidades estatales no están preparadas para manejar el problema judicialmente y que existe un alto grado de impunidad en la delincuencia y el homicidio (Rojas, 1996). Copiadas del "modelo" brasileño y uruguayo, las limpiezas sociales se reportaron en Colombia por primera vez en 1979, en la ciudad de Pereira. En esta ocasión, los rostros de los delincuentes fueron manchados con una pintura roja indeleble. Poco después, comenzó el descubrimiento de cadáveres. En el decenio de 1980, al menos 500 niños de la calle fueron asesinados en Colombia. Se calcula que 300 de ellos corresponden a Medellín y el resto a Bogotá y Pereira. Entre 1988 y 1993, se reportaron 183 víctimas de limpiezas sociales en Colombia. El desglose de la identidad de las víctimas fue el siguiente: un 35% correspondía a criminales; un 21% a drogadictos; un 17,5% a indigentes y un 8% a niños de la calle, mientras que el 4% correspondía a fumadores de bazuco, homosexuales o trabajadores del sexo. El grupo de edad entre los 16 y los 20 años es el más afectado por las limpiezas (25% de las víctimas). En la gran mayoría de los casos se trata de varones.

Se han identificado al menos 40 grupos organizados dedicados a las limpiezas sociales en Colombia, entre ellos *Muerte a Gamines*, *Mano Negra* y *Los Cucas*. Estos grupos, al parecer, responden por el 81% de los homicidios atribuidos a limpiezas sociales, mientras que la policía es aparentemente la responsable del restante 19% (Rojas, 1996).

8. El número de desplazados internos ha crecido en el último decenio y se mantiene en aumento

Los desplazados que huyen de la violencia política –relacionada con la guerrilla, los grupos paramilitares y las fuerzas armadas– contribuyen de manera significativa a la excesiva expansión urbana. Aunque este desplazamiento se ha dado en todo el país, los niveles más altos se registran en las regiones de Urabá, el Magdalena Medio y el Ariari, así como en el departamento de Antioquia, todos ellos territorios caracterizados por altos niveles de conflicto. Un estudio de 1995 halló que, durante el decenio de los 80, unas 600.000 personas se vieron obligadas a dejar las áreas rurales en donde habitaban (Meertens y Segura, 1996). No obstante, otras fuentes indican que, desde 1985, más de 900.000 personas han tenido que abandonar sus antiguas residencias (Defensoría del Pueblo, 1996). La Consejería Presidencial para los Derechos Humanos de Colombia asevera que la actual cifra de desplazados llega al millón, o sea, cerca del 2,5% de la población del país. Otras fuentes estiman que aproximadamente 1.200.000 personas fueron desplazadas en 1998 (Reyes, 1998; Codhes, 1998). Adicionalmente, se ha establecido que el 35% de los desplazamientos responden a la persecución de habitantes de bajos recursos por parte de organizaciones paramilitares ilegales, el 17% a las acciones de las fuerzas armadas y la policía y el 24% a las actividades de los grupos armados o guerrillas. Cabe anotar que, en el 24% de los casos, los desplazados no pudieron identificar a los responsables de su situación (Amnistía Internacional, 1997).

Se debe subrayar que las familias de origen rural constituyen la mayor parte de los desplazados y que al menos 31 de cada 100 hogares víctimas de este azote son encabezados por mujeres. Más aún, de éstos el 76% tiene como sus jefes a mujeres que deben responder, en promedio, por cuatro niños, ya sea porque quedaron viudas o porque fueron abandonadas durante el desplazamiento (Codhes, 1997). Adicionalmente, recientes investigaciones han revelado que, de cada 10 hogares desplazados, 7 se han trasladado a zonas urbanas, generalmente a los núcleos de confluencia de las respectivas áreas de expulsión. Así, los desplazados de Urabá y la Costa Atlántica se dirigen a Medellín y Montería; los del Magdalena Medio a Barrancabermeja y aquéllos de la región de los Llanos Orientales a Villavicencio.

III. LAS CAUSAS DE LA VIOLENCIA EN COLOMBIA

A. Un marco integrado para la causalidad

La violencia en Colombia es sumamente compleja y polifacética, no sólo debido a las diferentes categorías en que se agrupa, sino también por sus múltiples causas. La evidencia empírica indica que todos los individuos no son igualmente violentos, que las comunidades difieren entre sí en sus niveles de conflicto, y que los grados de tolerancia hacia la violencia varían entre los diversos sectores de la sociedad. La combinación de circunstancias individuales, familiares, comunitarias y del contexto nacional más amplio desempeñan un papel importante en la ejecución de los actos violentos, así como en la victimización.

Pese a la riqueza de información descriptiva sobre la violencia, el análisis teórico de sus *causas* específicas es limitado y fragmentario. Además, las teorías sobre sus determinantes tienden a reflejar la disciplina profesional que enmarca el debate y, por lo tanto, se mantienen desarticuladas entre sí, con lo cual se perpetúa un entendimiento unidimensional de este fenómeno (*véase* Anexo 1.1).

Al procurar combinar las diversas teorías sobre las causas de la violencia, esta ponencia adopta un marco integrado que identifica cuatro niveles diferentes de causalidad: *el estructural, el institucional, el interpersonal* y *el individual.* Este marco, el cual se ilustra en la Figura 1.1, posee las características siguientes: (1) reconoce el papel de refuerzo mutuo que desempeñan diferentes factores a diferentes niveles de causalidad. (2) recurre al "modelo ecológico"[6], y (3) procura demostrar que, aunque ningún nivel o causa es fuertemente determinante o plenamente explicativo, cuando se combina con una o más variables causales adicionales, puede provocar una situación en la cual un individuo o bien llega a cometer un acto violento o es víctima de la violencia. Las aplicaciones

6 Utilizado inicialmente para explicar el desarrollo humano (Bronfenbrenner, 1997), el "modelo ecológico" se ha implementado para elucidar las complejidades de la etiología de la violencia. Empleado de diversas formas para explicar el abuso infantil (Belsky, 1980), la coerción sexual (Brown, 1995) y la violencia doméstica (Heise, 1998), el modelo ecológico constituye un marco de niveles múltiples que incorpora factores biofísicos, psicológicos y sociales a nivel individual, así como factores externos que influyen en el individuo.

FIGURA 1.1
UN MARCO INTEGRADO PARA LA CAUSALIDAD DE LA VIOLENCIA

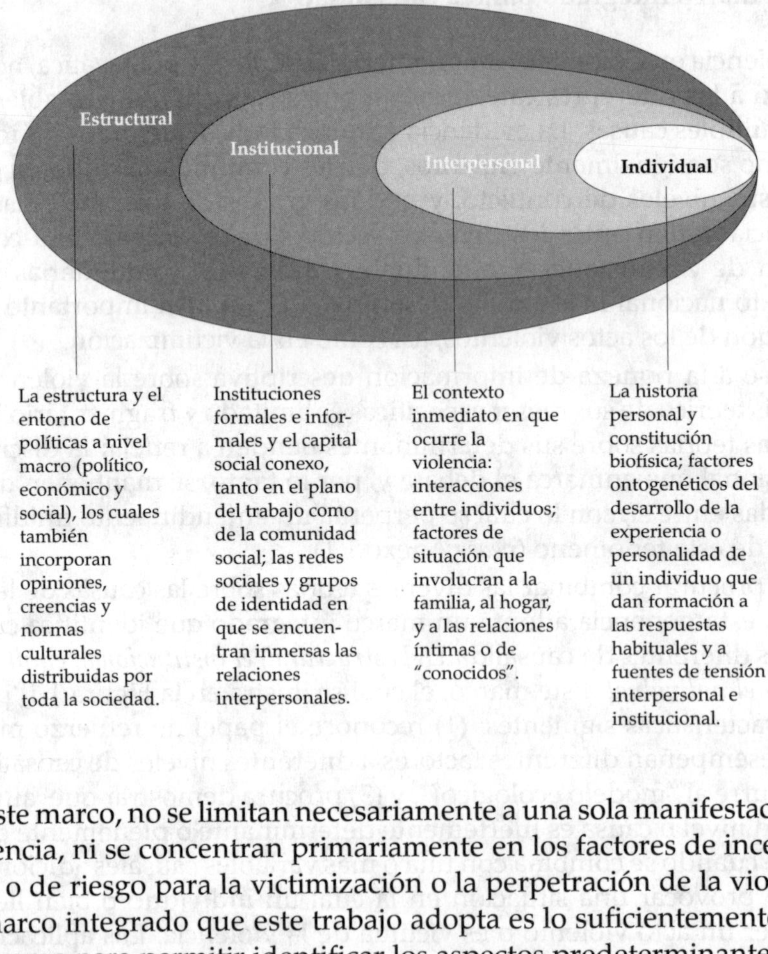

de este marco, no se limitan necesariamente a una sola manifestación de violencia, ni se concentran primariamente en los factores de incentivación o de riesgo para la victimización o la perpetración de la violencia. El marco integrado que este trabajo adopta es lo suficientemente flexible, como para permitir identificar los aspectos predeterminantes de la violencia política, económica y social, sin reducir el análisis a la evaluación de una sola causa en el caso de un solo tipo de violencia.

B. Las causas de la violencia en Colombia

No sólo hay diferentes tipos de violencia, sino que, igualmente, cada uno de ellos responde a múltiples causas, que, de algún modo, se entrecruzan. Además, como ya se vio, éstas operan en los niveles estructurales, institucionales, interpersonales e individuales. En esta sección se examinan algunas de las causas de la violencia política, económica y social en Colombia y la manera como ellas se manifiestan en los diferentes niveles.

Como un breve elemento contextual, es importante delinear algunos de los condicionantes que subyacen bajo los tres tipos de violencia en Colombia. El primero de ellos es la presencia mínima del Estado en buena parte del territorio nacional. El segundo es que el Estado, presuntamente, ha criminalizado algunas formas de protesta social y política, al tiempo que ha sido inconsistente en su manejo de la violencia. El tercero es que existen altos niveles de corrupción e impunidad, dentro de las instituciones estatales. El cuarto es que hay altos niveles de aceptación social de la violencia, como un mecanismo para resolver disputas. El quinto es que la sociedad colombiana tiene un enfoque muy regional, tanto histórica como geográficamente, lo cual lleva a la fragmentación económica, política y social. El sexto es que el Estado ha delegado su autoridad a los propietarios *de facto* del poder local, especialmente en aquellos lugares en donde su presencia es limitada. Finalmente, el sexto condicionante es que existe una compleja interacción entre la violencia rural y la violencia urbana.

1. Las causas de la violencia política[7]

Como sucede con todas las formas de la violencia, las causas de la violencia política son múltiples. Sin embargo, tienden a girar en torno al *legado histórico de la violencia,* junto con *el acceso desigual al poder,* tanto *económico* (especialmente a la tierra y a los recursos naturales), como *político,* y *al papel de la violencia guerrillera, paramiliar y del narcotráfico.* En el correr de los últimos cinco decenios, conforme se han venido ampliando los sistemas de relaciones sociales y políticas y en la medida en que sus interrelaciones se han tornado más complejas, la expresión tanto espacial como regional del conflicto se ha vuelto más densa. Como resultado, las limitantes para resolverlo son mayores (*véase* Anexo 1.2).

7 Esta sección se fundamenta en gran medida en Reyes, 1998; Chernick, 1997 y Deas, 1998.

El legado histórico de la violencia

Históricamente, las raíces del conflicto político en Colombia se remontan al siglo XIX, época de confrontaciones violentas entre liberales y conservadores. Sin embargo, el inicio de la violencia contemporánea se identifica estrechamente con el famoso Bogotazo de 1948, la respuesta violenta al asesinato del político liberal Jorge Eliécer Gaitán. Entre 1946 y 1964, la Violencia cobró 200.000 vidas (Oquist, 1978), aunque su impacto fue mucho mayor, ya que más de dos millones de campesinos tuvieron que dejar sus tierras; las redes institucionales, familiares y de negocios se destruyeron y proliferaron los asesinatos por venganza.

El acceso desigual a los recursos económicos, principalmente la tierra y los recursos naturales

A un nivel estructural amplio, el acceso desigual a la tierra y a los recursos naturales es considerado como una de las principales causas de la violencia política en Colombia. Pese a numerosos esfuerzos por responder a la inequidad en el acceso a este recurso, por medio de reformas agrarias realizadas en el transcurso de las últimas tres décadas, el Estado, a menudo, ha agravado la situación, en lugar de mejorarla. Se relaciona con esto la expansión continua de la actividad de la guerrilla de izquierda en remotas comunidades, a menudo con escasa presencia del Estado. Entre los grupos guerrilleros de la "primera generación", que absorbieron una gama de facciones liberales disidentes, campesinos y estudiantes radicales, se cuentan las Fuerzas Armadas Revolucionarias de Colombia (FARC) de orientación soviética, el grupo maoísta Ejército Popular de Liberación (EPL) y el procubano Ejército de Liberación Nacional (ELN). Para expandir su base de operaciones, la guerrilla frecuentemente ha aprovechado el malestar de campesinos sin tierra o que viven en lugares donde la reforma agraria fracasó. La actividad de las guerrillas, la extorsión y los secuestros han debilitado a la clase terrateniente y contribuido, en forma sustancial, a la violencia política en las áreas rurales. Sin embargo, la acción guerrillera no ha logrado romper el dominio de los terratenientes, ni ha producido patrones más equitativos de tenencia de la tierra.

El acceso desigual al poder político

Entrelazada con la cuestión agraria a nivel estructural, existe una percepción de desigualdad en el acceso al poder político, como resultado, por ejemplo, del Frente Nacional (1958-1974), un acuerdo para alternar el poder entre los dos partidos tradicionales, con la exclusión de otros grupos políticos. En los años setenta, se conformaron las organizaciones guerrilleras de la "segunda generación", por ejemplo, el M-19, cuya agenda incluía enfrentarse al control de los partidos tradicionales e impedir los supuestos fraudes electorales. Otros grupos, entre ellos "movimientos sociales" como el Movimiento Armado Quintín Lame, en el departamento del Cauca al sur de Colombia, organizaron a las comunidades indígenas como grupos de autodefensa para realizar invasiones de tierra y actividades armadas en favor de los derechos indígenas. Aunque los grupos guerrilleros aún insisten en las desigualdades relacionadas con la participación política, el gobierno ha negociado numerosos acuerdos de paz individuales con algunos de los movimientos guerrilleros más pequeños, como el M-19 y ha realizado esfuerzos significativos por ampliar la participación política. Las reformas constitucionales de 1991 incluyeron varias medidas descentralizadoras, especialmente importantes para el otorgamiento y ampliación de los derechos constitucionales de los indígenas y los afrocolombianos. No obstante, los grupos guerrilleros tradicionales mantienen su fuerza, la cual se ve incrementada por milicias urbanas, que tienen su sede en las vecindades pobres de las ciudades.

El papel de la violencia de guerrilleros, paramilitares y narcotraficantes

Otro aspecto central de las causas de la violencia política a nivel institucional es el debate sobre la relación entre los grupos guerrilleros, los productores campesinos de coca y los narcotraficantes. A fines del decenio de 1970, muchos colombianos sostenían que las FARC no se oponían a la producción de coca en las planicies orientales y en la cuenca amazónica colombianas, debido al peligro de perder su base campesina de apoyo. En cambio, regularon el mercado ilícito de la coca, al imponer obligaciones e impuestos a los agricultores y a una serie de actores en los procesos intermedios de producción y comercialización de la misma.

Esta intervención se ha extendido, desde entonces, a la mayoría de las operaciones comerciales en el campo colombiano. Por su parte, las FARC y el ELN, a raíz del *boom* de la cocaína y de la coca, de los secuestros y de otras modalidades de extorsión, han logrado generar millones de dólares anuales en ganancias. Las fuerzas paramilitares, en particular los grupos de autodefensa, financiados por los terratenientes, también han crecido, presuntamente debido a la incapacidad de sucesivos gobiernos de pactar con ellas una solución. En el decenio de 1980, los narcotraficantes también formaron sus propias fuerzas territoriales de seguridad, tal como el MAS (Muerte a los Secuestradores), cuyo blanco eran los guerrilleros y sus familias. En el decenio de 1990, la actividad paramilitar se diversificó al establecerse las "cooperativas rurales de seguridad", como esfuerzo de la administración Samper por aumentar la seguridad civil por medio del grupo Convivir. Estos desarrollos resaltan la tensa pugna que existe entre todos los grupos por el control de la coca, como un recurso financiero tanto para la insurgencia como para la contrainsurgencia. Además, ellos han conllevado implicaciones importantes para la propiedad de la tierra y el desplazamiento interno, en particular en el período comprendido entre 1984 y 1997, cuando los grandes feudos pasaron de controlar un tercio del total de las tierras cultivadas a la mitad de la superficie de las mismas, en la medida en que los narcotraficantes y la guerrilla se apropiaban de ellas (Reyes, 1998).

2. *Las causas de la violencia económica y social en Colombia*

Como se destacó anteriormente, las causas económicas y sociales de la violencia en Colombia han recibido menos atención que las de tipo político. Por lo tanto, esta sección revisará algunos ejemplos de las causas de la violencia, identificándolas, una vez más, a diferentes niveles. Las más importantes tienen que ver con *la pobreza, la desigualdad* y *el crecimiento acelerado,* así como con *altos niveles de impunidad dentro del sistema de justicia, la falta de oportunidades educativas y de empleo, el papel del hogar y la familia en la reproducción de la violencia* y, finalmente, con *los precipitadores situacionales* tales como el acceso fácil al alcohol, a las drogas y a las armas de fuego.

La pobreza, la desigualdad y el crecimiento acelerado

A nivel estructural, la pobreza puede actuar como precursor de la violencia, particularmente la violencia económica, que se da cuando los pobres recurren a los actos violentos para obtener algún tipo de ingreso. El crecimiento de los niveles de pobreza en Colombia, entre 1992 y 1995 (Oxford Analytica, 1997, Banco Mundial, 1994), generó un contexto que estimula la ocurrencia de la violencia. La pobreza, sin embargo, no es determinante de la conducta violenta. Algunos argumentan que la desigualdad, y no la pobreza, es la causa subyacente de la violencia. Tal afirmación está basada en la evidencia que muestra que las áreas más violentas de Colombia son aquéllas donde se concentra la mayor riqueza, sobre todo, en cuanto a recursos naturales (Fajnzylber *et al.*, 1998). Otros sostienen que la violencia está relacionada con el acelerado crecimiento económico, y para ello se apoyan en que la pobreza y la desigualdad se asocian, a menudo, con altas tasas de violencia solamente en el contexto de cambios demográficos: urbanización e industrialización (Sampson y Lauristen, 1994). Según la perspectiva teórica que se adopte, se puede decir que la violencia o bien resulta de la falta de adaptación de los inmigrantes rurales a la ciudad, donde las oportunidades educativas o laborales son escasas, o bien se expresa como una forma de resistencia entre grupos económica y socialmente desaventajados (Rogers, 1989). A nivel interpersonal e individual, se sostiene que, en situaciones de cambio rápido, la desorganización social puede significar que las personas mantienen menos vínculos entre sí y están, por ello, más predispuestas a actuar (o reaccionar) en forma violenta.

Altos niveles de impunidad y la falta de mecanismos efectivos de resolución de conflictos dentro del sistema de justicia

Las debilidades de las instituciones tanto formales como informales, pueden contribuir a la violencia social y económica. En este sentido, en Colombia sobresalen los altos niveles de impunidad dentro del sistema judicial. Cuando éste es débil, su papel disuasivo no logra impedir los delitos violentos. Es más, se ha demostrado que la presunta disuasión que debe desempeñar el sistema de justicia en Colombia tiene una relación *inversa* significativa con los niveles de delitos violentos, tanto a nivel macro como micro (Fajnzylber *et al.*, 1998). Además, la corrupción es un factor que, a menudo, tiene resonancia en otros, tal como sucede cuando el mal funcionamiento del sistema judicial se vincula a las ganancias económicas del narcotráfico y la guerrilla (Bejarano *et al.*, 1997; Rubio, 1997d). Por ello, mientras el aparato judicial continúe mostrándose ineficaz, los colombianos tenderán, cada vez más, a tomar la justicia en sus propias manos y continuarán las alarmantes cifras de asesinatos por venganza y de masacres por "limpiezas sociales" (Klevens, 1998). El número reportado de este tipo de asesinatos ha crecido en forma continua, a lo largo de los últimos 10 años. Éstos se concentran, particularmente, en áreas urbanas de los departamentos del Valle del Cauca (30% del total) y Antioquia, así como en la capital del país (Human Rights Watch/Americas, 1994; Rojas, 1996).

Falta de oportunidades educativas y laborales

La falta de acceso a la educación, combinada con las limitadas oportunidades laborales, ha contribuido a un floreciente mercado criminal y a la violencia en Colombia, particularmente entre los jóvenes. Un aspecto subyacente básico se encuentra en las limitaciones tanto en la disponibilidad como en la calidad de la enseñanza, en los niveles primario y secundario (Banco Mundial, 1994). Además, las mejoras en la educación, por sí solas, no atacarán las raíces de la violencia económica y social, si no se cuenta, también, con oportunidades viables de empleo. En las zonas rurales colombianas, por ejemplo, la carencia de recursos de las escuelas ofrece pocos incentivos a los jóvenes, quienes pueden optar por unirse a la guerrilla, como una alternativa de empleo. En las áreas urbanas, los narcotraficantes reclutan astutamente a los más exitosos estudiantes de secundaria. Esto se les facilita, puesto que los jóvenes, sobre todo los que habitan en las vecindades más pobres, perciben que el estigma de provenir de ciertos barrios, los salarios deprimidos prevalecientes y el precario clima para la inversión, limitan sus posibilidades de obtener un empleo. En lo que corresponde a las tasas de matrícula en secundaria, en Colombia las tendencias nacionales reflejan los patrones internacionales, según los cuales el promedio de años de escolaridad de la población parece estar asociado, en forma positiva (aunque débil), con los niveles de homicidio (Fajnzylber *et al.*, 1998; Cisalva, 1997). Las estadísticas judiciales sugieren que se ha dado un incremento en los niveles de educación entre la población criminal[8]. De hecho, la falta de oportunidades económicas tiende a canalizar el espíritu empresarial y el capital humano hacia actividades ilegales pero mejor remuneradas (Rubio, 1998)[9].

Papel del hogar y la familia en la reproducción de la violencia

Al nivel interpersonal e individual, la familia es la institución primaria básica para la transmisión y reproducción de las normas sociales. El papel de la familia en perpetuar la conducta agresiva puede ser un precursor de la misma, particularmente en los casos de maltrato del cónyuge o de los hijos. Por ejemplo, prominentes expertos colombianos en el tema del abuso infantil consideran que, por la vía de los procesos de socialización y de las relaciones interpersonales de individuos que viven en condiciones similares, los patrones de crianza abusivos son responsables de la transmisión de traumas psicológicos y del crecimiento de la subcultura de la violencia (Ross, 1998). Es importante señalar que, aunque los hogares violentos pueden influir en la conducta agresiva de los niños, tal característica no es el único determinante de futuros comportamientos agresivos. Si bien es cierto que la relación entre el castigo físico y el abuso no es del todo clara, el maltrato sí puede formar en la mente del menor la idea de que la violencia es aceptable, normal y necesaria (Klevens, 1998; Bayón y Sierra, 1997; Cisalva, 1997). De acuerdo con expertos colombianos en el tema del abuso infantil, muchos delincuentes juveniles están "llenos de odio", sentimiento que se origina en el abuso que tuvo lugar en el hogar cuando eran pequeños (Ross, 1998). En cuanto a la violencia doméstica y sexual en el hogar, un estudio de 1989, realizado en Cali, descubrió que los cónyuges y parientes de sangre estaban involucrados, en un alto grado, en la práctica de la violencia sexual contra las mujeres (Mesquita da Rocha, 1997). Esto no sólo lleva a la fragmentación de las estructuras hogareñas, sino también a la pér-

8 Por ejemplo, la proporción de personas con educación universitaria entre los delincuentes sentenciados se ha quintuplicado en dos décadas, al pasar del 1,2% en 1972 al 5,9% en 1993 (Rubio, 1997b).

9 Por ejemplo, el ingreso estimado de las guerrillas en 1995 llegaba a los US$70.000 *per cápita*, en comparación con el ingreso nacional de US$1.800 *per cápita* y los gastos militares de US$900 *per cápita* (Granada, 1995).

dida de las funciones de apoyo, lo que puede crear un contexto en el cual los niños pueden estar más predispuestos a las actividades violentas como adultos (Moffit, 1993).

Precipitadores situacionales, como el alcohol, las drogas y las armas de fuego

En los planos de lo individual e interpersonal, los "precipitadores situacionales", como el consumo de alcohol o el uso de drogas y de armas de fuego, pueden actuar como catalizadores, en situaciones potencialmente violentas. En Colombia, entre los más importantes se encuentra el consumo de alcohol, que creció entre 1993 y 1997. Si bien éste sigue siendo más común entre los varones, el abuso de las bebidas alcohólicas va en aumento entre las mujeres y los jóvenes (Ross, 1998). El exceso en su consumo se vincula a varios tipos de violencia social, sobre todo, a los enfrentamientos personales, a la violencia entre conocidos y al maltrato de la pareja (CRNV, 1995; Profamilia, 1995). También existe una relación entre la adquisición temprana del hábito, la dependencia de las drogas y la violencia juvenil (Ministerio de Salud, 1997). En cuanto al consumo de drogas, si bien su relación es inconsistente con la agresión, el uso de psicotrópicos duplica la probabilidad de cometer un delito violento (Harrison y Gfroeder, 1992; Valdez *et al.*, 1995). Los trabajadores sociales que se ocupan de los niños y de los adolescentes de la calle en Bogotá, creen que los jóvenes involucrados en la delincuencia son, casi sin excepción, usuarios de estas sustancias, las cuales, además de su efecto intoxicante, parecen contribuir, también, a mejorar temporalmente su autoestima. Si bien todavía el papel desempeñado por el alcohol y las drogas es objeto de debate, la evidencia sugiere que su uso contribuye a la agresión entre aquellas personas con una predisposición a la conducta violenta (AMA, Consejo sobre Asuntos Científicos, 1993). Finalmente, la propiedad de armas de fuego o la costumbre de portarlas pueden llevar a la violencia o a un resultado fatal, en una situación violenta. En Colombia, el 75% de todos los homicidios son fatalidades producidas con armas de fuego (Klevens, 1998). Un estudio ha revelado, por ejemplo, que el hecho de portar una pistola (o incluso pretender que se portaba una) se asoció fuertemente con la agresión (Duque, 1997).

Los ejemplos esbozados en esta sección resaltan la multidimensionalidad y complejidad de las causas de la violencia política, económica y social. Si bien estos tipos de violencia y sus causas se presentan como categorías discretas, en la realidad están todos interrelacionados. Dado que la violencia se encuentra tan arraigada en la sociedad, la economía y la cultura de Colombia, tal vez no debe sorprender que sus costos sean tan altos, ni que la violencia esté erosionando seriamente el capital y los activos del país.

IV. Los costos de la violencia en Colombia: la erosión del capital del país y de los activos asociados

Los costos económicos y sociales de la violencia representan una carga para todos los colombianos[10]. Pese a las investigaciones adelantadas por los violentólogos económicos durante más de una década, estos costos siguen siendo difíciles de medir y existe un amplio debate acerca de la fidelidad de los cálculos existentes. Sin embargo, en el contexto del deterioro macroeconómico –inflación, desempleo y déficit fiscales–, y tomando en cuenta que la relación entre la inseguridad económica, el delito y la violencia se ha convertido en una aguda preocupación ciudadana, es importante entender las consecuencias directas e indirectas de la violencia, en sus diferentes niveles.

Si bien es esencial desarrollar métodos confiables de medición sobre los costos de la violencia, las evaluaciones sobre su impacto en el capital del país –sus existencias de activos– facilitan una comprensión más amplia de la situación. Este capítulo distingue cuatro tipos de capital: el *capital físico*, el *capital humano*, el *capital social* y el *capital natural*, cada uno con sus activos asociados[11] (Recuadro 1.1). Para identificar los costos de la violencia en la sociedad colombiana, resulta útil resaltar los vínculos que existen entre la vulnerabilidad y la propiedad de activos. Entre más activos puedan adquirir los individuos, los hogares y las comunidades y entre mejor los administren, menor será su vulnerabilidad. Inversamente, entre más se erosionen los activos, mayor será la inseguridad y, por lo tanto, la pobreza entre los habitantes de una comunidad. El Cuadro 1.2 resume algunos de los principales hallazgos en torno a los diferentes tipos de capital.

---

10 Esta sección se basa en gran medida en Klevens, 1998 y Rubio, 1998.

11 Esta parte se fundamenta en trabajos recientes sobre el desarrollo sostenible en lo económico, ambiental y social (Serageldin y Steer, 1994; Serageldin, 1996), así como en el Marco de Vulnerabilidad de Activos (Moser, 1996, 1998).

RECUADRO 1.1
LOS CUATRO TIPOS DE CAPITAL Y SUS ACTIVOS ASOCIADOS

El capital físico (también conocido como *capital producido o hecho por el hombre*) incluye todos los activos producidos y físicos que generalmente se toman en cuenta en la contabilidad económica y financiera.

El capital humano incluye las inversiones en educación, salud y nutrición de los individuos. La mano de obra es uno de los activos más importantes relacionados con las inversiones en capital humano. La condición de la salud determina la capacidad de la gente para trabajar; la capacitación y educación determinan las utilidades que obtengan de su trabajo.

El capital social está inmerso en las instituciones sociales, tanto formales como informales, que son fundamentales para que la sociedad funcione. En el plano local, éste se consolida por medio de la reciprocidad dentro de las comunidades y los hogares, con base en la confianza mutua. Se ve fortalecido tanto por la densidad como por la heterogeneidad de las redes y asociaciones informales. Las relaciones dentro del hogar, por ejemplo, son una importante institución para aunar ingresos y compartir el consumo.

El capital natural incluye las existencias de activos provistos por el entorno, tales como la capa vegetal, la atmósfera, los bosques, los minerales, el agua y los humedales. En las comunidades rurales, la tierra es un activo productivo fundamental para los pobres; en las zonas urbanas, por su parte, la tierra también es un activo clave, pero para la vivienda.

Fuentes: Serageldin, 1996; Moser, 1996; Moser, 1998.

Las secciones siguientes destacan brevemente algunos de los hallazgos de carácter económico sobre los costos de la violencia en Colombia, para luego esbozar las conclusiones de estudios descriptivos y cualitativos que ilustran la manera como la violencia política, económica y social ha erosionado las inversiones en activos relacionados con los diferentes tipos de capital a nivel nacional, regional y local.

A. Costos macroeconómicos de la violencia

El cuerpo creciente de estudios sobre los costos de la violencia en Colombia indica claramente que, durante los últimos dos decenios, Colombia ha sufrido pérdidas significativas debido a muertes, incapacidades y "transferencias", producto de los delitos contra la propiedad (Cisalva, 1997; Departamento Nacional de Planeación, 1998; Granada y Rojas, 1997; Rubio, 1998; Trujillo y Badel, 1998). La violencia, en especial los homicidios y secuestros, tiene un impacto negativo en la inversión. En particular, la violencia tiene un mayor efecto en las decisiones de inversión que en las de producción (Departamento Nacional de Planeación, 1998). Cuando los indicadores del capital humano y las tasas de homicidio se incorporan como factores en las ecuaciones tradicionales para calcular la inflación y los costos de capital de las inversiones, se percibe un impacto negativo significativo de la violencia en las inversiones en Colombia. Por ejemplo, si la violencia en este país pudiera reducirse a niveles comparables con los que prevalecen, como promedio, en América Latina, la relación entre la inversión y el PNB podría equipararse a aquéllas hoy sólo registradas en países con altas tasas de crecimiento económico, es decir, cercanas al 30% (Parra, 1997).

CUADRO 1.2
RESUMEN DE LOS HALLAZGOS DE DIFERENTES ESTUDIOS SOBRE EL COSTO DE LA VIOLENCIA[12]

El costo del la violencia sobre diferentes tipos de capital	Resumen de los hallazgos
Capital físico	Colombia pierde, según se calcula, un 1% de su PNB al año como parte del costo humano de los homicidios (Trujillo y Badel, 1998).
	De 1991 a 1996, los costos netos asociados con la violencia urbana y el conflicto armado totalizaron el 18,5% del PIB, representando un promedio anual del 3,1% del PIB (Trujillo y Badel, 1998).
	Los gastos estimados en seguridad privada totalizan 1,4% del PNB (Comisión de Racionalización del Gasto y de las Finanzas Públicas, 1996).
	En la última década, los ataques a la infraestructura llegan a cerca del 1,0% del PNB (Trujillo y Badel, 1998).
	Con un valor estimado de hasta 5.000-6.000 millones de dólares al año, los ingresos colombianos por narcotráfico equivalen a la mitad de todas las exportaciones legítimas (Kalmanovitz, 1990).
	El 31% de las empresas y 10% de los hogares reportaron victimización por robos, y manifestaron búsqueda de protección para protegerse de nuevas pérdidas. Colombia gasta hasta el 15% de su PNB en medidas de seguridad (DANE, 1997).

(Continúa en la página siguiente)

12 Nótese que las cifras expresadas como porcentajes del PIB o del PNB no pueden agregarse numéricamente, puesto que se utilizan diferentes metodologías, indicadores y fuentes de datos.

(Continuación Cuadro 1.2)

El costo del la violencia sobre diferentes tipos de capital	Resumen de los hallazgos
Capital físico y humano	Los costos totales asociados con la guerra de guerrillas, incluyendo los gastos privados y públicos y costos en capital humano, fueron en promedio del 4% del PIB entre 1990 y 1994 (Granada y Rojas, 1995).
Capital humano	Se calcula que Colombia pierde, un 4% de su PNB al año, como parte del costo humano de los homicidios (Londoño, 1996).
	El 25% de la carga en salud (calculada con base en años de vida ajustados por incapacidades) se atribuye a lesiones intencionales, en comparación con un promedio del 3% en toda América Latina (Ministerio de Salud, 1994).
	Los gastos totales estimados para el cuidado médico asociado con las lesiones intencionales suman US$61,1 millones, el equivalente a 0,76% del PIB (Cisalva, 1997).
	Los gastos de atención en salud para víctimas de la violencia se cree que llegan al 1% del costo total de la violencia (Trujillo y Badel, 1998).
	En términos del "empleo equivalente", los costos directos e indirectos asociados con el crimen sumarían 85.000 empleos de salario mínimo mensuales (Cisalva, 1997).
	Los costos del capital humano equivalen a un 55% de los costos totales del conflicto armado colombiano (Granada y Rojas, 1995).
Capital social	Los gastos públicos en los sistemas judicial y de seguridad llegan ahora al 5% del PNB, mostrando un aumento del 2% a lo largo del decenio de 1990 (Comisión de Racionalización del Gasto y de las Finanzas Públicas 1996).
	Los recursos destinados a las fuerzas armadas y la policía, que crecieron en un 4,5% en términos reales durante la segunda mitad de los años ochenta, crecieron poco menos de 15% en total, en términos reales, durante los últimos tres años (Rubio, 1998).
	Los costos directos e indirectos del crimen, incluyendo los costos de los sectores judicial, policial, penal y de la seguridad privada, suman más de US$1 billón, o sea, el 1,84% del PIB (Cisalva, 1997).
Capital natural	Entre 1986 y 1997, Ecopetrol denunció 699 ataques contra oleoductos. Por cada 100 barriles de petróleo crudo derramado como resultado de un ataque guerrillero, sólo se recuperan entre 25 y 30 barriles (Trujillo y Badel, 1998).
	Durante el primer trimestre de 1995, se derramaron casi 20.000 barriles de petróleo crudo en el río Magdalena, con un impacto significativo en el ecosistema y la pesca de las comunidades de los alrededores (Granada y Rojas, 1995).

Sin embargo, se puede argumentar que, debido a la relativamente baja intensidad de la guerra civil colombiana en relación con otros conflictos latinoamericanos, la violencia política, hasta recientemente, ha tenido relativamente poca influencia en el desempeño económico. Así, mientras existen correlaciones de corto plazo entre la intensidad de la guerra y la inversión privada y la productividad, el crecimiento a largo plazo no ha sido afectado significativamente. Ello, quizás, en razón a que el *boom* de la coca en los años ochenta y el *boom* del petróleo a comienzos de los años noventa cubrieron las pérdidas potenciales causadas por la violencia (Ahrends, 1998).

La variabilidad entre los hallazgos indica que los cálculos de costos son difíciles de realizar, y que persisten los retos metodológicos. Si bien muchos de estos resultados se expresan como porcentajes del producto nacional bruto (PNB) o del producto interno bruto (PIB), ello no implica que, de no haber ocurrido tales pérdidas, el PNB hubiese crecido en ese mismo porcentaje. Más bien, estas cifras son útiles para evaluar la magnitud de las pérdidas en términos relativos al PNB total.

En muchos sectores, los sistemas de contabilidad y análisis de costos son prácticamente inexistentes. Las evaluaciones sobre los gastos de la policía, el poder judicial, el sistema penal y las fuerzas armadas se ven afectadas por serias restricciones en el acceso a la información. De un modo similar, se carece de cifras confiables que midan los costos de los grupos paramilitares. Sin embargo, informaciones provenientes de los medios de prensa calculan que existen cerca de 10.000 miembros de tales grupos, con gastos *per cápita* de aproximadamente 500 dólares por mes. Es razonable asumir que el número de sus integrantes ha crecido, al igual que el de la guerrilla. Datos de 1995 estiman que el ingreso *per cápita* de la guerrilla (las FARC y el ELN) se aproxima a US$70.000; el de las fuerzas armadas a US$900; mientras que el ingreso *per cápita* a nivel nacional se estima en US$1.800 (Granada y Rojas, 1997).

B. La violencia y la erosión del capital físico

La violencia conduce a la erosión del *capital físico* (también conocido como capital producido o capital hecho por el hombre), cuando reduce el conjunto de recursos productivos del país, tales como la planta, el equipo y la infraestructura, que pertenecen a los sectores financiero y empresarial. El capital físico nacional comprende aquellos activos que generalmente se incluyen en la contabilidad financiera y económica.

Tanto el *sector bancario* como el *fiscal* se ven afectados, aunque de manera distinta, por la violencia ilegal vinculada a la industria de la droga. Los carteles de la droga generan enormes utilidades en efectivo que, para ser aprovechadas, deben pasar por canales bancarios o comerciales internacionales legítimos. Con un valor estimado máximo que oscila entre US$5.000 y US$6.000 millones por año, los ingresos colombianos por el narcotráfico corresponden a la mitad del valor de todas las exportaciones legítimas (Kalmanovitz, 1990). El capital "sucio" no sólo tiende a desplazar al capital "limpio" en los negocios y la industria, sino que precipita la fuga de este último hacia el exterior, con lo cual se incrementan la importancia y el poder relativos de los empresarios de la droga (Thoumi, 1994). La misma dimensión de las transacciones las hace difíciles de ocultar de sistemas bancarios vigilantes. El dinero de la droga también afecta el sistema fiscal. El servicio de aduanas de Colombia calcula que el 88% de todo el whisky que se consume en el país ingresa ilegalmente, por medio de un sistema administrado por los narcotraficantes. El alcohol libre de impuestos, no sólo permite que reingresen libremente las ganancias del narcotráfico, sino que despoja al Estado de ingresos que debería recibir. Además, al facilitar la adquisición de bebidas alcohólicas a bajo costo, agrava aún más el problema ya considerable del abuso del alcohol en el país.

Los costos asociados a los ataques violentos a la *infraestructura*, en particular a las plantas petroleras y eléctricas, las carreteras y los aeropuertos van en aumento. En el último decenio, las fuerzas guerrilleras han lanzado aproximadamente 700 ataques a las instalaciones e infraestructura de la industria petrolera. Si bien el impacto ambiental incluye la contaminación de fuentes de agua y daños a tierras productivas (*véase* más adelante), los análisis de costos se limitan a los costos de reparación y de reemplazo de la propiedad y los materiales, los costos de mano de obra en limpieza y los costos estimados del petróleo vertido. Para la industria del carbón, los ataques han llevado a pérdida de ventas, altos costos de reparación y retrasos en las entregas. La industria de generación eléctrica ha sufrido más de 100 ataques contra su infraestructura, en los últimos cinco años, lo cual ha resultado en numerosos "apagones" (suspensiones intempestivas del fluido eléctrico) que han afectado al sector productivo, para no mencionar los altos costos por reparaciones que han ocasionado.

Conforme se debilitan las instituciones policiales y judiciales de Colombia, la *privatización de la seguridad y la justicia* tanto en zonas urbanas como rurales es un fenómeno creciente, el cual ha incrementado los costos de producción del sector privado. La información sobre empresas legales y registradas muestra que, desde 1980, ha habido un mayor incremento en el personal que trabaja para el sector de seguridad privada que en el de la Policía Nacional. En 1980, Colombia disponía de 2,5 efectivos de policía por cada agente de seguridad privada. En 1995, esta relación era de uno a uno (Ospina, 1996). Conforme proliferan los servicios privados de seguridad y justicia, en una vecindad, sus funcionarios, a menudo, se convierten en la principal fuente de delitos y violencia en las zonas adyacentes (Jaramillo, 1993; Corporación Región, 1997). Esta situación se ve agravada cuando los grupos de seguridad privada mantienen contactos con el crimen organizado y cuando existe aceptación social del concepto de que los protectores de un barrio tienen derecho a causar estragos en otros.

C. La violencia y la erosión del capital humano

La violencia provoca la erosión del *capital humano* cuando limita el acceso a las instalaciones de educación o salud, tanto por parte de los usuarios como de los proveedores del servicio. Además, afecta la capacidad de los individuos para utilizar su capital humano, por medio de su ingreso al mercado laboral.

Los costos de la violencia, en términos tanto de *educación* como de *salud*, son un problema fundamental. Cada vez más, la violencia afecta negativamente el acceso a la educación y la calidad de la misma. Las matanzas y las amenazas de muerte contra maestros y trabajadores de la salud en las zonas rurales, por parte de la guerrilla y de los grupos paramilitares, han llevado al abandono de muchas instalaciones en el campo (Parra, *et al.*, 1997). Estudios recientes en Bogotá, demuestran que los conflictos entre vecinos –pugnas o escándalos familiares, la presencia de pandillas, el uso de drogas en las vecindades y las actividades de prostitución en diversas zonas– tienen un impacto significativo en las tasas de deserción escolar (Knaul, 1997). Otras investigaciones indican que el 14% de los estudiantes ha dejado de acudir a las escuelas nocturnas, por temor a ser víctima de un delito en la calle o en el transporte público, mientras que de los colombianos que acostumbraban trabajar de noche, un 25% ha dejado estos puestos, al parecer por temor a la inseguridad. Así, el número de jóvenes que trabaja de noche ha caído en un tercio (Cuéllar de Martínez, 1997).

En algunas regiones, a las personas dedicadas a la medicina y la enfermería se les ha dificultado mantener una posición neutral ante el conflicto armado. Como en el caso de los docentes, cuando los trabajadores de la salud se convierten en blanco de amenazas de muerte y asesinatos, el resultado frecuente es el abandono de puestos de salud y clínicas. La violencia está creando un costo adicional para el sector salud, ya que la atención a los traumas médicos está consumiendo una proporción importante de los recursos del sector. Esto incluye no sólo las lesiones físicas y las incapacidades producto de la violencia, sino también las consecuencias psicológicas de la victimización, como son, por ejemplo, la tensión emocional y el estrés postraumático entre los niños que presencian actos de violencia.

El capital humano de las *poblaciones desplazadas* puede verse severamente erosionado. Muchos pierden el acceso a servicios sociales y de salud, cuando se trasladan a las grandes ciudades. Entre aquellos que arriban a Medellín, por ejemplo, el 23% tiene acceso a cierto tipo de atención en salud, mientras que en la zona de expulsión de Urabá la proporción es, aproximadamente, un 87% (Angarita y Osorio, 1998; Instituto de Estudios Regionales, 1997). La *mano de obra* de los desplazados se degrada como activo. Un estudio de 1995, sobre el desempleo previo y posterior al desplazamiento, mostró que las tasas de desocupación entre los varones habían crecido del 6,2% (cuando la mayoría trabajaba en la agricultura, en el área rural) al 34% (cuando se reubicaron en la periferia urbana). Igualmente, tasas comparables entre mujeres muestran un aumento del 6,5% al 19,2% (Meertens y Segura-Escobar, 1996). La mujeres también utilizan su experiencia en las labores de la casa, para obtener trabajo como empleadas domésticas o lavanderas, o recurren a la mendicidad y, en ocasiones, a la prostitución.

D. La violencia y la erosión del capital social

La violencia provoca la erosión del *capital social,* cuando reduce la confianza y la cooperación dentro de las organizaciones sociales formales e informales y entre sus miembros. El capital social está constituido por aquellas reglas, normas, obligaciones y redes de reciprocidad y confianza que rigen las relaciones sociales, las estructuras sociales y los arreglos institucionales que permiten a los miembros de una colectividad alcanzar sus objetivos individuales y comunales (Narayan, 1998)[13]. Esta definición amplia incorpora tanto el capital social al nivel microinstitucional (como en el caso de las comunidades y los hogares) como el capital social que hace referencia a las normas y regulaciones que gobiernan las instituciones formales en el mercado, el sistema político y la sociedad civil (North, 1990; Olson, 1982).

La importancia del capital social se fundamenta tanto en su reconocida contribución al desarrollo sostenible como en los indicios que existen acerca de que el tamaño y la densidad de las redes e instituciones sociales, así como las características de las interacciones interpersonales, afectan significativamente la eficiencia y sustentabilidad de los procesos de desarrollo (Putman, 1993). La violencia se encuentra entre los principales factores que deterioran la confianza y la reciprocidad –o sea, el capital social– (Moser, 1998; Moser y Holland, 1997), tanto en las instituciones sociales formales e informales, a nivel comunal, como en los mismos hogares.

1. Instituciones sociales formales

La violencia ha erosionado severamente la fe en la relevancia y *gobernabilidad* de muchas instituciones sociales, como consecuencia tanto de las violaciones a los derechos humanos como de la constatación de la impunidad en la que, al parecer, queda el 98% de los delitos. Existe una preocupación creciente por el hecho de que las instituciones judiciales, educativas, sanitarias, periodísticas y de seguridad ya no son viables, lo cual somete a una dura prueba a la institución de la democracia. Se destaca negativamente, en este campo, la industria de la droga, marcada

13 En esta área tan nueva de la investigación analítica, las definiciones del capital social varían. Putnam (1993) lo define como las redes informales y organizadas de confianza y normas insertas en la organización social de las comunidades, con instituciones sociales tanto horizontales como jerárquicas en su estructura.

por la violencia que ha deteriorado al Estado, corrompido a las instituciones y dividido a la población.

El efecto del narcotráfico en el *sistema judicial* es un ejemplo sobresaliente del impacto de los delitos violentos en las instituciones. El narcoterrorismo –las amenazas y actos de secuestro y asesinato– ha influido en la administración de justicia y ha llegado, incluso, a producir cambios en el Código Penal para beneficiar a los narcotraficantes. Por ejemplo, la corrupción del sistema judicial se ha manifestado en casos en que se ha rechazado arbitrariamente la evidencia, o se ha puesto en libertad a reconocidos narcotraficantes. La influencia negativa de la guerrilla y de los grupos paramilitares en el poder judicial está bien documentada, aunque algunos estudios, a nivel municipal, indican que la presencia de organizaciones armadas no ejerce un efecto en el funcionamiento del sistema judicial (Peñate, 1991, 1998; Uribe, 1982, citado en Rubio, 1998).

La violencia persistente en la forma de amenazas de muerte, secuestros y asesinatos ha creado un comprensible clima de temor, ansiedad y desconfianza mutua entre los actores de la sociedad civil. En una encuesta reciente, el 22% de una muestra representativa de colombianos afirmaba sentirse personalmente en peligro (DANE, 1997). El temor a la victimización modifica los patrones de conducta, por ejemplo, evitar lugares u horarios peligrosos, no participar en actividades comunales, o no salir solo (Warr, 1994). La violencia afecta a los *medios de comunicación*, los cuales son fundamentales para mantener a una sociedad civil democrática y bien informada. Las amenazas y ataques sistemáticos contra los medios han pretendido modificar la conducta de la prensa y el contenido de las informaciones. En un contexto más amplio, esta alarmante tendencia suprime, "la voz" de las instituciones de la sociedad civil y su capacidad de participar eficaz y pacíficamente en las decisiones políticas, a nivel comunal y nacional (Quintero y Jimeno, 1993).

2. *Las instituciones informales de base y el capital social "perverso"*

La capacidad de funcionamiento de las organizaciones, a nivel comunal, depende de los niveles de cohesión existentes en las mismas, así como de la seguridad personal y de que sus integrantes puedan reunirse localmente. En las ciudades colombianas, los estudios epidemiológicos y las cifras policiales muestran que el asesinato y la violencia se concentran en núcleos específicos, encabezados por el barrio Santafé en el centro de Bogotá, seguidos por los sectores de Ciudad Kennedy y Ciudad Bolívar, zonas con altas concentraciones de prostitución, delitos callejeros, narcotráfico, viviendas de bajos ingresos, desempleo, familias en las que falta uno de los padres y deserción escolar. Estas anomalías contribuyen a la creación de un clima cultural en que la violencia y la delincuencia se vuelven normativas.

En algunos casos, la violencia parece contribuir a la creación de una especie de capital social "perverso". En este caso, se establecen contactos, redes y asociaciones al servicio de las actividades ilegales (Rubio, 1997b). La *participación en pandillas* es un ejemplo notable. Los jóvenes, carentes de familias integradas y del apoyo comunal, establecen grupos en que se refuerzan mutuamente. En muchas vecindades, las pandillas constituyen el principal mecanismo para la socialización de los niños, que se unen a ellas incluso a los 12 o 13 años de edad. En Medellín, por ejemplo, en 1990 existían 120 pandillas juveniles, integradas por 3.000 jóvenes, aproximadamente, con una edad promedio de 16 años (Rodgers, 1998). Involucrados activamente en robos, hurtos, asaltos y consumo de droga (marihuana, bazuco, cocaína) y en guerra con grupos rivales, los pandilleros obtienen una capacitación ideal para convertirse en sicarios: asesinos a sueldo. En algunos barrios, protegen a sus vecinos, al tiempo que cometen delitos en otras vecindades y depredan a sus habitantes, provocando un clima de temor (Human Rights Watch/Americas, 1994). En algunos contextos, las pandillas han desarrollado fuertes relaciones simbióticas con los carteles de la droga, los cuales los reclutan como sicarios, para enfrentar a sus rivales.

3. Las relaciones en el hogar y el capital social

La violencia ha deteriorado las *relaciones hogareñas* en su calidad de activo, al reducir la capacidad de los hogares para funcionar en forma efectiva como una unidad. En las zonas rurales en conflicto, donde muchos hombres se han unido a grupos de actividades ilegales, ya sea la guerrilla o los paramilitares, la vida familiar se ha visto seriamente afectada y con ello se han provocado altos niveles de tensión. En las comunidades urbanas pobres, muchas mujeres han identificado un vínculo directo entre el desempleo masculino, el abuso del alcohol y el aumento de la violencia doméstica. En el caso de las poblaciones desplazadas, las investigaciones muestran que las mujeres son más vulnerables que los hombres en el momento de la expulsión, cuando se ven sometidas a amenazas y a acciones clandestinas y deben enfrentar la viudez y la separación de sus hogares. Los hombres parecen estar mejor equipados para responder a tales situaciones, pero ocurre exactamente lo contrario cuando las familias desplazadas logran reunirse: entonces el impacto es mayor en los varones, quienes, al verse afectados por el desempleo, pierden su posición como ganadores del sustento familiar, lo cual erosiona su sentimiento de masculinidad. En cambio, las mujeres parecen estar mejor preparadas para desarrollar redes de apoyo que permitan restablecer las rutinas de la subsistencia diaria y hallar nuevas formas de generar ingresos. Esta ventaja les permite crear capital social, no con otras mujeres originarias de la misma zona, sino con aquellas que han compartido la experiencia del desplazamiento (Meertens y Segura-Escobar, 1996).

Finalmente, el conflicto sostenido, las matanzas arbitrarias de supuestos simpatizantes de la guerrilla y las desproporcionadamente numerosas amenazas de muerte han reducido sistemáticamente la confianza entre *vecinos y comunidades*, a lo largo y ancho del país, empobreciendo aún más el capital social. Existen indicios recientes de un mayor nivel de participación en grupos de acción comunal en las zonas menos violentas, y un menor nivel en las más violentas (Cuéllar de Martínez, 1997). En respuesta a la afirmación "El uso de la violencia nunca se justifica para alcanzar objetivos políticos", el 62% de los habitantes de las zonas más pacíficas de Colombia se declara "en total acuerdo", lo cual sólo afirma el 37% en las áreas más violentas. En las zonas más pacíficas, el 70% de los residentes asevera que "definitivamente no querrían a un vecino que hubiera cometido un crimen o asesinato", en comparación con un 63%, en las áreas más violentas. Cuando se pregunta si sería deseable tener a un narcotraficante como vecino, los porcentajes de respuesta negativa son del 45% y del 35%, respectivamente (Cuéllar de Martínez, 1997). Otros indicadores del capital social –específicamente la participación en actividades religiosas– aumentan en respuesta a la presencia de mayor violencia. Así, la información proveniente de zonas con altos niveles de agresión reporta que el 30% de los miembros de la comunidad pertenece a alguna organización religiosa, mientras que en las áreas en las que la violencia es menor, sólo reconoce la afiliación religiosa un 14% de los pobladores (Cuéllar de Martínez, 1997).

E. La violencia y la erosión del capital natural

La violencia erosiona el *capital natural* cuando deteriora las existencias nacionales de activos de origen ambiental como la capa vegetal de la tierra, los bosques, el agua y los humedales. En las zonas rurales, la tierra es un activo productivo de gran importancia para los pobres. En las urbanas, la tierra es igualmente importante, puesto que provee el terreno para su vivienda. Si bien, Colombia es rica en tales activos, sólo en fecha reciente se reconocieron los efectos devastadores de la violencia sobre el *ambiente* y el costo significativo de la violencia para el país en general, en particular de la violencia política.

Como primera medida, se debe considerar el daño que se ocasiona al medio ambiente (*daño ambiental*) como resultado de los derrames de petróleo, a causa del terrorismo y que tanto impacto causa en la opinión pública. Colombia ha tenido que desarrollar nuevas tecnologías para enfrentar derrames de petróleo en entornos no-marítimos, cuyo impacto, a largo plazo, es todavía incalculable. La tragedia del Catatumbo, cerca del Parque Nacional El Tamá, provocó, al parecer, la desaparición de todas las formas de vida vegetal y animal en unas 5.000 hectáreas, debido a ataques contra un oleoducto y a la consecuente fuga de petróleo (Granada y Rojas, 1995). En segundo lugar, la contaminación adicional del suelo y de los yacimientos acuíferos subterráneos, debida a la fumigación aérea de cultivos ilegales, ha dejado esas tierras inutilizables durante muchos años. En tercer lugar, las tasas de deforestación aumentan cuando los campesinos, expulsados de sus tierras por las fumigaciones, talan los bosques cercanos para poder sembrar. En cuarto lugar, la destrucción del frágil hábitat del páramo se ha visto acelerada por la reciente diversificación de los carteles de la droga, los cuales han comenzado a cultivar la amapola, con la cual se produce la heroína. Finalmente, el deterioro del ambiente en las áreas urbanas y sus inmediaciones se ve agravado por el ingreso de poblaciones desplazadas, el cual acrecienta problemas como la contaminación del agua y el manejo inadecuado de los desechos sólidos. En la localidad de Cartago, el arribo estimado de 150 personas por día frustra los intentos de los planificadores urbanos por proteger las cuencas y la biodiversidad, porque la demanda de tierra para vivienda informal supera las posibilidades de satisfacer las exigencias de desarrollo sostenible (Quintero, 1998).

Si bien la distribución equitativa de la *tierra* y la reforma agraria han sido todo un reto para Colombia durante los últimos 30 años, el deterioro de los suelos y el uso inapropiado de la tierra se han agravado por los altos niveles de violencia política. Ello es claramente visible en los casos reportados de campesinos que han sido expulsados de sus tierras por la guerrilla, los grupos paramilitares y los narcotraficantes, o han huido voluntariamente para evadir las amenazas de muerte, uniéndose a los miles de desplazados que habitan los cinturones de miseria de las ciudades. Por ejemplo, un estudio reciente realizado en Cali mostró que el 53% de los desplazados rurales había renunciado a sus derechos de propiedad al emigrar y que el 83% de los mismos tenía títulos de propiedad totalmente en regla (Codhes, 1997; Angarita Cañas y Osorio Moreno, 1998).

Puesto que muchos campesinos no ostentan títulos de propiedad, al dejar sus tierras pierden su derecho legal a ellas, mientras que aquellos que sí los poseen no necesariamente tienen acceso a los procesos judiciales requeridos para recuperar sus tierras o reclamar una compensación. El deseo de conquistar las valiosas tierras de los campesinos, las cuales, a menudo, son "compradas" por los grupos armados a precios irrisorios, se ha identificado como la principal causa de la forzada reubicación de la población en los territorios afectados. Esto ha "limpiado" a la población civil de las zonas de influencia de la guerrilla, ha concentrado la propiedad, ha expandido las áreas dedicadas a la ganadería a gran escala, y subvertido la agricultura (Reyes, 1998). Al mismo tiempo, en ciudades como Medellín, los asentamientos de los desplazados se encuentran en los bordes de la ciudad, en áreas geológicamente inestables. El gobierno municipal ha expulsado a los desplazados de la ciudad, con el argumento de que su presencia puede poner en riesgo el orden público o agravar el peligro de cualquier desastre natural (Angarita Cañas y Osorio Moreno, 1998).

V. Intervenciones para reducir la violencia

A. Un marco integrado para la intervención

A lo largo y ancho de Colombia, en especial durante el último decenio, se han intentado intervenciones variadas e innovadoras para reducir la violencia. Como en otros países, los análisis de la violencia y de las intervenciones asociadas requeridas se han visto dominados por enfoques particulares de política y por la disciplina profesional que los fundamenta, como la criminología o la epidemiología. Además, las intervenciones han tendido a asignar prioridad a un solo tipo de violencia y a concentrarse en un nivel particular de causalidad. Incluso, allí donde las iniciativas responden eficazmente a más de un tipo de violencia o se concentran en niveles múltiples de causalidad, la falta de una evaluación de su impacto o de un análisis de costo/beneficio ha restringido, severamente, la posibilidad de identificar las "prácticas exitosas" y de reproducir las intervenciones más prometedoras.

Con el objeto de ofrecer un marco integrado para la intervención, es importante clasificar las políticas seguidas con mayor frecuencia, tanto en términos de las categorías de violencia a que pretenden responder, como de los factores causales en que se concentran. Este marco apunta a ayudar a los forjadores de políticas a dejar atrás un esquema de intervenciones tipo "menú", en el cual se debe escoger únicamente un enfoque. También se tiene el propósito de que quienes formulan las políticas adopten una estrategia interdisciplinaria que, al reconocer que existe una gradación de los tipos de violencia, procura reducir la violencia en general actuando simultáneamente sobre cada uno de ellos. Como punto de partida, debe destacarse que, si bien existen proyectos innovadores de este tipo en Colombia, a menudo se trata de intervenciones a pequeña escala, sin contacto mutuo y, por lo tanto, no sustentables a escala nacional.

1. Políticas cambiantes de intervención contra la violencia

Al identificar las políticas cambiantes para la erradicación de la violencia, se puede distinguir un amplio espectro que va desde las estrategias que se concentran en el *control* de la violencia, pasando por aquellas que alientan la prevención, hasta llegar a enfoques recientes que procuran reconstruir el capital social. Por lo tanto, el marco de diversas políticas debe considerarse como constituido por "tipos ideales" (*véase* Cuadro 1.3). Más de un enfoque puede adoptarse a la vez, y a menudo se combinan las estrategias más tradicionales con las más innovadoras.

- El recurso de la *justicia penal* es uno de los enfoques más ampliamente establecidos. Se concentra en el *desestímulo y control de la violencia* por medio de mayores tasas de arrestos, condenas y castigos, facilitadas por las reformas judiciales, penales y policiales. Su mayor éxito ha sido la reducción de los delitos económicos, pero ha tenido una eficacia limitada en la reducción de la violencia política y social. Este enfoque vertical es popular entre los políticos que buscan soluciones a corto plazo para los síntomas de la violencia.

CUADRO 1.3
POLÍTICAS DIFERENTES DE INTERVENCIÓN CONTRA LA VIOLENCIA

Enfoque	Objetivo	Tipo de violencia que se maneja	Nivel o niveles causales que se tratan	Intervención por medio de políticas o planificación	Limitantes
La justicia penal	El *desestímulo y control* de la violencia por medio de mayores arrestos, condenas y castigos.	Económica	Individual, institucional	Fortalecimiento vertical de los sistemas judiciales, penales y policiales y sus instituciones asociadas.	Se puede aplicar tan sólo en forma reducida a la violencia política o social. Su éxito depende en alto grado de que se apliquen las leyes.
La salud Pública	La *prevención* de la violencia por medio de la reducción de los factores de riesgo individuales.	Económica, social	Individual, interpersonal	Monitoreo vertical; identificación de factores de riesgo; modificación de conductas asociadas; imitacion de intervenciones exitosas.	Énfasis casi exclusivo en los individuos. A menudo se impone de arriba abajo. Muy sensible a la calidad de los datos del monitoreo. Limitaciones en los indicadores.
La transformación de conflictos	La *resolución* no-violenta de los conflictos por medio de negociaciones entre las partes enfrentadas.	Política, social	Interpersonal, institucional, estructural	Negociaciones para conseguir la resolución del conflicto entre diferentes actores sociales; mediación a través de terceros. Puede ser de arriba abajo o de abajo arriba.	A menudo su impacto es a largo plazo. Con frecuencia constituye un reto conseguir que todas las partes se sienten a discutir y negociar para luego empezar el proceso de mediación

(Continúa en la página siguiente)

(Continuación Cuadro 1.3)

Enfoque	Objetivo	Tipo de violencia que se maneja	Nivel o niveles causales que se tratan	Intervención por medio de políticas o planificación	Limitantes
Los derechos humanos	La *aplicación* de las *leyes relacionadas con los derechos humanos* y la documentación de los abusos por parte de los Estados y otros actores sociales.	Política, social	Individual, estructural	Aplicación de arriba abajo de las leyes, reforzada por un sistema de abajo arriba basada en la participación popular de las ONG	Un marco legalista a menudo difícil de aplicar en el contexto de la anarquía, la corrupción y la impunidad. Es peligroso documentar los abusos.
Capital social	La *acumulación del capital social* para reducir la violencia en las instituciones sociales tanto formales como informales, por ejemplo, las familias, las organizaciones comunales y el poder judicial.	Política, económica, social	Interpersonal, institucional, estructural	Evaluación participatoria de abajo hacia arriba de la violencia; correlación institucional y participación en la reducción de la violencia.	Todavía no está tan bien articulado como otros enfoques, se han desarrollado menos indicadores.

- El enfoque de la *salud pública* también se concentra en la violencia económica y social, en los planos individual e interpersonal. Está también bastante establecido y se concentra en la *prevención de la violencia* por medio de la reducción de los *factores de riesgo* individuales. Recurre al "monitoreo" epidemiológico, sobre todo de las tasas de homicidio, así como a la identificación de factores de riesgo, para modificar la conducta individual o el entorno social y físico.
- El enfoque de la *transformación de conflictos* es una perspectiva menos conocida que procura reconstruir el tejido de las sociedades. Este enfoque se vio influido inicialmente por el papel de actores internacionales como las Naciones Unidas y pretende responder tanto a la violencia política como, en menor grado, a la social, por medio de negociaciones no-violentas entre los actores del conflicto, con la mediación de terceros. Si bien la negociación puede canalizarse por medio de organizaciones internacionales al nivel estructural e insti-

tucional, también es importante al nivel interpersonal por medio del arbitraje formal e informal y la capacitación a nivel comunal, para adquirir destrezas de comunicación.

- El enfoque de los *derechos humanos* es el que se conoce como un "enfoque basado en los derechos". Tiene que ver con el derecho de los ciudadanos a estar libres de la amenaza de la violencia y de la victimización. Se concentra en el papel del Estado en la salvaguardia de estos derechos. Con base en la documentación de las violaciones a las garantías consagradas en convenciones internacionales de los derechos humanos, este enfoque busca responder a la violencia política y a la social, sobre todo, en los planos individual y estructural. Si bien el empleo temprano de esta perspectiva se concentró en los gobiernos como violadores primarios, las formulaciones más recientes han incluido a todos los actores sociales que niegan los derechos de sus congéneres o los atropellan. Tal óptica hace hincapié en los grupos excluidos, como los pueblos indígenas, las mujeres y los niños, así como las futuras generaciones y su derecho a que no se malbarate el capital natural.
- El enfoque del *capital social* se encuentra todavía en proceso de formulación. De todas las perspectivas disponibles, ésta es la que se concentra más directamente en la reconstrucción del capital social entre las instituciones formales e informales, tales como las familias, las organizaciones comunales y el poder judicial. Con la utilización de procesos participativos, de abajo hacia arriba, este enfoque se fundamenta en la identificación de necesidades, por parte de las mismas comunidades, para restablecer la confianza y aprovecha las fortalezas de las colectividades afectadas por la violencia. También permite que las necesidades comunales hallen una respuesta en las intervenciones del sector público.

B. Intervenciones para responder a la violencia política y negociar la paz en Colombia[14]

Los intentos por responder a la violencia política en Colombia están estrechamente interrelacionados con los esfuerzos gubernamentales por

14 Esta sección se fundamenta en gran medida en Chernick (1997) y Cleves (1998).

alcanzar acuerdos de paz. Desde que se reanudó la violencia política en los años ochenta, las políticas colombianas se han concentrado en poner fin a ella. Sucesivas administraciones presidenciales han variado sus estrategias para responder al conflicto político. Éstas han oscilado entre las soluciones militares parciales, hasta las negociaciones para la desmovilización y la reincorporación.

Con el paso del tiempo, junto con los cambios de enfoque se ha dado una consolidación de los esfuerzos de varias administraciones. Por ejemplo, si bien la administración Betancur abrió la puerta a las negociaciones con la guerrilla, en particular el M-19, fue durante la administración Barco cuando se logró un acuerdo político. Sin embargo, a la administración Gaviria le correspondió desarrollar el Programa de Reinserción de esa organización. De manera similar, los cimientos para la Reforma Constitucional y la Asamblea Nacional Constituyente de 1991 se construyeron durante el gobierno de Barco, pero el proceso entró en vigencia durante la administración Gaviria (*véase* Recuadro 1.2, que resalta algunas de las principales iniciativas).

En la base de algunas de estas iniciativas de paz se encuentra la formulación de una amplia gama de políticas influidas por los enfoques ya descritos[15]. Las perspectivas de la *transformación de conflictos, el capital social y los derechos humanos* han influido, en forma significativa, en las iniciativas de paz. Si bien se ha recurrido a las soluciones militares, como último recurso, cuando han fallado la negociación u otros métodos –por ejemplo, cuando las negociaciones de Gaviria con la Coordinadora Guerrillera Simón Bolívar fracasaron y se optó por una respuesta militar– los enfoques no-armados giraron en torno a la reconstrucción de los activos de la sociedad.

Las estrategias de *transformación de conflictos* han influido en las negociaciones con la guerrilla, desde comienzos del decenio de 1980. Fueron incentivadas por Betancur, el primer Presidente en reconocer la severidad del problema de la guerrilla, con el fin de negociar un cese del

15 Es importante comprender que este análisis de las intervenciones gubernamentales en términos de las políticas adoptadas se está llevando a cabo retrospectivamente. Los gobiernos en sí no identificaron necesariamente sus intervenciones como algo que encajara en tal o cual enfoque. Un análisis como el actual, sin embargo, permite aprender lecciones valiosas de lo ya sucedido.

RECUADRO 1.2
RESUMEN DE ALGUNAS DE LAS PRINCIPALES INICIATIVAS DE PAZ GUBERNAMENTALES EN COLOMBIA

1982-86: Administración Betancur

- Plan Nacional de Rehabilitación (PNR) para redirigir fondos a las áreas más afectadas por la violencia política.
- Reforma política, reintegración y apertura democrática, por medio de negociaciones en el Congreso y en foros extrainstitucionales.
- Reforma constitucional en el Congreso que incluye enmienda constitucional que establece la elección directa de los alcaldes.
- "Diálogo nacional" entre diversos miembros de las fuerzas armadas, el gobierno y la sociedad civil.
- Se establece la negociación de un cese del fuego temporal con las FARC, el EPL, el M-19 y ADO, así como "procesos de paz regionales".

1986-90: Administración Barco

- Política de reconciliación, normalización y rehabilitación se incorpora al Plan Nacional de Rehabilitación. Se instituyen foros democráticos locales para extender la autoridad del Estado sobre la población civil.
- 1986: Creación de la Consejería Presidencial para la Paz.
- 1989: Pacto Político para la Paz y la Democracia, que incluyó el compromiso de un cese del fuego unilateral y el reconocimiento de que los resultados finales de las negociaciones deberían ser el desarme y la reincorporación en el sistema político legal.
- 1990: Acuerdo político con el M-19 involucra un cese del fuego, por medio de la congregación de los grupos en una zona desmilitarizada y la entrega de armas; acuerdos adicionales con el PRT, EPL y MAQL.

1990-94: Administración Gaviria

- 1991: Asamblea Nacional Constituyente y Reforma Constitucional (que tuvo repercusiones en los sectores político, económico y social). Se reconocen los derechos de las minorías, incluyendo los grupos indígenas y afrocolombianos, y el derecho a la participación comunal. La reforma también contempla el fomento del respeto a los derechos humanos y el cumplimiento de los acuerdos con los grupos guerrilleros.
- 1991: Programa para la Reinserción, que involucra a 6.500 guerilleros desmovilizados del M-19 y otros grupos. El programa es cofinanciado por el gobierno nacional y las municipalidades y ofrece vivienda, programas de salud, capacitación en destrezas laborales y educación de adultos, como parte de un enfoque preventivo para crear una "cultura de la paz".

(Continúa página siguiente)

(Continuación Recuadro 1.2)

- 1991 y 1992: Negociaciones en Caracas y Tlaxcala, México, con la Coordinadora Guerrillera Simón Bolívar. Se logra un acuerdo preliminar.
- 1992: Creación de la Comisión Nacional de Políticas Indígenas (Conpapi), que incluye la Dirección General de Asuntos Indígenas (DGAI) y la Comisión Especial para las Comunidades Negras.
- 1993: El gobierno y grupos guerrilleros firman un Pacto para Consolidar la Paz, con el fin de lograr progresos adicionales hacia la reconciliación nacional.
- "Fronteras Electorales Especiales para la Paz" para ofrecer tratamiento preferencial a la ex guerrilla en una elección municipal.
- Creación de un Ministerio de Defensa bajo control civil.
- Creación de la Oficina del Alto Comisionado para la Paz.
- Creación de la Consejería Presidencial para Medellín, un esfuerzo a nivel presidencial para reducir la violencia en esta ciudad.

1994-1998: Administración Samper

- 1994: Se firma el Segundo Protocolo de la Convención de Ginebra, que establece un código de conducta para las guerras internas. Se establecen cooperativas de seguridad, conocidas como Convivir. Se establece la Oficina de Comunidades Negras y Colectividades Étnicas.
- 1995: Se implementa el Programa Nacional de Atención a la Población Afectada por la Violencia, para responder a las necesidades de los desplazados.
- 1997: Se crea en Colombia la Oficina del Alto Comisionado para los Derechos Humanos de las Naciones Unidas.
- Solicitud formal de establecer una representación de la Oficina del Alto Comisionado de las Naciones Unidas para los Refugiados, para responder a las necesidades de los desplazados.
- El Congreso aprueba un Consejo Nacional de Paz, una iniciativa para garantizar que la búsqueda de la paz sea un compromiso nacional.
- El Congreso aprueba la Ley 418, que establece (1) parámetros para negociar con grupos armados; (2) normas para proteger a los menores de los conflictos armados; (3) instrumentos para atender a las víctimas de los conflictos violentos; y (4) una amnistía para los condenados por delitos políticos.
- Se aprueban leyes que permiten al gobierno decomisar tierras adquiridas por el narcotráfico, como posible base para una reforma agraria importante. Un diálogo regional, autorizado por el gobierno nacional, entre los gobernadores y los grupos armados.

fuego temporal, en 1984. Desde entonces, cada gobierno ha procurado utilizar alguna forma de transformación de conflictos. Sin embargo, este diálogo no se ha limitado a las negociaciones con la guerrilla, sino que ha involucrado a otros actores. Por ejemplo, Betancur estableció un "diálogo nacional" entre miembros del gobierno y la sociedad civil, aunque se dejó a las fuerzas armadas fuera del proceso de diálogo. Además, la Reforma Constitucional de 1991 fue, en parte, una respuesta a las propuestas de la sociedad civil y de la guerrilla. En 1997, Samper autorizó diálogos regionales entre los gobernadores de los departamentos y los grupos armados.

La reconstrucción de las instituciones sociales y comunales, o el *capital social*, también ha sido un hilo conductor de los esfuerzos de paz, desde 1982. El Plan Nacional de Rehabilitación de Betancur, por ejemplo, destinó fondos a las áreas más afectadas por la violencia política, con el fin de reconstruir el tejido social y económico. Posteriormente, el proceso se vio fortalecido por la Política de Reconciliacion, Normalización y Rehabilitación de Barco. También es significativa, desde esta perspectiva, la política de Samper, de 1995, sobre las poblaciones desplazadas por la violencia. En un esfuerzo por fortalecer la capacidad a nivel local, varios gobiernos han instituido una gama de medidas constitucionales de descentralización. Por ejemplo, Betancur introdujo una enmienda constitucional que estableció la elección directa de los alcaldes. Pero quizás, lo más importante han sido las reformas constitucionales de Barco y Gaviria que profundizaron en la descentralización de las funciones estatales y en la participación ciudadana. De un modo similar, el Programa de Reinserción de Gaviria procuró reconstruir el capital social entre los ex combatientes, al tiempo que procuró crear nuevo capital social, por medio de programas de salud y educacion de adultos.

Finalmente, como ya se mencionó, la perspectiva de *los derechos humanos* ejerció influencia durante los gobiernos de Gaviria y Samper. Como ha sido el caso con otros países, Colombia ha modificado su visión de los derechos humanos, en la cual el Estado se consideraba como el violador primario y ha llegado a reconocer que otros actores sociales también pueden cometer abusos. Además, el tema de la exclusión de las minorías también se ha tratado, sobre todo en la Reforma Constitucional de 1991 y en el posterior establecimiento de la Comisión Nacional de Políticas Indígenas (Conpapi), dentro de la Dirección Nacional de Asuntos Indígenas (DGAI) y la Comisión Especial para las Comunidades

Negras. El uso más sistemático del enfoque de los derechos humanos, se dio durante la administración Samper, al crearse, en 1997, la Oficina del Alto Comisionado de las Naciones Unidas para los Derechos Humanos y al introducirse en la Ley 418 la cláusula que establece normas para la protección de los niños en una situación de conflicto (*véase* Recuadro 1.2).

1. El papel de la sociedad civil y la comunidad internacional en el proceso de paz

En el último decenio, grupos de la sociedad civil se han venido involucrando, en forma creciente, en la tarea de la reducción de la violencia. Aunque la mayoría de las iniciativas de la sociedad civil se han concentrado en la reducción de la violencia económica y social, se han dado algunas intervenciones interesantes en el campo de la disminución de la violencia política. Dos ejemplos de iniciativas para la construcción de la paz desde las bases *se encuentran en la Red de Iniciativas Ciudadanas contra la Guerra y en Minga* (McDonald, 1997). Otras intervenciones importantes de la sociedad civil han sido: (i) la creación de la *Comisión Nacional de Conciliación*, cuyo fin es hallar una solución al conflicto armado; (ii) la Vacunación contra la Violencia y (iii) el referendo nacional sobre la paz, efectuado en octubre 1997, y llamado "Diez millones de votos por la paz". El hecho de que 10 millones de colombianos hayan expresado su rechazo a la guerra, por medio de un voto simbólico, al parecer influyó en la decisión del ELN de reabrir los canales para las negociaciones de paz.

Al mismo tiempo, el sector empresarial ha demostrado su interés en la reducción de la violencia al patrocinar varias iniciativas. Uno de los ejemplos mejor conocidos es la *Fundación Social*, un programa nacional de desarrollo social, financiado por el sector privado.

En el plano internacional, el papel de las Naciones Unidas ha sido especialmente importante, en lo que concierne a las intervenciones para defender los derechos humanos, en particular durante el gobierno de Samper. Además, varias ONG han establecido programas de asistencia humanitaria y de emergencia para las poblaciones desplazadas. Sin embargo, tales iniciativas no han podido mantenerse al día con la creciente necesidad de asistencia, ni han ofrecido una solución del problema, a largo plazo. No obstante, grupos como la Organización Popular Femenina buscan educar a los desplazados sobre una serie de temas.

En conclusión, las iniciativas gubernamentales y de la sociedad civil para responder a la violencia política y alcanzar la paz han sido innovadoras, amplias y, potencialmente, de largo alcance. Si bien, algunas intervenciones han tenido más éxito que otras, ninguna ha consolidado la paz (Chernick, 1998). Sobresalen los problemas en materia de ejecución por parte del gobierno, como la falta de fondos, el número de grupos involucrados en el conficto político, el reducido control del Estado en amplias zonas del país, y la intransigencia de la guerrilla. Al mismo tiempo, es importante señalar que, hasta el momento, ninguna de las iniciativas gubernamentales o civiles ha establecido un nexo entre la violencia política, la económica y la social.

C. Intervenciones para reducir la violencia económica y social en Colombia[16]

En Colombia, se ha prestado menor atención a la violencia económica y social que a la política. No obstante, el gobierno y las ONG del país han diseñado una amplia gama de iniciativas innovadoras. Éstas se han desarrollado, en general, en forma separada de las iniciativas relacionadas con la violencia política. Algunas se han concentrado, en forma exclusiva, en la violencia económica o la social; otras han procurado responder simultáneamente a las dos. Las intervenciones se han fundamentado en todo tipo de políticas, con énfasis especial en las relacionadas con la *justicia penal*, la *salud pública* y el *capital social*. Estas intervenciones se dan en todo el campo de lo relacionado con el control, la prevención y la reconstrucción de activos.

1. El enfoque de la justicia penal

Históricamente, los esfuerzos por reducir la *violencia económica* en Colombia se han basado, sobre todo, en el enfoque de la justicia penal. La Constitución de 1991 estableció varios mecanismos para controlar este tipo de violencia, por medio de reformas judiciales que incluyeron sentencias más severas, cambios en los procedimientos de acusación y ca-

16 Esta sección se fundamenta sobre todo en Klevens 1998, Rodgers 1998 y Ross 1998.

pacitación para jueces, fiscales y policías. Otras intervenciones han procurado responder a la corrupción y a la impunidad generalizadas como, por ejemplo, el reciente programa del BID para capacitar jueces. Dos iniciativas de vigilancia, implementadas por el Departamento de Policía de Bogotá, han buscado controlar la violencia económica. La primera, pretendió incrementar la vigilancia en las zonas de alta delincuencia; la segunda, capacitar a los líderes comunales como monitores del número de delitos y víctimas por vecindad. En términos de la *violencia social*, un importante progreso del sistema de justicia colombiano fue el avance legal registrado en 1996, cuando se criminalizó la violencia doméstica, se determinaron castigos a los progenitores por no atender la manutención de los hijos y se establecieron penas más severas a la violación y otros delitos sexuales, especialmente contra menores.

Una de las intervenciones más interesantes con énfasis en la *violencia social* es el programa de las Casas de Justicia. Puesto que éste se ejecuta en comunidades de bajos ingresos, con altas tasas de violencia, también responde indirectamente al problema de la *violencia económica*. Las Casas de Justicia son especialmente importantes por trabajar dentro del sistema penal para fomentar la conciliación, en lugar de identificar a los ganadores y perdedores en un conflicto. Su fin es mejorar el acceso de las comunidades a servicios de conciliación y de asesoría legal, particularmente desde una perspectiva de derechos humanos, pero sin dejar de recurrir a otros enfoques innovadores. Así, se han introducido varios tipos de herramientas para la transformación de conflictos y se han desarrollado manuales basados en técnicas de conciliación. Otro componente de este programa de las Casas de Justicia es la educación de los grupos de bajos ingresos sobre los derechos humanos (*véase* Recuadro 1.3).

2. El enfoque de la salud pública

El enfoque de la salud pública ha tenido importancia en relación con la *violencia económica y social*. Las iniciativas tienden a concentrarse en la reducción de los homicidios, sin que se distinga, en gran medida, entre las muertes motivadas por razones económicas y aquéllas ocasionadas por razones sociales. De especial importancia han sido tanto las campañas para limitar la violencia en la televisión, como otros usos de los medios de prensa para incentivar en el público la toma de conciencia sobre las causas de la violencia. Por ejemplo, la Oficina Distrital de Salud de Santa Fe de Bogotá ha llevado a cabo campañas en los medios masivos, en las cuales se establece el vínculo entre el abuso del alcohol y la violencia entre adolescentes. Otra campaña utilizó una estrategia multimedios, al recurrir a canciones en la radio, mensajes en vallas publicitarias y folletos distribuidos por intermedio de los periódicos más populares.

RECUADRO 1.3

RESPONDIENDO A LA VIOLENCIA ECONÓMICA Y SOCIAL: LAS CASAS DE JUSTICIA

El programa colombiano de las Casas de Justicia trabaja dentro del sistema penal para conseguir resoluciones vinculantes, un primer paso rumbo para que el sistema de justicia fomente la reconciliación, en lugar del enfrentamiento entre ganadores y perdedores. Un objetivo adicional de las Casas de Justicia es facilitar el acceso al sistema de justicia en comunidades pobres con altas tasas de violencia.

Un ejemplo típico es la Casa de Justicia creada en 1994 en Ciudad Bolívar, barrio bogotano de bajos ingresos. Con el apoyo del AID, la Fundación para la Educación Superior y el Ministerio de Justicia, la Casa cuenta entre su personal con un abogado a quien se pueden hacer consultas, un inspector policial, un médico forense, un Defensor de los Derechos Humanos y un Fiscal. También dispone de un Centro para la Conciliación. Varios manuales sobre técnicas de conciliación se han desarrollado para apoyar el programa. Con base en una encuesta inicial de seguimiento a los casos atendidos, más del 60% de quienes han utilizado estos servicios declaran estar satisfechos con el resultado.

Fuente: Klevens.

Iniciativas importantes de salud pública para controlar la *violencia económica* y, en menor grado, la *social*, buscan reducir el uso de "precipitadores situacionales" como las drogas, el alcohol y las armas de fuego. En Bogotá, se han realizado varios intentos por restringir el porte de armas y la venta de alcohol, como un esfuerzo por reducir las tasas de delincuencia. Con la financiación de las Naciones Unidas y ejecutado por la Coordinadora para la Prevención Integral se lanzó un programa llamado "Saber antes de beber", para responder al abuso del alcohol y de las drogas. El objetivo del programa es ayudar a los jóvenes a analizar sus actitudes y conductas en relación con el alcohol y las drogas, a partir de juegos que desembocan en discusiones grupales.

RECUADRO 1.4

COMBINANDO LAS POLÍTICAS PARA RESPONDER A LA VIOLENCIA ECONÓMICA Y SOCIAL: EL PROGRAMA DESEPAZ DE CALI

El Programa Desarrollo, Seguridad y Paz (Desepaz) fue creado por la Oficina del Alcalde de Cali en 1992, para responder a las altas tasas de delincuencia y violencia en la ciudad. Fundamentado en un enfoque de salud pública, el programa recurrió al análisis epidemiológico de la violencia –en particular las tasas de homicidio– para identificar factores de riesgo específicos, así como medidas para involucrar a la comunidad en la lucha contra el crimen y la violencia. Desepaz y el Instituto Colombiano de Medicina Legal y Ciencias Forenses identificaron varios factores de riesgo clave para los homicidios en Cali, entre ellos el uso del alcohol, la propiedad de armas de fuego y el tiempo ocioso. Por ejemplo, el 56% de los homicidios ocurrió durante fines de semana y feriados, así como de noche. Por lo tanto, las autoridades restringieron la venta de alcohol en sitios públicos e instituyeron un programa de desarme. Ambas estrategias parecen haber tenido un efecto favorable en la reducción de los homicidios.

Un principio clave de Desepaz es que la prevención del delito y la violencia exige un compromiso de todos los ciudadanos. Los Consejos Municipales de Seguridad se crearon para educar a los funcionarios gubernamentales sobre la epidemiología del delito y la violencia, pasar revista a los avances obtenidos y planificar acciones futuras. Además, el alcalde sostuvo reuniones semanales con líderes comunales en uno de los 20 distritos de Cali, las cuales congregaron tanto a personal de la alcaldía como a líderes comunales. En estas reuniones, que estuvieron abiertas al público, los participantes discutieron todos los aspectos de la delincuencia y la seguridad pública, y no sólo produjeron soluciones concretas, sino que coincidieron en ellas. Este proceso de base ha llevado a la creación de programas de aplicación de leyes, de educación pública y de desarrollo social.

Fuentes: Ayres, 1998, Guerrero, 1998, Vanderschueren, 1996.

En las intervenciones que se concentran específicamente en la *violencia social*, los sectores de la educación y la salud desempeñan papeles fundamentales. Para tratar la violencia doméstica, se estableció un programa en un hospital de Santa Fe de Bogotá, con el fin de identificar sistemáticamente a mujeres traumatizadas por la violencia de sus cónyuges. Este programa se está ejecutando con el apoyo de la Corporación Casa de la Mujer, una ONG que trabaja en defensa de las mujeres. Varios proyectos educativos en Bogotá han desarrollado guías para ayudar a niños y adolescentes a mejorar sus destrezas de *resolución de conflictos*.

Una de las intervenciones más importantes, especialmente por su valor demostrativo, es el Programa Desarrollo, Salud y Paz, o Desepaz. Mediante la utilización de herramientas de la salud pública, como la vigilancia epidemiológica, la manipulación ambiental y la modificación de conductas para conseguir reducciones visibles en la tasa de homicidio, este programa identifica factores de riesgo, como el uso del alcohol y la posesión de armas de fuego y procura limitar la exposición a tales riesgos. Desepaz sobresale por la forma como se concentra en la violencia económica, a partir de una diversidad de enfoques. Así, su énfasis en las soluciones comunales indica que también es importante reconstruir la comunidad y las instituciones sociales. Además, algunas de sus intervenciones tienen un impacto directo e indirecto en la reducción de la violencia social (*véase* Recuadro 1.4).

3. El enfoque de la transformación de conflictos

Las intervenciones que se basan en mecanismos de transformación de conflictos como la mediación, el arbitraje y la resolución no-violenta de conflictos, son de reciente aparición en Colombia. Un ejemplo es la Comisaría de la Familia, creada en 1989 y manejada por el Departamento Distrital para el Bienestar Social de Santa Fe de Bogotá. Su personal incluye un juez versado en derecho familiar, un psicólogo, un médico y un trabajador social, quienes se dedican, principalmente, a problemas relacionados con la violencia familiar o con el incumplimiento de sus deberes, por parte de padres o esposos. También, ofrecen orientación legal y psicológica, asistencia para negociar una solución, fallos legales y terapia[17].

Con un énfasis en la *violencia económica*, los Centros para la Conciliación y el Arbitraje, creados por la Cámara de Comercio hace 15 años, se dedican a resolver las disputas relacionadas con el control económico de los recursos. Estos centros ofrecen, sobre todo en el sector empresarial, mecanismos para resolver sus disputas. En 1997, por ejemplo, conciliaron 1.052 conflictos y transfirieron otros 100 casos a varias organizaciones, como la Iglesia Menonita, la Fuerza Aérea, varias escuelas de

17 Durante 1997, estas Comisarías atendieron 76.744 casos en Santa Fe de Bogotá, en comparación con 15.683 casos en el año anterior.

derecho y una asociación de conductores de camiones. En algunos casos, los Centros también han ayudado a que las partes en pugna establezcan sus propios entes de conciliación y arbitraje. Además de las discrepancias empresariales, los Centros responden a conflictos relacionados con la violencia social, como las pugnas familiares y de género y los reclamos al Estado.

Otro ejemplo de un proyecto que responde tanto a la *violencia social* como *económica* es el proyecto para rehabilitar a miembros de pandillas juveniles. Desarrollado por la Unidad Coordinadora de Prevención Integral (UCPI), con el apoyo de la organización sin ánimo de lucro "Fundación Social", este proyecto se concentra en la transformación de conflictos. Con el apoyo de la UCPI, dos mediadores pasaron entre tres y cuatro años en comunidades de Bogotá, trabajando con los pandilleros, especialmente aquellos que utilizan drogas. Después de este período, los mediadores pudieron lograr que 180 jóvenes firmaran pactos de no-agresión. Paralelamente, los pandilleros fueron alentados a que entregaran sus armas.

4. El enfoque de los derechos humanos

En varios casos, las iniciativas basadas en el enfoque de los derechos humanos resultan relevantes para la reducción de la violencia económica y social. Un tema de especial pertinencia relacionado con la *violencia económica* es el de la disuasión y la rehabilitación dentro del sistema penal –un aspecto que también tiene su relevancia, por supuesto, para el campo de la justicia penal–. Si bien el tema de la justicia juvenil se ha convertido en una cuestión de derechos humanos en Colombia, hasta la fecha las intervenciones han sido mínimas. Los menores recluidos en centros de detención antes del juicio, o antes de obtener un cupo en los reformatorios, pueden sufrir violaciones a sus derechos humanos. Las condiciones para los prisioneros adultos parecen ser igualmente penosas. El tema de los derechos de los reclusos salió a relucir recientemente con los motines carcelarios en Bogotá, en los cuales los prisioneros en huelga sellaron sus labios e impusieron la ley del silencio, como protesta por las condiciones inhumanas en que se les mantenía.

Un enfoque de derechos humanos también está ganando un mayor reconocimiento en el campo de la *violencia social*, sobre todo en relación con temas como el derecho a la seguridad en el hogar, el derecho a la alimentación, al empleo digno y al patrimonio representado en los recursos naturales. Colombia es signataria de la Convención para Erradicar, Sancionar y Prevenir toda forma de Violencia contra la Mujer, y de la Declaración de los Derechos del Niño. Además, la Constitución de 1991 incorporó muchas de estas posiciones, por medio de una legislación para fomentar una mayor igualdad y democracia. El reciente alcalde de Santa Fe de Bogotá, Antanas Mockus, intentó introducir una pedagogía cívica de antiviolencia, junto con una diversidad de esfuerzos para reducir la violencia.

5. El enfoque del capital social

Las intervenciones que pretenden aumentar el capital social, a menudo, se concentran en la juventud. Ejemplos interesantes de ellas son los Clubes de Jóvenes y las Casas de Jóvenes, que ofrecen oportunidades alternativas de recreación y opciones residenciales para la juventud en riesgo. Ambos tipos de proyectos proporcionan a los adolescentes un lugar en donde reunirse, sin consumir ni alcohol ni drogas y en donde se les estimula a dedicarse a otras actividades como el deporte o la música. Las Casas de Jóvenes son una iniciativa del Ministerio de Educación y su objetivo es crear capital social y humano entre la juventud, en particular entre los consumidores de drogas. Responden tanto a la *violencia económica*, al reducir las tasas de delincuencia, como a la *violencia social*, gracias a que permiten adelantar análisis sobre la socialización, los modelos de conducta y el enrolamiento en la actividad de las pandillas.

Otro proyecto interesante que también intenta crear capital social, desde una perspectiva de la salud pública, es un proyecto de salud a pequeña escala en Santa Fe de Bogotá. Con un énfasis en la *violencia social*, lo lanzó una pequeña organización, sin fines de lucro, cuya misión es "humanizar el nacimiento". En 1996, expandió sus tareas para incluir talleres de capacitación en salud comunal, para quienes trabajan en guarderías comunales. También se involucró en otras labores de desarrollo comunal, como la capacitación para el liderazgo, el desarrollo de actividades recreativas y deportivas para niños y adolescentes, la publicación de un periódico comunitario y la capacitación en artes y artesanía, además de actividades en construcción, plomería, carpintería y electricidad.

Este breve resumen de diversas intervenciones muestra la riqueza de las experiencias existentes en Colombia. Sin embargo, todavía deben superarse enormes obstáculos, como son la falta de coordinación a nivel nacional, la pequeña escala de algunos proyectos y la limitada evaluación de las iniciativas. Colombia tiene el potencial para responder a estos retos. Esta ponencia se concentra, ahora, en varias recomendaciones para cumplir con el objetivo de edificar una paz sostenible y enriquecer el capital social.

VI. Recomendaciones: cómo construir una paz sostenible y fortalecer el capital social

A. Introducción: la misión del presidente Pastrana

La evidencia presentada en este estudio, plantea la necesidad urgente de que el nuevo gobierno asigne prioridad a la paz y al desarrollo y demuestre este compromiso por medio de la negociación de acuerdos de paz apropiados, así como del diseño e implementación integral de una Estrategia Nacional para la Paz y el Desarrollo. Hasta la fecha, las experiencias sugieren que la resolución de los conflictos armados es una precondición para la paz y el desarrollo sostenibles. Sin embargo, para garantizar la sustentabilidad, se deben considerar no sólo las causas de los diferentes tipos de violencia, sino también su naturaleza específica y contextual. De otro modo, las intervenciones, por más significativas o costosas que sean, seguirán teniendo el carácter de acciones aisladas, fácilmente erosionables. Al mismo tiempo, es importante que el gobierno reconozca que resolver la violencia política, por medio de una paz negociada, no pondrá fin, de manera instantánea, a otras formas de violencia. La experiencia reciente de postconflicto, en países como El Salvador, enseña que un acuerdo de paz puede, incluso en el corto plazo, incrementar la violencia económica y social.

B. Principios básicos de una Estrategia Nacional para la Paz y el Desarrollo

Una Estrategia Nacional para la Paz y el Desarrollo debe fundamentarse en una serie de principios básicos, entre ellos los siguientes:

1. Desarrollar una política fiscal para pagar por la paz

Una estrategia de paz no sólo requiere voluntad política sino también un presupuesto adecuado para su implementación. Cualquier iniciativa de paz sostenible tendrá un costo financiero considerable. Por lo tanto, la pregunta "¿Cómo pagar por la paz?" es un gran reto para el nuevo gobierno. En el actual clima económico ello puede provocar una pugna entre la necesidad de austeridad fiscal, esencial para alcanzar el crecimiento de la economía y la urgencia de financiar políticas sociales y económicas fundamentales para sostener la paz. Una respuesta puede ser la renegociación de las metas fiscales, para tomar en cuenta los componentes de la paz, sobre todo los relacionados con el logro de los acuerdos de paz. Entre las medidas potencialmente viables para ayudar a Colombia a alcanzar este objetivo, se encuentran las modificaciones impositivas y la asistencia externa.

2. Crear alianzas para el desarrollo sostenible

Si bien el Estado tiene la responsabilidad de garantizar la seguridad de sus ciudadanos, la colaboración de actores sociales claves, como el sector privado, la sociedad civil y la comunidad internacional quienes pueden contribuir a una paz y desarrollo sostenibles, cobra gran importancia, en particular cuando la capacidad institucional del Estado es débil. Los niveles actuales del conflicto armado y la violencia desorganizada se perciben ampliamente como una verdadera amenaza para la democracia. Al mismo tiempo, está emergiendo una cultura de respeto a los derechos humanos y a la responsabilidad cívica y también hay una creciente convicción de que se necesitan con urgencia soluciones políticas, alcanzadas por medio de la negociación y no soluciones militares. Aunque sólo hasta hace poco tiempo en Colombia se comenzó a discutir el tema de los derechos humanos desde una perspectiva internacional, hoy se está desarrollando un movimiento social, en torno a la paz. Al mismo tiempo, las alianzas entre la sociedad civil y el sector privado ilustran crecientemente la frustración de un país con altos niveles de inseguridad que no ha sabido resolver su guerra civil. No obstante, persisten muchos obstáculos en la senda que se deberá seguir, para pasar de iniciativas individuales de la sociedad civil a una agenda política no-gubernamental bien integrada y definida.

3. Fomentar el debate participativo sobre las causas y soluciones locales a la violencia

La paz y el desarrollo sostenibles no se alcanzarán, a menos que el gobierno fomente y facilite el debate abierto entre todos los actores sociales sobre las causas de la violencia, así como sobre sus soluciones. Las consultas participativas también son necesarias, si se ha de llegar a un acuerdo sobre temas fundamentales de interés nacional, como la reforma agraria, las políticas ambientales o la distribución de las utilidades generadas a partir de los recursos naturales del país, en particular, el petróleo, el gas natural y el carbón. Las políticas de desarrollo alternativo, en zonas donde se cultivan las materias primas para las drogas, también deben incluirse en el acuerdo. Los procesos participativos propuestos pueden, igualmente, identificar soluciones, a nivel local, para reconstruir el capital social y el sentimiento cívico y concentrarse en las necesidades percibidas de grupos objetivo prioritarios, como los desplazados, los ex combatientes desmovilizados y la juventud urbana marginal.

4. Adoptar un enfoque coordinado para la reducción de la violencia

Durante el último decenio, el gobierno, el sector privado y las ONG han puesto en práctica un imponente menú de iniciativas, en pro de la paz y el desarrollo. No obstante, su impacto se ha visto limitado por los siguientes factores: (i) la falta de una política integral que incorpore diferentes objetivos y mecanismos para la reducción de la violencia; (ii) la adopción de enfoques fragmentarios de la reducción de la violencia, con programas independientes que se limitan a un solo campo de trabajo; (iii) la proliferación de intervenciones concentradas en los avances a corto plazo, más que en el cambio estructural, a largo plazo, y (iv) las limitaciones en las evaluaciones y análisis de costos, las cuales reducen la posibilidad de una toma de decisiones bien informada sobre las "tasas de ganancia" fiscales relativas a los diferentes programas. Para destinar fondos de manera eficiente, quienes tienen la responsabilidad de tomar las decisiones necesitan información básica y herramientas que les ayuden a diseñar intervenciones apropiadas, a establecer criterios objetivo fundamentados en las necesidades de la comunidad, para medir el éxito de cada iniciativa y a evaluar el impacto de los proyectos, por medio de datos confiables.

C. Componentes de una Estrategia Nacional para la Paz y el Desarrollo

Una Estrategia Nacional para la Paz y el Desarrollo no sólo debe incluir el propósito de alcanzar la paz, sino también los de apropiarse de ella, respaldarla y darle sustento (Colletta *et al.*, capítulo 3 de este libro). Con base en las amplias iniciativas ya puestas en práctica por los colombianos, la estrategia que se describe más adelante procura controlar los síntomas de la violencia, pero también introducir medidas preventivas. Busca además reconstruir el tejido social, con un énfasis en el fortalecimiento del capital social. En algunos casos, las intervenciones individuales pueden responder simultáneamente a diferentes tipos de violencia. En otros, varias intervenciones deberán ejecutarse, al mismo tiempo, para reducir la violencia. Como se esboza en el Cuadro 1.4, la estrategia tiene que incluir los siguientes tres componentes básicos para responder al espectro de la violencia en diferentes niveles de causalidad.

- A nivel nacional: un programa de paz.
- A nivel sectorial: la inserción de la reducción de la violencia en las políticas y programas relacionados con sectores prioritarios.
- A nivel municipal: proyectos para reconstruir el capital social.

1. A nivel nacional: un programa de paz

Un programa de paz puede tener numerosos componentes, que se pueden ejecutar en diferentes etapas del proceso. Antes de alcanzar el acuerdo de paz, por ejemplo, una iniciativa determinante puede ser el apoyar proyectos de desarrollo, como una forma de inversión de "capital de riesgo" para reforzar el capital social en las zonas de conflicto. Con ello, se ofrecerían incentivos para la paz, al tiempo que se neutralizaría estratégicamente a quienes quisieran obstaculizar las negociaciones. Durante el proceso de paz propiamente tal, el sentido de la oportunidad y de la secuencia correcta deberá ser tomado muy en cuenta a nivel local. Algunos de los otros componentes esenciales de tal programa pueden ser la desmovilizacion y reincorporación de los ex combatientes, las medidas de reconstrucción y un programa para los desplazados.

La desmovilización y reincorporación de los ex combatientes

La desmovilización debe incluir la incorporación de las propuestas de la guerrilla y de los grupos paramilitares en la agenda de las negociaciones. Los detalles de la desmovilización deben considerarse dentro de las negociaciones en sí, y deben alcanzarse acuerdos detallados aceptables para todas las partes. Se pueden aprender valiosas lecciones de las experiencias en El Salvador, Guatemala y Nicaragua, para garantizar que los ex combatientes no puedan rearmarse con facilidad (Spencer, 1997). La reincorporación de los ex combatientes es también esencial. Ésta debe incluir, en primer lugar, programas sociales (Coletta, Kostner y Wiederhofer, 1996) y, en segundo término, iniciativas para responder a las violaciones a los derechos humanos. En este campo, la Consejería Presidencial para los Derechos Humanos y la Oficina del Alto Comisionado de las Naciones Unidas para los Derechos Humanos deben ser consultadas.

Puesto que las numerosas violaciones a los derechos humanos por parte de las fuerzas armadas, los grupos paramilitares y la guerrilla han desestabilizado diálogos de paz anteriores, la intervención de las Naciones Unidas constituye una parte central de cualquier acuerdo. Deberá, por lo tanto, existir consenso en cuanto al compromiso básico de todos los actores de respetar los derechos humanos fundamentales, la libertad de asociación y de expresión políticas, así como la aplicación del Derecho Internacional Humanitario. Si bien estas medidas responden, ante todo, a la violencia política, deben combinarse con otras iniciativas que enfrenten la violencia económica y la violencia social, por medio de acciones de reconstrucción.

Las medidas de reconstrucción

Éstas deben concentrarse en las regiones más adversamente afectadas por el conflicto armado y responder a las causas sociales, políticas y económicas de la violencia. Si bien el primer paso debe ser la negociación de la paz, entre la guerrilla, los grupos paramilitares y las poblaciones locales, se requieren medidas posteriores. Éstas pueden ser proyectos integrados como el de la región del Magdalena Medio, una experiencia preacuerdo que trata el espectro de la violencia a diferentes niveles y sobre la base de diferentes políticas (*véase* Recuadro 1.5).

RECUADRO 1.5

PROYECTOS PARA LA PAZ Y EL DESARROLLO: EL PROYECTO DEL MAGDALENA MEDIO

El Proyecto para la Paz y el Desarrollo en el Magdalena Medio del Banco Mundial fue concebido para responder a los cuatro niveles causales de la violencia en el plano local. Fundado en el contexto de un movimiento creciente por fomentar los diálogos regionales para poner fin a la violencia, sus objetivos son promover la paz, el desarrollo en las bases y la educación cívica en el valle central del río Magdalena, una de las áreas más violentas de Colombia. El proyecto cubre 29 municipalidades que se extienden en un total de 30.000 kilómetros cuadrados. De las municipalidades, 26 son zonas de "colonización interna", áreas de inmigración desde que comenzó la Violencia en los decenios de 1940 y 1950. La tres municipalidades primordialmente urbanas incluyen una ciudad de más de 200.000 habitantes. La región tiene una gran riqueza natural y productiva que incluye petróleo, oro, palma africana, ganado, pesca y coca. También se caracteriza por elevados niveles de pobreza y una distribución desigual de la tierra. Más del 75% de los habitantes vive en precarias condiciones económicas, con viviendas inadecuadas, educación mínima y precarios servicios de salud. El conflicto armado está firmemente arraigado, ya que los terratenientes, los líderes políticos locales, los grupos paramilitares y la guerrilla compiten por el poder político, económico y social. La región se encuentra bajo la jurisdicción política de cuatro capitales departamentales, aunque se halla en gran medida abandonada, sin una presencia estatal activa.

El Proyecto del Magdalena Medio busca crear programas de desarrollo de base y de generación de ingreso, así como una mayor participación local en la riqueza natural y productiva de la región. También busca reducir la violencia directamente, creando condiciones para que se fragüen relaciones entre los actores armados, las comunidades, las ONG y el gobierno. En principio, todos los protagonistas en el conflicto han expresado su voluntad de cooperar en tales esfuerzos a nivel local, incluso antes que se llegue a un acuerdo nacional de paz. Al reducir la pobreza y la violencia, el objetivo del proyecto es transformar la zona en un polo de paz y desarrollo.

Para responder a este reto, el proyecto del Magdalena Medio está implementando un Programa de Paz y Educación Cívica que da énfasis a los derechos humanos, a la resolución pacífica de conflictos y a la construcción de la toma de decisiones democrática a nivel local. Esto representa un enfoque de múltiples niveles para la reducción de la violencia, la resolución de conflictos y la acumulación de capital social. A nivel estructural, el proyecto busca responder a la pobreza y a las desigualdades políticas y económicas. A nivel institucional, procura llevar a las comunidades la presencia de entidades gubernamentales por largo tiempo ausentes, como la policía, el sector judicial y los gobiernos municipales. En el plano interpersonal e individual, establece importantes programas educativos para la coexistencia pacífica, la democracia y la participación activa y bien informada de los ciudadanos.

Fuente: Banco Mundial 1998a, 1998b.

Programas para los desplazados internos

Incluso con una paz negociada, el problema de los desplazados va a persistir. Como no está claro que los desplazados vayan a regresar a sus comunidades rurales, es probable que los servicios públicos en las ciudades receptoras sigan sufriendo una demanda excesiva en cuanto a vivienda, empleo y bienestar social. El gobierno colombiano ha dado pasos importantes para reconocer que el desplazamiento relacionado con la violencia es un problema estructural, al adoptar en 1997 la Ley 387, como una política pública para la reintegración de los desplazados. Sin embargo, la ley no incluye medidas para proteger los derechos de las víctimas del desplazamiento. Tampoco contiene herramientas para manejar futuras reubicaciones. Hasta la fecha, la mayoría de los desplazados ha rehusado mudarse y ha preferido permanecer en las comunidades de reasentamiento, puesto que cualquier retorno a su comunidad de origen puede poner en peligro sus vidas, a menos que hayan cambiado las condiciones allí imperantes. El gobierno debe, por lo tanto, definir una agenda política clara a dos niveles. En primer lugar, debe responder a las causas del desplazamiento; en segundo lugar, debe garantizar la protección y el bienestar de los desplazados internos.

2. A nivel sectorial: inserción integral de la reducción de la violencia en las políticas y programas relacionados con sectores prioritarios

Existen varias políticas y programas sectoriales que, aunque normalmente no se asocian con la violencia, se ven, no obstante, afectados por ella. Pero, al mismo tiempo, ofrecen oportunidades importantes para introducir medidas que ayuden a controlar o prevenir la violencia y a reconstruir el tejido social. Por ello, una Estrategia Nacional para la Paz y el Desarrollo debe incorporar las medidas de reducción de la violencia en todas las políticas sectoriales. Esto implica, primero, la jerarquización de los sectores básicos para la reducción de la violencia –tales como el educativo, el judicial, y los relacionados con el sustento, la creación de empleo y el medio ambiente–. Segundo, dentro de estos sectores se requiere la identificación de aquellas intervenciones que son más efectivas para reducir la violencia. De manera simultánea, se impone una coordinación y colaboración intersectorial mucho más estrecha, para que se obtenga la máxima sinergia posible de las intervenciones en sectores específicos y se lleguen a considerar estrategias sostenibles de paz. Los detalles a nivel sectorial sobre las acciones específicas requeridas demandan que se realicen consultas locales y se promueva el consenso. Por ello, los comentarios siguientes sólo pretenden ofrecer observaciones generales acerca de asuntos de potencial relevancia.

CUADRO 1.4
RESUMEN DE LA PROPUESTA ESTRATEGIA NACIONAL PARA LA PAZ Y EL DESARROLLO: EJEMPLOS DE DIFERENTES INTERVENCIONES POTENCIALES

Tipo de estrategia	**Detalles de las intervenciones potenciales**	**Principal tipo de violencia a la que se responde**	**Grupo objetivo prioritario**
A nivel nacional: el Programa de Paz			
	• Apoyo a proyectos preacuerdo • Desmovilización y reintegración de los ex combatientes • Medidas de reconstrucción • Programas para los desplazados	Política	Grupos guerrilleros, comunidades afectadas por la violencia; ex combatientes; desplazados.
A nivel sectorial: integrar la reducción de la violencia en todas las políticas y programas de los sectores prioritarios			
Educación	• Revisión del currículum • Programas de resolución de conflictos • Calendario para la restructuración • Orientación de jóvenes "de alto riesgo" • Protección a la seguridad de los docentes	Económica Social	Jóvenes "de alto riesgo", incluyendo miembros de pandillas; las generaciones futuras
Poder judicial	• Programas de resolución de conflictos a nivel de las bases • Tribunales comunales • Reducción de la congestión judicial • Fortalecimiento de la capacidad gestionaria para reducir la corrupción	Económica Social	Comunidades pobres rurales y urbanas; los detenidos en forma ilegal; los afectados por la impunidad

(Continúa en la página siguiente)

(Continuación Cuadro 1.4)

Tipo de estrategia	Detalles de las intervenciones potenciales	Principal tipo de violencia a la que se responde	Grupo objetivo prioritario
Ambiental	• Medidas para garantizar la protección adecuada de regiones ambientalmente frágiles, especialmente aquéllas ricas en recursos naturales	Política Económica	Campesinos y grupos indígenas que habitan áreas remotas y ambientalmente delicadas
Sustento y creación de empleo	• Servicios financieros rurales para ofrecer créditos • Préstamos para microempresa • Alianzas con el sector privado para generar empleos	Política Económica Social	Campesinos y grupos indígenas sin acceso a la tierra ni a formas de ganarse el sustento; poblaciones urbanas pobres
A nivel municipal: proyectos de capital social			
	• Planes estratégicos a nivel municipal para la paz y la reconstrucción • Evaluaciones a nivel comunal • Proyectos para construir el capital social • Mecanismos para ampliar la escala de las soluciones locales	Política Económica Social	Comunidades urbanas y rurales afectadas por la violencia, sobre todo, en las regiones más golpeadas por el conflicto

El sector educativo

Las debilidades en el sector educativo contribuyen a la violencia, del mismo modo que la violencia debilita al sector educativo. La sobrepoblación en las escuelas, una de las principales razones para la elevada tasa de deserción, los turnos dobles y triples para los estudiantes y el acceso limitado a la educación secundaria y universitaria se traducen en oportunidades perdidas para el aprendizaje, la capacitación y la futura obtención de buenos empleos. Se han documentado ampliamente la pérdida de recursos humanos así como otros efectos negativos, a corto y largo plazo, que se registran cuando los maestros han sido asesinados o lesionados. También se tienen datos sobre las elevadas tasas de deserción, cuando los estudiantes no pueden transitar por áreas controladas por la guerrilla, por los grupos paramilitares o las pandillas, así como sobre la destrucción de la propiedad y de la infraestructura escolar. Todos estos hechos subrayan la importancia de resolver estos problemas.

El fortalecimiento del sector educativo ofrece a la juventud alternativas viables, tanto a la delincuencia como a la incorporación a grupos guerrilleros. Se necesita una educación y capacitación de calidad para todas las edades, tanto en el campo como en las ciudades, que vaya más allá de la simple obligatoriedad de la enseñanza básica y de la alfabetización. Esto demanda la construcción de más escuelas, la formación de más maestros y administradores y el diseño de materiales que impartan un conocimiento sustancial sobre los diferentes aspectos de la violencia y la paz.

Las escuelas son poderosas instituciones socializadoras, para forjar valores y fomentar la participación ciudadana y fortalecer la democracia. La enseñanza de técnicas de resolución de conflictos en las aulas ofrecerá ejemplos que se pueden reforzar en otros ámbitos de la sociedad. El sector educativo puede trabajar con las comunidades y las organizaciones encargadas de prestar seguridad, para reducir los problemas que, en esta materia, enfrenta el personal docente. Finalmente, este sector tiene que desempeñar un papel en la orientación de los niños, los jóvenes y las familias que presentan "alto riesgo" en materia de violencia, o en la remisión de estas personas a las instituciones adecuadas. De este modo, las escuelas actuarán como una primera línea de defensa, con lazos interinstitucionales fuertes que permitan la orientación y el seguimiento.

El sector judicial

La corrupción, la congestión de los centros penitenciarios, la lentitud de los procesos y la ineficiencia administrativa han deteriorado la confianza pública en la capacidad del sector judicial para castigar la conducta criminal y ofrecer mecanismos eficaces de resolución de conflictos, a nivel comunal. Ante una tasa de impunidad, a menudo mencionada, del 98%, la sociedad civil ha cuestionado la viabilidad de recientes reformas judiciales, como han sido las extensas modificaciones a la Constitución, los aumentos en los salarios de los jueces y la capacitación de los juristas. La falta de un mecanismo judicial de resolución de disputas, genera incentivos perversos para que las partes que no han cumplido con sus obligaciones contractuales obtengan provecho de las demoras en los procesos.

Recientes recomendaciones[18] incluyen, en primer lugar, incrementar los mecanismos de base para la resolución de conflictos. En segundo lugar, reducir los niveles de congestión y demoras en los procesos por medio de: (a) cambios institucionales y organizativos, (b) una inversión sustancial en la capacitación de jueces, (c) la modernización de la oficina judicial, (d) un programa de emergencia para la reducción de la congestión, y (e) intensas campañas de comunicación y de educación pública. En tercer lugar, el fortalecimiento de la capacidad de gestión y de las funciones organizativas básicas al mejorar (a) la coordinación institucional dentro del sector judicial y con otros poderes del Estado, (b) el desarrollo de funciones clave de gestión de los recursos humanos, incluyendo la selección de jueces y de personal administrativo, con evaluaciones sobre su desempeño.

Una acción importante del Programa de Reformas Judiciales consiste en aumentar la oferta de mecanismos de base para la resolución de conflictos, tal como lo exige la Constitución de 1991. En la actualidad, los altos costos, los prolongados procesos y la baja confianza en el poder judicial hacen que muchos colombianos no tengan acceso a mecanismos de resolución eficaces. Los beneficios de un nuevo enfoque incluyen la introducción de procedimientos basados en argumentos orales de menor formalidad y el refuerzo de los valores ligados a la resolución pacífica de conflictos. Para garantizar un mayor acceso a los servicios, debe desarrollarse un programa eficaz de extensión comunal, como el de "trabajadores de extensión", que se encargue de dar a conocer los servicios disponibles para la resolución de conflictos.

Sustento y creación de empleo

La creación de medios para que los habitantes urbanos y rurales ganen el sustento es una pieza clave en la edificación de la paz. La violencia afecta la manera mediante la cual las poblaciones rurales ganan el sustento y los habitantes urbanos obtienen empleo. Varios sectores estatales, articulados con la sociedad civil y el sector privado, son los responsables de la creación de empleos y oportunidades de ganar el sustento.

---

18 Para una discusión más amplia sobre el propuesto Programa de Reformas Judiciales, *véase* Banco Mundial (1998b).

En las áreas rurales, una iniciativa potencial se vincula a la recomendación gubernamental de una reforma agraria basada en las reglas del mercado, por medio de la aplicación de la Ley 160. Ésta contempla subsidios estatales hasta del 80%, para que grupos campesinos puedan comprar y repartirse grandes haciendas que han sido vendidas, en forma voluntaria, por sus propietarios. Sin embargo, es poco probable que los campesinos puedan obtener préstamos para cubrir el restante 20%, excepto si lo solicitan a la estatal Caja Agraria (hoy Banco Agrario de Colombia), que se encuentra en un proceso de reducción de presupuesto y de personal. Por lo tanto, deben desarrollarse formas alternativas de proveer sustento, en forma sostenible. Además, el gobierno debe reconocer que "la cuestión de la tierra" debe reexaminarse dentro de las negociaciones de paz. En las áreas urbanas, la creación de empleo debe concentrarse no sólo en las zonas de alto desempleo, sino también en las de alta violencia. En particular, los grupos vulnerables que sufren un mayor riesgo de victimización, como las mujeres y los desplazados, se beneficiarían de la estabilidad y del disfrute de los activos relacionados con el empleo fijo. El gobierno, en alianza con el sector privado y la sociedad civil, podría otorgar préstamos para microempresas, a tasas de interés razonables. Estos créditos se vincularían preferentemente a las iniciativas de educación y capacitación.

El sector ambiental

Puesto que Colombia cuenta con reservas importantes de petróleo, gas natural y carbón mineral, el tema de la protección de la biodiversidad en áreas ambientalmente frágiles es preocupación de particular relevancia en las regiones ricas en recursos naturales. El Ministerio del Medio Ambiente, el sector privado (tanto el nacional como el multinacional) y la sociedad civil deben participar en un debate público, identificar posibles políticas nacionales sobre el uso de los recursos naturales y llegar a un acuerdo sobre cuáles de ellas deberán aplicarse. Además, la vigilancia del cumplimiento de las políticas ambientales debe fortalecerse. Sobresale, en este campo, el tema de los derechos indígenas a la tierra. Si bien el gobierno ya ha tomado medidas para defender tales derechos, éstas deben ser reforzadas. En las áreas urbanas, se requiere prestar atención a los sistemas de acueducto y alcantarillado, por medio de proyectos de infraestructura, particularmente en las ciudades con un alto número de desplazados.

3. A nivel municipal: proyectos para reconstruir el capital social

En un momento en que la erosión del capital social, resultado de los altos niveles de violencia, sigue fragmentando a las comunidades pobres, la reconstrucción de la confianza y de la cohesión social es una prioridad crítica. Por ello, las intervenciones a gran escala a nivel sectorial, del tipo "de arriba hacia abajo", deben verse complementadas por pequeños proyectos municipales "de abajo hacia arriba".

Los objetivos de tales proyectos variarán de acuerdo con el contexto. No obstante, pueden incluir el desarrollo de *planes estratégicos* a nivel municipal para la paz y la reconstrucción. Éstos pueden llegar a identificar los objetivos prioritarios, los recursos, las necesidades y las formas de medición que se requieren para fortalecer las instituciones locales, reafirmar la ciudadanía y ofrecer mecanismos para la negociación de conflictos. Tales planes de descentralización pueden llegar a permitir que las diferentes causas y las manifestaciones de violencia sean tomadas en cuenta. Ellos también deben desarrollarse en un proceso interactivo y participativo, que involucre a la mayor cantidad posible de actores. Actividades clave podrían ser: (i) el fortalecimiento de la capacidad de las instituciones municipales y de la sociedad civil para operacionalizar los planes, y (ii) la creación de "comités conductores" que representen los intereses de las comunidades.

Los planes estratégicos incluirían los siguientes elementos: (i) *evaluaciones preliminares, a nivel comunal,* para identificar las percepciones sobre las causas de la violencia, los costos que ella representa para la comunidad y las prioridades para hallar soluciones a nivel comunal; (ii) un pequeño número de *proyectos piloto bien definidos,* cuyo fin será la consolidación del capital social y la asistencia a los miembros vulnerables de la comunidad, como los jóvenes, para que se sientan menos afectados por la exclusión; (iii) la incorporación de un *componente de evaluación intermedia y posterior* para que todas las intervenciones utilicen los recursos de la manera más eficaz y se puedan reproducir las prácticas más exitosas; (iv) la creación de *"fuerzas de tarea" a nivel municipal para la paz y el desarrollo* que vigilen el proceso, consulten regularmente a la sociedad civil y faciliten la difusión de información.

Anexo 1.1
Diferentes perspectivas disciplinarias sobre la causalidad de la violencia*

Las ciencias biomédicas exploran el papel de factores biológicos y de conducta, tales como los mecanismos endocrinológicos, los neurotransmisores y receptores, la nutrición y los procesos de envejecimiento, para explicar, por ejemplo, la preponderancia de los hombres y los jóvenes varones como los autores de la violencia.

La criminología se concentra en la disuasión, como el medio principal para controlar las conductas violentas. El castigo, el cual incluye la humillación, el encarcelamiento o la ejecución, es un mecanismo primario de control. Se puede argumentar que los efectos demostrativos de mayores tasas de condenas y reclusiones son tan importantes como el castigo directo de los delincuentes.

La economía parte de la teoría de la selección racional. La decisión de dedicarse a la actividad criminal se basa en consideraciones de costos (la probabilidad del castigo) y de beneficios (generalmente una ganancia financiera). Una persona comete un delito porque el resultado parece más valioso que el de otras actividades en que podría invertir su tiempo y sus recursos. Las personas realizan asaltos, por ejemplo, no porque sus motivaciones sean diferentes de las de aquéllas que no delinquen, sino porque los beneficios y costos que perciben son distintos.

La epidemiología da énfasis a la prevención de la violencia, por medio de la identificación tanto de factores individuales de riesgo como de factores protectores, que indican las probabilidades de que una persona se convierta en agresora o en víctima de la violencia. Este enfoque parte del supuesto de que la modificación de la conducta o la manipulación del entorno pueden mitigar los factores de riesgo y fortalecer los protectores.

La ciencia política se concentra en las explicaciones estructurales que identifican causas sociales, políticas o económicas amplias, tales como la pobreza o la falta de oportunidades, las cuales operan independientemente de la cognición humana. La violencia y otras conductas "ilegítimas" surgen cuando las personas carecen de medios y recursos "legítimos" para alcanzar objetivos que son valorados por su cultura.

La psicología da énfasis a ciertas explicaciones teóricas de la conducta violenta. La primera es la teoría del desarrollo, donde los disuasores clave para la violencia son los lazos tempranos de amor entre padres e hijos, las experiencias infantiles relativamente libres de disciplina punitiva o abuso y las demás ex-

---

* Adaptado de Rosenberg y Fenley, 1991.

periencias que refuerzan los lazos infantiles, minimizan las frustraciones y fomentan los controles internos flexibles. La segunda es la teoría del aprendizaje social, en la cual la conducta, incluso la violenta, se aprende por imitación de modelos y se refuerza con recompensas y castigos recibidos en interacción con los demás.

La sociología analiza los factores sociales de la conducta violenta. Interpreta esta conducta aprendida en términos de las normas y valores que se transmiten de generación en generación. Ciertos subgrupos muestran altas tasas de violencia, porque participan de una subcultura con normas más violentas. Dentro de esta disciplina, el enfoque interactivo contempla la secuencia de acciones que permite que un conflicto escale hasta la violencia y el proceso por medio del cual ocurre el primer acto de violencia.

ANEXO 1.2
RESUMEN DE LOS PRINCIPALES ACTORES SOCIALES INVOLUCRADOS EN LA VIOLENCIA POLÍTICA EN COLOMBIA, 1948-1998

Actores sociales en el conflicto armado	1948-1958	1958-1970	1970-1980	1980-1990	1990-1994	1994-1998
Grupos políticos tradicionales: liberales y conservadores	Insurrección urbana del Bogotazo, seguida por "la Violencia"; guerra civil rural entre liberales y conservadores.	Se establece la paz política cuando los dos partidos principales comparten el poder en un "Frente Nacional".	Amplia percepción de que las elecciones presidenciales de 1970 fueron fraudulentas, lo que lleva al surgimiento del grupo guerrillero M-19. El Estatuto de Seguridad Nacional de Turbay.	En 1982, el presidente Betancur lanza un proceso de paz y amnistía que pretende la reforma política y la elección directa de los alcaldes.	La reforma constitucional del presidente Gaviria busca descentralizar el poder y aumentar la representatividad política a nivel local.	El Estado se ve debilitado por las acusaciones de que el presidente Samper recibió financiamiento electoral de los carteles de la droga.
Movimiento campesino	Conflicto por la tierra.	Invasiones campesinas de tierra bajo la ANUC.	Reforma agraria fallida hace que muchos campesinos se unan a la guerrilla para combatir el cultivo de coca o para fomentarlo.		Líderes campesinos se vuelven uno de los blancos de los grupos paramilitares.	
Movimiento guerrillero de la primera generación	Grupos comunistas de autodefensa se mantienen activos en las zonas cafetaleras y las montañas remotas.	Actividades guerrilleras a nivel nacional: se crean las FARC (prosoviéticas) en el decenio de 1950; el maoísta EPL en los años de 1960; el procubano ELN a comienzos de los años sesenta.		Las FARC fundan la UP; combates con las fuerzas armadas; protección a los cocaleros; impuestos a los carteles de la droga; extorsión; secuestros.	El colapso de la Guerra Fría incrementa la dependencia económica de las drogas (FARC) y del petróleo (ELN).	Se intensifica el conflicto entre las fuerzas armadas y la guerrilla en las zonas de la coca; se expande la base social de la guerrilla; conflicto con los grupos paramilitares.

(Continúa en la página siguiente)

(*Continuación Anexo 1.2*)

Actores sociales en el conflicto armado	1948-1958	1958-1970	1970-1980	1980-1990	1990-1994	1994-1998
Movimiento guerrillero de la segunda generación			Entre los principales grupos guerrilleros, el M-19 opta por la lucha armada para conseguir la representación política; el Quintín Lame lucha por los derechos indígenas. En 1989, se firman acuerdos de paz con varios grupos.			
Productores de coca y marihuana			Conflictos asociados con la producción de la coca, que involucran a las fuerzas armadas y a los carteles protegidos por la guerrilla.		La protección de los laboratorios y operaciones de la droga, por parte de la guerrilla, significan que sus simpatizantes sufren ataques crecientes de los grupos paramilitares y de las fuerzas armadas.	
Carteles e intermediarios de la droga			Conflicto violento relacionado con el control y la organización del narcotráfico.	Establecimiento del MAS y otras ACU para eliminar guerrilleros; colaboración temprana con las fuerzas armadas.	Penetración violenta de las zonas agrícolas para adquirir (i) tierra para la ganadería y la producción comercial de coca y (ii) rutas comerciales para la coca. Creciente colaboración con los grupos paramilitares.	
Fuerzas paramilitares		El Decreto 3398 de 1968 da a los militares el derecho a dotar de armas a civiles.		Privatización de las fuerzas de seguridad por medio de la creación de los "grupos de autodefensa".		Establecimiento de los grupos de autodefensa Convivir; terrorismo contra la población en las áreas dominadas por la guerrilla, para controlar rutas comerciales de la coca no accesibles a los militares.

ANEXO 1.3
INTERVENCIONES PARA REDUCIR LA VIOLENCIA ECONÓMICA EN COLOMBIA

Causalidad política	Nivel estructural	Nivel institucional	Nivel interpersonal	Nivel individual
Justicia penal	Reformas constitucionales que agravan las penas contra los delitos, modifican los procedimientos para presentar la evidencia y fortalecen los servicios judiciales, policiales y penales.	Desepaz en Cali: esfuerzos coordinados de la Medicina Forense, el Departamento de Policía y la Oficina del Alcalde para recopilar y analizar información sobre la violencia callejera. Vigilancia policial de las áreas de alta delincuencia.	Casas de Justicia: mejoras en el acceso de las comunidades pobres a los servicios de conciliación y a las soluciones negociadas de disputas legales.	Encarcelamiento de los delincuentes.
Salud pública	Restricciones a la posesión de armas. Límites a la violencia en televisión.	Retiro de los vendedores callejeros de las zonas de alta delincuencia. Desepaz en Cali: seguimiento epidemiológico de los homicidios; el Alcalde, la policía, Medicina Forense y líderes comunales coordinan esfuerzos por medio de reuniones quincenales para discutir los patrones de homicidio.	Programas que enseñan destrezas de crianza infantil que fomentan lazos afectivos seguros, fortalezas psicológicas y un ambiente no violento para los niños.	Atención prenatal y de la temprana infancia y guarderías que fomentan los lazos seguros. El fomento del desarrollo de atributos personales protectores. Que las armas descansen en paz: intercambio de armas de fuego por boletas para controlar la posesión de armas.

(Continúa en la página siguiente)

(Continuación Anexo 1.3)

Causalidad política	Nivel estructural	Nivel institucional	Nivel interpersonal	Nivel individual
Capital social a nivel comunal		Clubes de Jóvenes y Casas de Jóvenes: ofrecen oportunidades recreativas alternativas y refugio para jóvenes de "alto riesgo". Escuelas para el Desarrollo Deportivo. Desarrollo comunal.	Mujeres Creadoras de Paz: Actividades de base para las personas desplazadas hacia zonas urbanas. Mediadores comunales que negocian "pactos de no-agresión" entre las pandillas de Ciudad Bolívar.	Procrear: capacitación de líderes comunales, publicacion de un periódico comunal, recreación de adultos y niños, capacitación en construcción, fontanería y carpintería: se le atribuye un mayor apoyo y unidad en los vecindarios y menores tasas de delincuencia.
Transformación de conflictos	Campaña "¿Piensas que todo tiene que resolverse con los puños?"		Casas de Justicia: mejoran el acceso de las comunidades pobres a los servicios de conciliación y soluciones negociadas a disputas legales.	
Derechos humanos				Derechos de los internos: protestas de prisioneros contra las condiciones de vida en centros de reclusión sobrepoblados.

ANEXO 1.4
INTERVENCIONES PARA REDUCIR LA VIOLENCIA SOCIAL EN COLOMBIA

Causalidad política	Nivel estructural	Nivel institucional	Nivel interpersonal	Nivel individual
Justicia penal	Nueva Constitución. Criminalización de la violencia doméstica. Castigos contra los padres ausentes que no ofrecen ayuda económica para la crianza de los hijos. Mayores castigos contra los delitos sexuales.	Esfuerzos coordinados de Medicina Forense, el Departamento de Policía y la Oficina del Alcalde por recopilar y analizar información sobre la violencia. Vigilancia policial de zonas de alta delincuencia.		
Salud pública	Restricciones al derecho de portar armas de fuego. Límites a la violencia en televisión.	Retiro de los vendedores callejeros. Red para la Prevención del Abuso contra los Niños. Desepaz, Cali.	Mejoras en el respeto de los conductores y peatones a los puntos de cruce de calles.	Atención prenatal y de la temprana infancia. Programas de intercambio de armas. "Sepa antes de beber". Desarrollo de atributos personales protectores. Promoción de los lazos afectivos seguros. "Inmunización". Rastreo de mujeres víctimas de la violencia. Vigilancia a los abusadores y golpeadores de niños.

(Continúa en la página siguiente)

(Continuación Anexo 1.4)

Causalidad política	Nivel estructural	Nivel institucional	Nivel interpersonal	Nivel individual
Capital social a nivel comunal		Actividades culturales, recreativas y deportivas para la juventud. Clubes o Casas de Jóvenes. Escuelas para el Desarrollo Deportivo. Desarrollo comunal. Capacitación y organización de guardias comunales.		Potenciación de las mujeres víctimas de la violencia.
Transformación de conflictos	Campaña "¿Crees que todo se debe arreglar con tus puños?"		Enseñanza de destrezas de resolución de conflictos. Desarrollo participativo de una Guía Escolar para Llevarse Bien. Casas de Justicia. Centros de Arbitraje y Conciliación. Comisarías familiares.	
Derechos humanos	Como país signatario, aplicación de: • La Declaración Universal de los Derechos Humanos. • La Convención para Sancionar, Erradicar y Prevenir la Violencia contra las Mujeres (Convención de Belem do Pará). • Declaración de los Derechos de los Niños.			Potenciación de las mujeres víctimas de la violencia.

BIBLIOGRAFÍA

Ama, Consejo sobre Asuntos Científicos, 1993. *Alcohol, Aggression and Injury*, Asociación Médica Americana, Washington, D.C.

Ahrend, R. 1998. "The economic consequences of fighting and ending Latin America's civil wars: What to expect from peace in Colombia?" (mimeografiado), Banco Mundial, Washington, D.C.

Amnistía Internacional 1997. *Just What do we Have to do to Stay Alive? Colombia's Internally Displaced: Dispossessed and Exiled in Their Own Land*, Amnistía Internacional, Londres.

Angarita Cañas, P.E. y Osorio Moreno, C.A. 1998. "Analysis of displaced populations in Colombia" (mimeografiado), Banco Mundial, Washington, D.C.

Ayres, R.L., 1998. *Crime and Violence as Development Issues in Latin America and the Caribbean*, Latin American and Caribbean Studies Viewpoint Series, Banco Mundial, Washington, D.C.

Banco Mundial, 1994. *Poverty in Colombia*, estudio de país del Banco Mundial, Banco Mundial, Washington, D.C.

——, 1997. "Country assistance strategy for the Republic of Colombia", Banco Mundial, Washington, D.C.

——, 1998. "Violence in Colombia: Towards peace, partnerships and sustainable development" (mimeografiado), estudio sectorial del Banco Mundial, Banco Mundial, Washington, D.C.

——, 1998a. "Project appraisal document: Magdalena Medio Project", Banco Mundial, Washington, D.C.

——, 1998b. "Economic and social development issues for the short and medium term Colombia" (mimeografiado), World Bank Policy Notes, Banco Mundial, Washington, D.C.

Bejarano, J.A., Echandía Castilla, C., Escobedo, R. y León Queruz, E. (eds.), 1997. *Colombia: inseguridad, violencia y desempeño económico en las áreas rurales*, Universidad Externado Fonade, Santa Fe de Bogotá.

Belsky, J., 1980. "Child maltreatment: An ecological integration", *American Psychologist*, 35, 320-35.

Bronfenbrenner, U., 1977. "Toward and experimental ecology of human development", *American Psychologist*, 32: 5, 13-31.

Brown, S., 1995. "Gender stereotypes and sexual coercion", en Heise, L., Moore, K. y Toubia, N. (eds.), *Sexual Coercion and Reproductive Health*, Consejo de Población, Nueva York, 28-30.

Camacho, A. y Guzmán, A., 1997. "La violencia urbana en Colombia: teorías modalidades, perspectivas", en Fescol-IEPRI.

Centro de Referencia Nacional sobre Violencia (CRNV), 1995. "Lesiones no fatales ocurridas por riñas y atracos en Santa Fe de Bogotá", *Boletín* (CRNV), 4:10.

Chernick, M., 1997. "Changing perceptions of violence in Colombia and its implications for policy" (mimeografiado), Washington, D.C.

——, 1998, de próxima aparición. "Negotiating peace amid multiple forms of violence", en Arnson, C. y Basombrio, C. (eds.), *Comparative Peace Processes in Latin America.*

Cisalva (Centro de Investigaciones "Salud y Violencia"), 1997. *Dimensionamiento de la violencia en Colombia*, Cisalva, Santiago de Cali.

Cleves, P., 1998. "Comparative experiences of the peace processes in El Salvador and Guatemala and their relationship to the situation in Colombia" (mimeografiado), Banco Mundial, Washington, D.C.

Codhes, 1997. *Desplazamiento rural: violencia y pobres*, Codhes, Santa Fe de Bogotá.

——, 1998. *Desplazamiento forzado en la ciudad de Cali*, Codhes, Santa Fe de Bogotá.

——, 1998a. "Consultation on human rights and displacement", *Boletines* (Codhes) 6:10.

Colletta, N., Kostner, M. y Wieerhofer, I., 1996. "The transition from war to peace in Sub-Saharan Africa" (mimeografiado), Banco Mundial, Washington, D.C.

——, *et al.*, 1998. "Towards an architecture for sustainable peace and development: Lessons from the World Bank's experience", ponencia para la Conferencia Internacional de Paz y Desarrollo, Santa Fe de Bogotá, capítulo 3 de este libro.

Conferencia Episcopal Colombiana, 1994. "Sección de movilidad humana" (mimeografiado), Conferencia Episcopal Colombiana, Santa Fe de Bogotá.

Corporación Región, 1997. "Una aproximación a la conflictividad urbana en Medellín" (mimeografiado), Corporación Región, Medellín.

Cuéllar de Martínez, M., 1997. "Valores y capital social en Colombia" (mimeografiado), Corporación Porvenir y Universidad Externado de Colombia, Santa Fe de Bogotá.

DANE, 1997. *Encuesta nacional de calidad de vida*, Departamento Administrativo Nacional de Estadísticas, Santa Fe de Bogotá.

Deas, M., 1998. "Violence reduction in Colombia: Lessons from government policies over the last decade" (mimeografiado), Banco Mundial, Washington, D.C.

Defensoría del Pueblo, 1996. "El conflicto armado en Colombia y los menores de edad", *Boletín* (Defensoría del Pueblo), 2.

Departamento Nacional de Planeación, 1998. *La paz: el desafío para el desarrollo*, Tercer Mundo Editores, Santa Fe de Bogotá.

Duque, L.F., Klevens J. y Ramírez C., 1997. "Estudio de epidemiología de la violencia en Santa Fe de Bogotá" (mimeografiado), Colciencias, Santa Fe de Bogotá.

Fajnzylber, P., Lederman, D. y Loayza, N., 1998. "What causes violent crime?" (mimeografiado), Banco Mundial, Oficina del Economista en Jefe para América Latina y el Caribe, Washington, D.C.

Granada, C. y Rojas, L., 1995. "Los costos del conflicto armado 1990-1994", *Planeación y Desarrollo*, 26: 4.

Guerrero, R., 1998. Comunicación personal.

——, 1998. "Epidemiology of violence in the Americas: The case of Colombia", en Burki, S. J., Aiyer, S. y Hommes, R. (eds.), *Poverty & Inequality: Annual World Bank Mundial Conference on Development in Latin America and the Caribbean, 1996 proceedings*, Banco Mundial, Washington, D.C., 95-100.

Harrison, L. y Gfroerer, J., 1992. "The intersection of drug use and criminal behavior: Results from the national household survey on drug abuse". *Crime and Delinquency*, 38, 422-443.

Harriss, J. y De Renzio, P., 1997. " 'Missing link' or analytically missing? The concept of social capital", *Journal of International Development*, 9:7, 919-937.

Heise, L., 1998, de próxima aparición. "Violence against women: An integrated, ecological model", en *Violence Against Women*, Sage, Newbury Park.

Human Rights Watch/Americas, 1994. *Generation under Fire: Children and Violence in Colombia*, Human Rights Watch, Nueva York.

Instituto de Estudios Regionales, 1997. "Familias de Urabá: desplazamiento y violencia", *Boletín*, 9 (Instituto de Estudios Regionales), Universidad de Antioquia, Medellín.

Jaramillo, A. M., 1993. "Milicias populares en Medellín, entre lo privado y lo público", *Revista Foro*, 22.

Kalmanovitz, S., 1990. "La economía del narcotráfico en Colombia", *Economía Colombiana*, 188.

Klevens, J., 1998. "Evaluation of interventions to prevent or reduce violence in Bogotá, Colombia" (mimeografiado), Banco Mundial, Washington, D.C.

——, Bayón M.C. y Sierra, M., 1997. *Hombres que maltratan*, Colciencias, Santa Fe de Bogotá.

Knaul, F., 1997. "The importance of family and community social capital in the creation of human capital in urban Colombia" (mimeografiado), Lacea, Santa Fe de Bogotá.

Londoño, J.L., 1998. "Violence, psyche, and social capital", en Burki, S. J., Aiyer, S. y Hommes, R. (eds.), *Poverty & inequality: Annual World Bank Conference on Development in Latin America and the Caribbean, 1996 proceedings*, Banco Mundial, Washington, D.C., 71-82.

Louw, A., 1997. "Surviving the transition: Trends and perceptions of crime in South Africa", *Social Indicators Research*, 41, 137-168.

McDonald, G., 1997. *Peacebuilding from Below: Alternative Perspectives on Colombia's Peace Process*, CIIR, Londres.

Meertens, D. y Segura-Escobar, N., 1996. "Gender, violence and displacement in Colombia", *Singapore Journal of Tropical Geography*, 17: 2, 165-178.

Mesquita da Rocha, 1997. "Women's police stations: Rio de Janeiro". Ponencia presentada en la conferencia sobre "Violencia Doméstica en América Latina y el Caribe", Banco Interamericano de Desarrollo, Washington, D.C., 20-21 de octubre.

Ministerio de Salud, 1997. *Vida, salud y paz: el sector salud frente a la violencia en Colombia*, Ministerio de Salud, Santa Fe de Bogotá.

——, 1995. *La carga de la enfermedad en Colombia*, Ministerio de Salud, Santa Fe de Bogotá.

Moffit, T., 1993. "Adolescence-limited and life-course persistent antisocial behavior: A developmental taxonomy", *Psychological Review*, 100: 674-70.

Moser, C., 1998. "The asset vulnerability framework: Reassessing urban poverty reduction strategies", *World Development*, 26:1, 1-19.

——, 1996. *Confronting Crisis: A Comparative Study of Household Responses to Poverty and Vulnerability in Four Poor Urban Communities*, Environmentally Sustainable Studies and Monograph Series No. 8, Banco Mundial, Washington, D.C.

—— y Holland, J., 1997. *Urban Poverty and Violence in Jamaica*, Latin American and Caribbean Studies, Banco Mundial, Washington, D.C.

Narayan, D., 1997. *Voices of the Poor: Poverty and Social Capital in Tanzania*, Environmentally Sustainable Studies and Monograph Series No. 20, Banco Mundial, Washington, D.C.

North, D., 1990. *Institutions, Institutional Change, and Economic Performance*, Cambridge University Press, Cambridge y Nueva York.

Ocquist, P., 1978. *Violencia, conflicto y política en Colombia*, IEC, Santa Fe de Bogotá.

Olson, M., 1982. *The Rise and Decline of Nations: Economic Growth, Stagflation and Social Rigidities*, Yale University Press, New Haven.

Ospina, J., 1997. "Hacia una nueva estrategia de manejo del orden público", en Partido Conservador Colombiano (ed.), *Inseguridad e impunidad en Colombia*, Partido Conservador Colombiano, Santa Fe de Bogotá.

Oxford Analytica Brief, 1997. *www.oxan.com.*

Parra, M.E., 1997. "Determinantes de la inversión en Colombia: nueva evidencia sobre el capital humano y la violencia", tesis inédita, Programa de Economía para Graduados, Universidad de los Andes, Santa Fe de Bogotá.

Pearce, J., 1998. "From civil war to 'civil society': Has the end of the Cold War brought peace to Central America?", *International Affairs*, 74:3, 587-615.

Profamilia, 1995. *Encuesta nacional de demografía y salud*, Profamilia, Santa Fe de Bogotá.

Putnam, R.D., 1993. *Making Democracy Work: Civic Traditions in Modern Italy*, Princeton University Press, Princeton, NJ.

Quintero, J.D., 1998. Comunicación personal, julio.

Quintero, M. y Jimeno, R., 1993. "Los medios de comunicación y la violencia (mimeografiado), Cinep-APEP.

Reyes Posada, A., 1998. "The geography of rural violence in Colombia: tendencies, impacts, and perspectives" (mimeografiado), Banco Mundial, Washington, D.C.

Rodgers, D., 1998. *Youth gangs and violence in LAC: A literature survey*, documento mimeografiado, Banco Mundial, Washington, D.C.

——, 1989. "Theories of crime and development: An historical perspective", *Journal of Development Studies*, 25:3, 314-328.

Rojas, C.E., 1996. *La violencia llamada limpieza social*, Colección Papeles de Paz, Cinep, Santa Fe de Bogotá.

Rosenberg, M. y Mercy J.A., 1991. "Assaultive violence", en Rosenberg, M. y Fenley, M.A. (eds.), *Violence in America: A public health approach*, Oxford University Press, Nueva York, 14-50.

Ross, T., 1998. "Briefing note on violence in Bogotá" (mimeografiado), Santa Fe de Bogotá.

Rubio, M., 1998. "Los costos de la violencia en Colombia: el estado del debate" (mimeografiado), Banco Mundial, Washington, D.C.

——, 1997c. "Costos económicos de la impunidad", en Partido Conservador Colombiano (ed.), *Inseguridad e impunidad en Colombia*, Partido Conservador Colombiano, Santa Fe de Bogotá.

——, 1997b. "Perverse social capital: some evidence from Colombia", *Journal of Economic Issues*, 21: 3, 805-816.

——, 1997a. "Los costos de la violencia en Colombia" (mimeografiado), Cede, Universidad de los Andes, Santa Fe de Bogotá.

——, 1997. "Percepciones ciudadanas sobre la justicia: Informe final de investigación" (mimeografiado), Ministerio de Justicia, Cijus, Universidad de los Andes, Santa Fe de Bogotá.

Sampson, R.J. y Lauritsen, J., 1994. "Violent victimization and offending: Individual-situational, and community-level risk factors", en Reiss, A.J. y Roth, J.A. (eds.), *Understanding and Preventing Violence*, National Academy Press, Washington, D.C.

Serageldin, I. y Grootaert, C., 1997. "Defining social capital: An integrating view" (mimeografiado), Banco Mundial, Washington, D.C.

—— y Comité Conductor, 1997. *The Initiative on Defining, Monitoring and Measuring Social Capital*, Social Development Family, Environmentally and Socially Sustainable Development Network, Banco Mundial, Washington, D.C.

—— y Steer, A. (eds.), 1994. *Making development sustainable: From concepts to action*, Banco Mundial, Washington, D.C.

——, 1996. *Sustainability and the Wealth of Nations: First Steps in an Ongoing Journey*, Environmentally Sustainable Studies and Monograph Series No. 5, Banco Mundial, Washington, D.C.

Thoumi, F., 1994. *Economía política y narcotráfico*, Tercer Mundo, Santa Fe de Bogotá.

Trujillo Ciro, E. y Badel Rueda, M.E., 1998. "Los costos económicos de la criminalidad y la violencia en Colombia: 1991-1996", *Archivos de Macroeconomía* Departamento Nacional de Planeación, Santa Fe de Bogotá.

Valdez, A., Kaplan, C.D., Curtis, R.L. y Yin, Z. (eds.), 1995. "Illegal drug use, alcohol and aggressive crime among Mexican-American and white male arrestees in San Antonio", *Journal of Psychoactive Drugs*, 27, 135-143.

Vanderschueren, F., 1996. "From violence to justice and security in cities", *Environment and Urbanization*, 8:1, 93-112.

Warr, M., 1994. "Public perceptions and reactions to violent offending and victimization", en Reiss, A.J. y Roth, J.A. (eds.), *Understanding and Preventing Violence*, National Academy Press, Washington, D.C.

Capítulo 2
Los costos ocultos de la paz en Colombia*

Cecilia López Montaño
Arturo García Durán

I. Introducción

El presente ensayo sobre la paz en Colombia tiene como objetivo contribuir al debate más importante que enfrenta el país al finalizar el siglo XX: cómo resolver de una manera definitiva las diversas formas de violencia que han venido afectando a la sociedad colombiana durante más de 50 años. Precisamente, por la prolongada duración del conflicto, por los innumerables factores involucrados en la situación de guerra que se vive en el territorio nacional y, más aún, por la incapacidad que ha demostrado el país para solucionar el problema, este trabajo responde, hoy más que nunca, a la imperiosa necesidad de empezar a analizar la realidad colombiana de una nueva manera.

Es innegable que la Colombia de hoy difiere significativamente de aquélla de mitad del presente siglo. Los más importantes indicadores sociales y económicos dan cuenta de un notorio avance, a lo largo de las últimas décadas. De otra parte, si se le compara con otros países de América Latina, puede decirse que este país no ha enfrentado, hasta ahora, crisis de fondo que pudieran comprometer su futuro. Pero dentro de esta dinámica de progreso, no todos los colombianos han corrido con igual suerte. Así, mientras hoy algunos sectores gozan de niveles de vida comparables con los de los países desarrollados, al menos la mitad de la población está lejos de disfrutar de una calidad de vida similar, para no hablar de aquellos ciudadanos claramente identificables como pobladores del tercer mundo.

Precisamente, a causa de esta inequitativa distribución de los beneficios del desarrollo colombiano, el diagnóstico que se acostumbra pre-

---

* Para el desarrollo del trabajo se contó con la colaboración de Nelson Camelo en el levantamiento de la información básica. Igualmente, los autores quieren agradecer muy especialmente a Carlos Alberto García, por sus valiosos comentarios y aportes y por las sugerencias en su redacción final.

sentar sobre el país no ha sido totalmente objetivo. Más aún, al repasar la historia de los grandes males que hoy hacen metástasis, como el narcotráfico, la corrupción y la violencia, puede reconocerse un patrón común: cuando comienzan a aparecer se subestiman y después cuando se han generalizado, o se contemporiza con ellos, o se ven como lejanos, porque no afectan a la sociedad como un todo. Así, todavía muchos de los habitantes de las ciudades del país perciben la lucha armada, con todas sus secuelas, como un problema distante y ajeno, porque no la han sufrido en carne propia.

Pero, a pesar de los avances que registran los indicadores, actualmente la realidad es otra. Sin haberse logrado resolver ninguno de los grandes males del país, hoy se constata que aquello que se consideraba fortaleza y baluarte de la nación en lo institucional, lo político y lo económico, empieza a acusar fisuras profundas.

Asimismo, en el campo internacional la situación del país es compleja, porque al lado de demostraciones de solidaridad frente al conflicto armado, recibidas de gobiernos extranjeros, así como de ofrecimientos de colaboración en un eventual proceso de paz, han surgido, de la comunidad internacional, diversas manifestaciones de censura por problemas como el narcotráfico, la violación de derechos humanos y la corrupción. Tales expresiones afectan la ubicación del país en el concierto mundial, en un momento en el cual la solidaridad y la cooperación externas son fundamentales para lograr el éxito de las políticas de paz.

Alcanzar la paz de manera definitiva es, entonces, una tarea que supera en complejidad a cualquiera otra empresa que haya asumido el pueblo colombiano en este siglo. Avanzar en el logro de tan trascendental cometido significa replantear el norte de la sociedad y definir alternativas novedosas para trazarle al país un nuevo rumbo en lo político, lo económico y lo social. Persiste, además, la preocupación acerca de si la sociedad colombiana está preparada para asumir el reto de alcanzar y aclimatar la paz, cuando es evidente que muchos de sus sectores interpretan la situación de violencia que se vive hoy como un escollo coyuntural y una perturbación temporal, dentro de una dinámica económica y política que les ha beneficiado y de la cual se cree que tarde o temprano retomará su cauce normal.

Con base en los hallazgos de una serie de estudios que se han venido realizando en los últimos años sobre distintos aspectos fundamentales del desarrollo económico colombiano, este trabajo presenta, en primer lugar, algunos elementos de diagnóstico sobre las causas del conflicto armado en Colombia. En segundo término, se ofrecen sugerencias sobre la manera de abordar este problema, con el objeto de ponerle fin y, por último, se analiza el espacio fiscal real de que dispone el país para financiar tanto un eventual proceso de paz como los diferentes acuerdos que puedan derivarse de la negociación política con los grupos alzados en armas.

El Banco Mundial y la Comisión Económica para América Latina y el Caribe, Cepal han apoyado la realización de este trabajo. De esta manera, estos organismos han querido contribuir al ejercicio de reflexión que los colombianos deberán continuar adelantando para acertar en esta etapa definitiva de su historia.

Al intentar hallar elementos coincidentes en los planteamientos hechos por las partes en conflicto, se observa con preocupación la falta tanto de claridad como de especificidad en los problemas nacionales que se deben resolver para poner fin a la confrontación. Así, se registran, de un lado, un discurso vago y apegado al pasado por parte de la guerrilla y, del otro, una percepción simplista por parte de otros sectores de la sociedad, razón por la cual no se ha logrado llegar, hasta ahora, a las raíces más profundas del conflicto.

Como un hecho positivo, hay que registrar que existe en la mente de muchos colombianos de hoy en día la aspiración de aprovechar el proceso de paz para abordar, de una vez por todas, los que se consideran problemas de fondo del país. Pero este anhelo, aunque es ampliamente compartido, no se ha hecho totalmente explícito. Así, se tiene que pocos esfuerzos se han realizado, ya sea para profundizar en la naturaleza y la dimensión de tales problemas, o para darles la difusión y el debate que ellos ameritan y, menos aún, para hallar la forma de resolverlos, de manera conjunta, por las partes en conflicto.

Frente a tal realidad, este ensayo, en su primera parte, plantea que la causa de la permanente confrontación en el país –con su secuela de escalamiento de la violencia que hoy se registra– se encuentra en el no debidamente reconocido fenómeno de la exclusión política, económica y social que ha caracterizado a la sociedad colombiana. Esta interrelación entre exclusión y violencia, que se hace explícita en este trabajo, lo cual constituye su principal aporte, no ha sido debatida a fondo. Tal omisión se debe, en gran parte, a que el análisis pasado y reciente de la realidad colombiana ha tenido como punto de partida la creencia en tres mitos. Primero, que Colombia cuenta con un sistema político democrático. Segundo, que la economía del país es sólida. Y, tercero, que la pobreza es la causa fundamental de la violencia.

Pero, puesto que en el proceso de destruir tales mitos se llega a cuestionar los fundamentos mismos sobre los cuales se ha apoyado tradicionalmente la sociedad colombiana, aquéllos deben ser, ante todo, reconocidos como tales por los diversos estamentos nacionales, cuyo concurso será definitivo para el logro de la paz. Por esta razón, en la segunda parte de este trabajo, se plantea como mecanismo de aglutinación social el logro de consensos sobre tres temas que son cruciales para el presente y el futuro del país. El logro del primer consenso significa llegar a un acuerdo sobre el diagnóstico, es decir, coincidir en la identificación de las causas fundamentales del conflicto armado. Logrado esto, se debe, entonces, llegar tanto a un consenso en lo político, o sea, sobre la forma de convertir la organización política del país en una verdadera democracia participativa, como a un consenso en lo económico y social, esto es, sobre cómo cambiar el sistema productivo y la estructura social, para que cesen de generar privilegios y garanticen la igualdad de oportunidades para todos. Ya que se trata de la presentación de propuestas sobre profundas transformaciones estructurales, en esta parte del trabajo se plantean elementos de política que se consideran básicos para iniciar estos cambios, los cuales, puesto que requieren tiempo para producirse, deben iniciarse cuanto antes.

La tercera parte trata un tema que, hasta ahora, es el menos explorado, cual es el de establecer el margen de maniobra que tiene el país en cuanto a la disponibilidad de recursos para financiar un proceso que lleve a la paz. En ella, se discuten las limitaciones fiscales de que se adolece para financiar un proceso de negociación, así como los costos en que el Estado colombiano tendría que incurrir para alcanzar la paz y convertirla en un proceso sostenible.

Para ilustrar la manera como las actuales restricciones económicas del país le imponen límites reales a las exigencias de inversión propias de un proceso de paz, en el presente trabajo se ha elaborado un modelo "economicista" que busca minimizar los costos de la paz, relacionando el poder militar del Estado con los niveles de demanda por parte de la guerrilla.

Además, en esta parte del trabajo se trata de demostrar que el logro de la paz en Colombia, antes que un problema de disponibilidad de recursos financieros es, más bien, de transformación de las relaciones de poder. Sin negar que para alcanzarla será necesario asignar fondos públicos para la ejecución de diversos programas, hay que tener presente que, dado el alto nivel de inversión social que ya registra el país, así como las limitaciones fiscales que actualmente enfrenta, es menester que las opciones de inversión respondan a dos estrategias fundamentales. En primer lugar, deben diseñarse los mecanismos necesarios para que la asignación focalizada del gasto no sólo responda a criterios de equidad social y de beneficio privado, sino que sea también un medio para superar las situaciones de exclusión. En segundo término, y en consonancia con el esquema de análisis aplicado en este trabajo, hay que dar por sentado que los mayores costos corresponden a los cambios institucionales que afectan a las estructuras de poder.

II. Antecedentes históricos

Antes de avanzar en el análisis del conflicto armado en Colombia y de los procesos de paz en que se ha comprometido el país en el pasado reciente, conviene revisar brevemente experimentos similares adelantados en América Latina, con el objeto de derivar de ellos elementos que puedan ser útiles para el caso colombiano. Dentro de este propósito, resulta particularmente ilustrativa la revisión de los procesos de negociación con la insurgencia que se han llevado a efecto en América Central en la presente década, sin olvidar que Colombia se encuentra en el deber de revisar sus propias experiencias en esta materia, para valorar sus elementos positivos y no repetir errores cometidos en el pasado.

A. Experiencia de Centroamérica

Las características de las negociaciones y de los acuerdos logrados han diferido en los dos principales casos observados en la subregión: El Salvador y Guatemala. Las diferencias se han dado, en primer lugar, en el grado alcanzado por la confrontación armada y en la posición alcanzada en lo militar y lo político por cada una de las partes. En segundo lugar, en la visión que se ha generado en la sociedad sobre los orígenes mismos del conflicto. En tercer lugar, en la situación coyuntural que vivieron las economías nacionales entre la expansión y el ajuste. En cuarto lugar, en las propias capacidades negociadoras de los actores e intermediarios y, por último, tanto en las características de la negociación como en la mecánica acordada por las partes para la misma.

La culminación de los conflictos político-militares recientes en estos dos países, al igual que el inicio de los procesos de consolidación de la paz se han caracterizado por una compleja secuencia de negociaciones. Al cabo de la misma, se logró concertar una serie de acuerdos con respecto a diversas reformas y programas que, a su vez, respondían a propuestas claras provenientes de las dos partes. Se estableció también un calendario de encuentros y, cuando ello fue posible, se acordó la asignación de los respectivos presupuestos para la ejecución de las políticas y programas derivados de los compromisos adquiridos en las negociaciones.

Con el objeto de extraer de las experiencias de El Salvador y Guatemala lecciones aplicables al caso colombiano, se presentan a continuación los perfiles de los procesos de paz seguidos en esos dos países (Cuadro 2.1). El detalle del contenido de los acuerdos alcanzados en ambos casos se encuentra en el Anexo 2.1.

CUADRO 2.1
COMPARACIÓN DE LOS PROCESOS DE PAZ EN EL SALVADOR Y GUATEMALA

	El Salvador	**Guatemala**
Posicionamiento militar y político de la insurgencia	• Importantes efectivos militares: 14.000 rebeldes en armas	• Equilibrio de fuerzas entre ejército e insurgencia
	• Control del 20% del territorio nacional	• Reducidos efectivos militares: 1.500 rebeldes en armas
	• Reconocimiento internacional	• Movimiento rebelde sin expresión política
	• Empate técnico con las fuerzas regulares	• Escaso control territorial de la insurgencia
	• Respaldo político nacional (sociedad civil y oposición)	• Componentes étnicos y culturales en el conflicto
Fase de negociación: características y mecánica del proceso	• Proceso largo de negociación (más de dos años)	• Proceso largo de negociaciones (seis años)
	• Influencia de presión internacional	• Influencia de presión internacional
	• Apoyo internacional (Grupo de Contadora, grupo de países amigos)	• Participación importante de grupos de la sociedad civil
	• Sede de negociaciones en el exterior	• Sede de negociaciones en el exterior

(Continúa en la página siguiente)

(Continuación Cuadro 2.1)

	El Salvador	**Guatemala**
	• Participación de las Naciones Unidas	• Apoyo internacional • Participación de las Naciones Unidas
Fases, contenido y características de los acuerdos	• Proceso gradual de negociación (las etapas se corresponden con los acuerdos) • Etapas iniciales y sus acuerdos centrados en temas para propiciar los diálogos: humanización de la guerra; derechos humanos: agenda y calendario de negociaciones • Acuerdo final (Chapultepec, México) contiene compromisos en políticas económicas y sociales • Temas del acuerdo final: fuerzas armadas, policía nacional, sistema judicial, sistema electoral, asuntos económicos y sociales (sobresalen temas agrarios y Plan de Reconstrucción Nacional)	• Proceso gradual de negociación (12 acuerdos entre 1994 y 1996) • Cese del fuego acordado al final de los acuerdos • Contenido de los acuerdos en concordancia con las particularidades del conflicto. Acuerdos sobre: derechos humanos, reasentamientos de poblaciones desarraigadas, esclarecimiento histórico de las violaciones de los derechos humanos, identidad y derechos de los pueblos indígenas, poder civil y función del ejército, cese del fuego, aspectos sociales y económicos y situación agraria, reformas constitucionales, régimen electoral, reincorporación de la insurgencia, verificación de acuerdos de paz, acuerdo de paz.

No obstante las particularidades que distinguen la situación de cada uno de los dos países, de acuerdo con los orígenes y la evolución del conflicto, la revisión de los procesos de paz más relevantes, llevados a efecto en América Latina en épocas recientes, permite extraer algunos elementos comunes y lecciones que son de gran utilidad para la situación actual de acercamiento entre el gobierno colombiano y los dos grupos alzados en armas más importantes del país, como son las FARC y el ELN. Éstos podrían resumirse así:

- Se trata de procesos de larga duración y sobre todo accidentados, en los cuales las frecuentes interrupciones son más bien la norma que la excepción.
- Se trata de procesos complejos y graduales tanto en su evolución como en la definición del contenido y en la suscripción de los acuerdos (los primeros acuerdos apuntan a crear el ambiente propicio para la continuidad de las negociaciones –humanización del conflicto, por ejemplo–, en tanto que los acuerdos finales se refieren al cese del fuego y a las reformas económicas y sociales).
- Ha sido una característica el que la sede de los diálogos sea un país extranjero (México en el caso de El Salvador, países europeos en el caso de Guatemala).
- Ha sido definitivo el papel facilitador jugado por los gobiernos de otros países (soporte regional el caso de El Salvador; países europeos en el caso de Guatemala).
- Las Naciones Unidas han cumplido una importante misión tanto en la orientación del marco de negociación como en el apoyo a todo el proceso (observación y verificación).

B. Experiencia de Colombia

La mayor diferencia que se registra entre las negociaciones de paz realizadas en El Salvador y Guatemala y las iniciativas que se han adelantado, en el pasado reciente en Colombia, radica en que mientras en los dos primeros países los esfuerzos culminaron en acuerdos de paz, en Colombia las negociaciones no resolvieron el conflicto armado. Varios trabajos que han abordado recientemente este tema en el país han destacado la complejidad que caracterizó a tales negociaciones. Pero, para efectos del presente ensayo, más que insistir en el detalle de sus hallazgos, puede ser pertinente extraer elementos de éxito y de fracaso de la comparación de las tres experiencias. Colombia puede beneficiarse de estas reflexiones, dado el momento en que se encuentra en cuanto a preparación, negociación y desarrollo del proceso de paz.

Para establecer una comparación con los casos de El Salvador y Guatemala, vale la pena revisar sucintamente los procesos de paz que Colombia realizó durante la primera mitad de la década de los noventa, con distintos grupos alzados en armas. El primero se logró en marzo de 1990, con el M-19, el cual fue seguido en 1991 por otros adicionales con el Partido Revolucionario de los Trabajadores (PRT), el Ejército Popular de Liberación (EPL) y el Movimiento Quintín Lame. Los acuerdos se reanudan en 1994, con la Corriente de Renovación Socialista (CRS), el Frente Francisco Garnica de la Coordinadora Guerrillera y finalmente con las Milicias Populares del Pueblo y para el Pueblo, las Milicias Independientes del Valle de Aburrá y las Milicias Metropolitanas de la Ciudad de Medellín (en el Anexo 2.2 se especifican dichos acuerdos en las secciones 1 a 7).

El análisis de estos acuerdos permite destacar varios elementos relevantes. De una manera u otra, bien por su deseo de participar en la Asamblea Nacional Constituyente de 1991, o por el reconocimiento de la necesidad de introducir cambios importantes en el ordenamiento jurídico colombiano, todos ellos incluyen la necesidad de reformar la Constitución Nacional. Sin embargo, no se identifican compromisos que aborden a fondo los problemas estructurales del país. Se buscó primordialmente la incorporación de grupos guerrilleros a la legalidad para promover sus respectivos proyectos políticos, con todas las garantías posibles, por parte del gobierno.

Sorprenden, por otro lado, las escasas referencias al fenómeno del narcotráfico en los diversos acuerdos, el cual, con frecuencia, ha sido relacionado, al menos desde el punto de vista financiero, con las actividades de algunos grupos alzados en armas. La única mención directa a este problema aparece en el documento firmado con el M-19, acuerdo que para muchos ha sido el más exitoso alcanzado por un grupo guerrillero latinoamericano, pero también el más desperdiciado por sus integrantes (Bejarano, 1996).

Sin embargo, el elemento más importante que revela esta comparación es que mientras El Salvador y Guatemala negociaron el conflicto, hasta ahora Colombia sólo ha negociado la desmovilización de algunos grupos guerrilleros, sin haber logrado acuerdos significativos con los dos mayores de ellos, como son las Fuerzas Armadas Revolucionarias de Colombia (FARC) y el Ejército de Liberación Nacional (ELN).

Esta etapa sólo parece iniciarse ahora, cuando ya se han desmovilizado alrededor de 5.000 hombres, sin haberse dado pasos certeros hacia la paz. En Colombia, con este tipo de arreglos parciales y de cierta manera aislados, lo que se ha logrado es "parcelar" la paz (Bejarano, 1996) y convertir a las FARC y al ELN en los únicos interlocutores. Una segunda conclusión que se desprende de la anterior, es que mientras en El Salvador y Guatemala las negociaciones se adelantaron con una guerrilla unida, en Colombia se han producido acercamientos, pero nunca se ha llegado a lo que Bejarano llama "un espacio homogéneo de negociación".

Igualmente, llaman la atención las diferencias en el nivel y el contenido de las peticiones. Mientras en El Salvador y Guatemala la guerrilla buscaba ciertos logros en la organización social, económica y política, con énfasis distintos según las características del conflicto en cada país, en Colombia muchos de estos avances se han alcanzado paulatinamente por políticas de Estado, sin que hayan mediado negociaciones de paz.

En el caso del actual proceso de paz en Colombia, al revisar las propuestas sobre temas económicos y sociales provenientes de los diferentes sectores involucrados en el conflicto (*véase* Anexo 2.3) –Estado, guerrilla, autodefensas y sociedad civil (*Cambio 16*, 1998)–, hay que destacar varios elementos que no dejan de causar sorpresa. El más relevante es la vaguedad de los planteamientos, puesto que, más que propuestas específicas para abordar problemas estructurales del país relacionados con el sistema político, la organización económica y el bienestar social, parecen listas de buenas intenciones, con las cuales difícilmente se estaría en desacuerdo. Especialmente, en las propuestas de las FARC se observa un discurso económico aislado del contexto mundial actual. Y aunque es rescatable la necesidad expresada por varios de sus militantes, de ajustar o cambiar el modelo de desarrollo, esta propuesta de cambio consiste básicamente en volver al esquema proteccionista, pero sin adicionar elementos novedosos y sin asumir una posición crítica frente a los efectos que produjo en la economía la aplicación de tal modelo en el pasado.

La sociedad civil colombiana tampoco sale bien librada en lo que se refiere a las propuestas o a los procedimientos planteados para avanzar en el proceso de paz. Sin embargo, debe destacarse que en el seno de los principales sectores económicos del país existe el reconocimiento generalizado de que llegó el momento de invertir en la paz. Dentro de esta tónica, el Consejo Gremial Nacional, órgano cúpula que aglutina la representación de diversos sectores de la economía nacional ha expresado que, en una negociación seria con la guerrilla, estaría dispuesto a estudiar con el gobierno esquemas conjuntos de financiación, especialmente la conformación de un Fondo en el cual confluirían sus aportes y las contribuciones internacionales.

Por su parte, la más importante agremiación ganadera de Colombia, Fedegan, presentó una propuesta en la cual se planteó que: "El verdadero compromiso del grupo de colombianos que genera riqueza es ceder parte de ella para acometer una cruzada nacional contra la pobreza". Estos dineros, que conformarían un "fondo social para la equidad y la justicia", buscarían convocar el compromiso internacional para reconstruir el país

Después de esta rápida revisión de los más recientes procesos de paz de América Latina, puede decirse, con optimismo, que la compleja marcha hacia la paz se ha iniciado en Colombia, pero que, comparándola con los procesos exitosos de El Salvador y Guatemala, quedan por darse muchos pasos sustantivos, para lograr un resultado satisfactorio.

La experiencia vivida por tales países demuestra, en primer lugar, que el camino hacia la paz es un proceso largo y tortuoso, en el cual pueden presentarse interrupciones mas no fracasos. En segundo lugar, a diferencia de lo sucedido en el Salvador y Guatemala, en Colombia no hay claridad sobre la participación de la comunidad internacional. Este vacío es percibido por los gobiernos extranjeros y los organismos internacionales interesados en contribuir a la búsqueda de la paz. A este respecto, conviene recordar que los países amigos y las Naciones Unidas jugaron un papel preponderante en América Central, para garantizar la continuidad del proceso, cuando surgieron obstáculos. Por último, y en lo que guarda relación con el tema de los recursos, hay que advertir que en las propuestas presentadas hasta ahora, se ignoran los problemas tanto del alto costo fiscal que representaría un proceso de paz, como del escaso margen de maniobra financiera de que dispondría el país para enfrentarlo.

III. Tres grandes mitos[1]

Durante el presente siglo, Colombia ha venido construyendo la base de su nacionalidad sobre dos pilares fundamentales: la democracia política, considerada una de las más antiguas de América Latina y una economía caracterizada por la estabilidad, el buen manejo y un crecimiento

---

1 Este capítulo se apoya en los trabajos de Garay (1998), Palacios (1998) y el DNP (1998).

continuo en el transcurso de los últimos sesenta años. Por mucho tiempo, estas virtudes han constituido los emblemas distintivos de la nación colombiana, en el conjunto regional.

Sin embargo, actualmente cuando el país enfrenta el formidable reto de alcanzar la paz, en medio de un período histórico convulsionado, análisis juiciosos de su realidad han revelado claramente que más que pilares de la sociedad colombiana, la democracia de su sistema político y la solidez de su economía son grandes mitos y que el diagnóstico que considera a la violencia como un fenómeno asociado fundamentalmente a la pobreza es, igualmente, otro mito.

La existencia de esas falsas creencias se encuentra, de alguna manera, señalada en obras recientes de autores nacionales, sobre problemas de actualidad en el país.

Así, Marco Palacios afirma: "El problema de Colombia no es encontrar la paz, sino construir la democracia. El conflicto armado es el producto de la carencia de una institucionalidad democrática. El problema radica en el contexto político en su más amplio sentido y no en el enfrentamiento de las guerrillas con el Estado" (Palacios, 1998).

A su vez, Luis Jorge Garay, señala: "Colombia es el único país de la región que no ha sufrido recesiones abruptas ni tampoco ha observado crisis cambiarias o fiscales serias en las últimas tres décadas" (Garay, 1998a). Sin embargo, este ritmo ha sido insuficiente para incorporar masivamente, y de una manera eficiente y productiva, a grandes sectores de la población colombiana (Garay, 1998b).

La seriedad de la situación presente, a la cual se refieren los autores citados, revela que el país no enfrenta solamente problemas coyunturales, sino que, por el contrario, se encuentra ante la necesidad de efectuar un replanteamiento de las bases fundamentales de su organización social, política y económica.

Puesto que la violencia puede vincularse a la existencia de los mitos mencionados y ya que el logro de la paz se relaciona con el reconocimiento y la superación de los mismos, la empresa en la cual el país se ve obligado a comprometerse implica mucho más que adelantar negociaciones de paz, en lo que se refiere al tema político, y mucho más que realizar ajustes fiscales, en lo que tiene que ver con el ámbito económico.

Comprender la profundidad y las repercusiones de este reconocimiento es absolutamente fundamental para el desarrollo de un eventual proceso de paz, si con él se pretende llegar más allá de las soluciones transitorias que, aunque pueden proporcionar alivios inmediatos para el presente, también es cierto que comprometen el futuro. Se debe aceptar, que durante este siglo en Colombia, la excepción ha sido la paz y no la guerra.

En la literatura especializada en el tema, se reconoce que el éxito de los procesos de paz depende, en gran medida, de que se incluyan temas sustantivos en la agenda de las negociaciones. Y así también parecen probarlo las experiencias de paz de El Salvador y Guatemala. No obstante, un grave peligro que existe actualmente en Colombia es que, por falta de un análisis más profundo o por la prisa en avanzar en las negociaciones de paz, los problemas a los cuales se busque dar solución se refieran a asuntos meramente instrumentales y no estructurales.

Debe aceptarse que el país ha consumido mucho tiempo en el estudio de la violencia política de los años cincuenta y que sólo recientemente ha comprendido que la guerra de hoy tiene muchas particularidades y es mucho más compleja que aquélla. También hay que decir que la sociedad colombiana ha simplificado el estudio de las causas de la actual confrontación armada, al punto de subestimar elementos que son valiosos, tanto para su comprensión como para la búsqueda de soluciones reales a la misma. Así, por ejemplo, a pesar de la capacidad destructiva del tejido social que tiene el narcotráfico y de los vínculos que se le atribuyen con actividades de la guerrilla, este fenómeno sólo ha sido estudiado superficialmente, sin que se haya precisado el peso específico que tiene en la caracterización presente de la lucha armada en Colombia.

No obstante lo anterior, hay que registrar que, por fortuna, la relativa abundancia de investigaciones sobre la situación política y económica del país que diversos expertos han emprendido en los últimos años, permite comenzar a incursionar, con mayor seguridad, en el análisis de las causas del conflicto armado y de la violencia en general en el país. Es de esperarse, que esta afluencia relativa en la documentación tenga, igualmente, repercusiones favorables en la elaboración de las propuestas para su resolución.

A. El mito de la democracia política

La perdurabilidad de la democracia en Colombia es proverbial entre los países de América Latina y en el mundo entero. Las breves interrupciones a los gobiernos elegidos popularmente, en el transcurso del presente siglo, trazan un marcado contraste con las frecuentes irrupciones de los gobiernos de hecho, registradas en otros países de la región. Esta continuada tradición civilista ha llevado a exagerar las virtudes de un sistema político que, aunque se ha fundamentado en una "supuestamente libre" expresión popular por medio del voto, también hay que reconocer que ha estado empañado por arraigados vicios, por las componendas políticas y por refinados artificios que, so pretexto de preservar las instituciones del país, han cumplido la misión de excluir del juego político a importantes sectores de la opinión nacional. Sin embargo, los reiterados elogios a la "democracia colombiana" han reforzado una especie de estado de "ensimismamiento nacional" que ha desembocado en la generación del mito de que en el país impera la democracia política.

Para Marco Palacios:

> "...el sentido histórico del conflicto deriva del ideal de la democracia liberal que ha sido bloqueada sistemáticamente en el último medio siglo: primero por la violencia y el estado de sitio, y luego por el estado de sitio, el clientelismo y la corrupción política. Ese bloqueo significa la marginación política, cultural y ciudadana del campesinado, incluyendo, un poco arbitrariamente en esta categoría, el universo de pobres asentados en las periferias urbanas". (Palacios, 1998)

Debe reconocerse, sin embargo, que, en épocas recientes, Colombia ha realizado esfuerzos por ampliar su democracia. La promulgación de la Constitución de 1991 es una expresión clara de la vocación democrática del país, dado que consagra la función social del Estado, profundiza en la descentralización, establece un conjunto de derechos individuales y colectivos y crea una serie de instituciones que, en principio, apuntaría a garantizar la inclusión social de sectores históricamente desprotegidos, como las comunidades indígenas y las negritudes.

Hay que agregar, como elemento positivo, que la Asamblea Nacional Constituyente, a cuyo cargo estuvo la elaboración de la nueva carta política, significó una oportunidad de expresión pluralista, raramente presenciada en Colombia en el presente siglo. Por tal razón, pudieron plasmarse en ella las propuestas de algunas de las vertientes ideológicas que no habían contado anteriormente con el espacio político para manifestarse.

Sin negar que su promulgación representó un paso adelante en la modernización del ordenamiento institucional, hay que registrar que la nueva Constitución no ha producido los efectos de equidad social esperados, entre otras razones, porque no aborda los fundamentos de la organización social y productiva del país. Dicho de diferente manera, a una forma excluyente y casi feudal de organización de la sociedad, se le han interpuesto normas e instituciones que le dan a Colombia la apariencia de una sociedad realmente democrática, sin serlo.

Para confirmar lo anterior, basta con evaluar el proceso de descentralización que el país ha venido desarrollando. Si algún mecanismo se reconoce como válido para fomentar la democracia participativa, o al menos para ampliar los espacios de participación ciudadana, es precisamente el de delegación de funciones y recursos a los entes territoriales. Se supone que ésta es la mejor forma de acercar a la población al ejercicio del poder y de aumentar, así, los niveles de participación real. Sin embargo, a pesar de que se reconocen los aciertos en cuanto al afianzamiento de las autonomías municipales y al incipiente surgimiento de un nuevo estilo de liderazgo político más articulado a los intereses locales, también se le cuestionan a la descentralización, entre otros aspectos, la alta carga que le ocasionan a las finanzas del Estado las transferencias de los ingresos de la nación a los entes territoriales, así como los limitados resultados obtenidos en el impulso a la dinámica participativa.

Se puede afirmar que en Colombia, con la promulgación de la Constitución de 1991, se llegó de nuevo sólo hasta las instituciones. Así, se han multiplicado las oportunidades de que la población se exprese en las urnas: elección popular de alcaldes y gobernadores, plebiscito, referendo, cabildo abierto, consulta popular, revocatoria del mandato, entre otras. Pero no se registran avances similares en la aparición de espacios de control social, de planificación participativa y de gestión de servicios básicos, como la educación y la salud, a nivel de las comunidades. Los padres de familia no tienen mayores posibilidades de injerencia en las decisiones de la escuela en donde estudian sus hijos, como tampoco cuentan los líderes comunitarios con las herramientas que les permitan ejercer la veeduría de las obras que se ejecutan en su entorno inmediato. La precariedad de espacios participativos permanentes en el nivel local, o aún zonal, lleva a pensar que los avances en materia de equidad social que la descentralización presupone, al propiciar una redistribución de recursos de poder en favor de los más pobres, también están lejos de lograrse.

No obstante las limitaciones señaladas, la proliferación de eventos de elección popular contenidos en la Constitución Política Nacional, ha llevado a concluir a algunos sectores de la sociedad que los problemas del país se deben a un exceso de democracia y no a una carencia de ella. Pero, independientemente de lo anterior, lo cierto es que, mientras Colombia no se comprometa con el principio de la igualdad de oportunidades para todos y cada uno de sus miembros, cualquier organización social que se establezca procesará las normas y las leyes de manera que unos se beneficien y otros no. Puede afirmarse, entonces, que sólo cuando se llegue a ese acuerdo fundamental acerca de la equidad, se dejará de vestir con ropajes democráticos a una sociedad cuya organización está diseñada para proteger a unos pocos y excluir a más del 50% de la población total.

B. El mito de la economía sólida

En América Latina ha prevalecido la idea de que Colombia ha logrado conciliar la estabilidad macroeconómica con el crecimiento sostenido, lo cual la ha colocado, en muchas ocasiones, como un caso de excepción, en medio de las vicisitudes que ha debido padecer el resto de la región, especialmente en la década de los ochenta, a raíz de la llamada crisis de la deuda. Sin embargo, como producto del intenso análisis a que ha sido sometida recientemente la economía colombiana, hoy es posible comparar los beneficios reportados por la aplicación del modelo económico seguido por el país, de los cuales el más destacado es, sin duda, la estabilidad, con los efectos negativos que se aprecian hoy, cuando se enfrenta el reto de la globalización.

Al evaluar las causas de la poca capacidad de inserción internacional que han demostrado los sectores históricamente importantes en este país, como la industria y la agricultura, los estudios ya señalados han revelado las razones económicas que han impedido un crecimiento más rápido, así como una distribución más equitativa de los beneficios de la estabilidad de la economía (Garay, 1998b y Echeverry, 1998).

La primera revelación de estos análisis es que en Colombia ha imperado la cultura de la no-acumulación y de la no-inversión. Así, en los últimos treinta años, las tasas de ahorro y de inversión privadas nunca han despegado de un nivel promedio muy moderado, a diferencia de otros países que, para desarrollarse, han tenido que, por lo menos, duplicar sus niveles de ahorro respecto al producto interno bruto, en sólo dos o tres décadas (Garay, 1998b).

Un segundo hallazgo importante de estos trabajos es que Colombia tampoco ha logrado modificar la estructura productiva del país, de una manera creativa y funcional al desarrollo económico (Garay, 1998c y Echeverry, 1998). Una característica que se observa con claridad, es que, durante la última parte del siglo, Colombia se ha desindustrializado, desagriculturizado y terciarizado.

Es así como se constata que, a diferencia de lo que sucede en las sociedades desarrolladas, los aportes de la industria colombiana al producto interno bruto son proporcionalmente reducidos, el sector no muestra una dinámica adecuada de diversificación y la localización de las fábricas en el territorio nacional no es la que requiere una economía abierta. En el caso de la agricultura, los trabajos prueban que no se ha dado una reconversión productiva hacia los sectores con gran potencial exportador. Más aún, los productos tradicionales –o sea, los más característicos de la economía campesina– registran una tendencia decreciente, la cual, a su vez, ha reducido las posibilidades de obtención de mejores ingresos, por gran parte de la población rural pobre. A su turno, el sector de servicios del país no es dinamizador de la economía y, por el contrario, es pasivo y no productivo.

Habría que agregar que la desagriculturización que se produce simultáneamente con la desindustrialización, tiene los efectos perversos de reducir la capacidad de crecimiento y de acumulación de la economía y de expulsar población rural hacia las ciudades. Estas últimas, por su parte, se han mostrado incapaces de absorber productivamente esta mano de obra. Se tiene, entonces, que, tal como lo afirma Garay en su trabajo, el país se ha movilizado hacia una desactivación productiva.

Por consiguiente, independientemente de los problemas coyunturales que han afectado al país en los últimos años y de los avatares que hoy enfrenta la economía mundial, Colombia ostenta un modelo de producción que no es sano, ya que éste se ha basado principalmente en la generación de rentas. Parte de su crecimiento ha obedecido a la ocurrencia de diversas bonanzas de origen externo y no necesariamente al esfuerzo innovador de los sectores productivos o de sus ciudadanos, y actualmente la dinámica económica del país se apoya bien sea en la explotación de recursos naturales, como el petróleo y el carbón, o bien en negocios ilícitos como la producción de droga.

Un tercer hallazgo, proveniente de los análisis recientes de la economía colombiana, se refiere a la evolución de la industria, durante los últimos cuarenta años. Al cotejar su trayectoria con el conjunto latinoamericano, se encuentra que el país se empezó a desindustrializar mucho antes que otros, sin que el sector hubiera alcanzado una alta participación dentro de la producción nacional. Más aún, a finales de los años setenta la industria nacional no había logrado la diversificación necesaria para generar una dinámica que le hubiese permitido no sólo responder a la demanda interna, como lo ha hecho hasta ahora, sino entrar a competir, además, en los mercados internacionales.

Adicionalmente, la apertura comercial y la internacionalización de la economía iniciadas al finalizar los ochenta han puesto en evidencia la debilidad de la industria colombiana y han sacado a la luz serios errores de política económica y social, cometidos por la dirigencia nacional, en el pasado reciente.

En primer lugar, se ha podido conocer que el país está pagando actualmente el costo de haberse empeñado, durante la vigencia del modelo proteccionista, en sustituir importaciones agrícolas y no en incentivar nuevos productos agropecuarios que tuvieran ventaja comparativa en el mercado mundial, como sí lo hicieron, en su momento, Chile y Argentina, entre otros países. Posteriormente, al someterse la producción doméstica a la competencia internacional, estos productos altamente protegidos no pudieron subsistir en el mercado. Se perdieron, así, tiempo y recursos económicos y, lo que es peor aún, quedaron vastos sectores del campesinado colombiano sin alternativas productivas reales y sostenibles. "El final de siglo y las nuevas realidades del entorno político y económico del mundo reciben al sector rural colombiano sumergido en una profunda crisis no reconocida adecuadamente en su magnitud y naturaleza" (Echeverry, 1998).

En segundo lugar, se hace cada día más apremiante la necesidad de replantear el sector financiero colombiano, calificado como oligopólico y de poca profundidad, y caracterizado, además, por sus altas tasas de interés, de intermediación y de rentabilidad. A lo anterior, se agrega su desproporcionado crecimiento en comparación con el registrado por otros sectores. En suma, los estudios revelan que la política financiera colombiana no ha actuado en consonancia con las nuevas realidades que procesos como el de la globalización plantean, que sigue profundamente segmentada y que su contribución a la vocación consumista del país ha sido inmensa, al dirigir sus esfuerzos a financiar el consumo y no a aumentar la capacidad productiva del país (Garay, 1998).

A los desfases ya enumerados en el campo económico, habría que agregar la existencia de otro problema que está profundamente relacionado con el desempeño del aparato productivo. Éste se refiere al rezago del sistema educativo y a sus implicaciones en la formación de los recursos humanos del país. Dada la actualidad que reviste la discusión de dicho tema, tanto por sus consecuencias netamente económicas como por sus repercusiones políticas y sociales, en este trabajo se analiza posteriormente con más detalle.

Para concluir este aparte, podría agregarse que no sólo en la esfera política se ha creado, estimulado y fortalecido el germen de la exclusión social, sino también que la organización económica ha contribuido a esta segmentación de los frutos de ese crecimiento moderado y estable que, hasta ahora, ha caracterizado al país. Es una realidad que Colombia se enfrenta actualmente a los hechos de no haber sentado bases sostenibles de crecimiento en el mediano y largo plazo, de utilizar ahorro externo para responder a su gran tendencia al consumo, de no poder alcanzar fácilmente los niveles de competitividad que requiere para insertarse, de manera firme, en el comercio internacional y de no haber distribuido equitativamente los beneficios de las diversas bonanzas externas que le permitieron crecer con estabilidad. Por consiguiente, su futuro económico está seriamente comprometido.

C. El mito de la pobreza como causa de la violencia

Existen muchos diagnósticos sobre los problemas del conflicto armado y de la violencia en Colombia. Recientemente, un estudio del Departamento Nacional de Planeación integró los hallazgos de varios de ellos y también logró avanzar en la presentación de nuevos resultados. Al revisar los apartes de dicho trabajo correspondientes al tema de los determinantes de la violencia, puede afirmarse que, contrariamente a lo que ha sido la interpretación tradicional, la pobreza *per se* no puede considerarse como la causa fundamental del conflicto. Resulta más importante en la explicación causal un factor como la desigualdad. Así, se tiene que cuando la inequidad se produce dentro de un contexto de crecimiento dinámico, donde el Estado es débil y no es capaz de asumir sus funciones básicas de pretensión de legalidad, de mediación en los conflictos, de provisión del bienestar colectivo y de formación de ciudadanía, tiene muchas más posibilidades de motivar el conflicto que un fenómeno de pobreza generalizada (DNP, 1998).

También se encontró, en el mencionado estudio que a menores niveles de participación ciudadana corresponden mayores índices de violencia. Mas aún, puede afirmarse que existe suficiente evidencia, para sustentar como hipótesis que la exclusión política y económica, que ha caracterizado la evolución de la sociedad colombiana, da origen a las dinámicas de la violencia en Colombia. Puesto en otros términos, podría decirse que en los fundamentos del sistema político y de la organización económica del país yace el problema actual de la sociedad colombiana y, por lo tanto, allí también debe buscarse su solución.

Se podría plantear como hipótesis, que los colombianos individualmente son demócratas, pero que, frente a un ordenamiento político, económico y social que sólo incluye y beneficia a unos pocos, reaccionan y expresan su inconformismo con violencia.

La exclusión, entendida como un fenómeno inherente tanto al sistema político como a la organización económica y social del país, parece ser el elemento que está en la base de los problemas de la violencia. Atacar la exclusión significa: primero, trascender el asunto de la eficiencia como única vía de solución, así como abordar el tema de la redistribución de activos y, segundo, garantizar un Estado que sea capaz de velar por el interés colectivo. Ambas acciones implican replantear los términos en los cuales se organiza el país en lo social y lo instituicional, lo cual, en último término, lleva a concluir que es necesario afectar la estructura de poder.

IV. Políticas de paz

No sólo existe hoy conciencia en el país acerca de la necesidad inaplazable de alcanzar la paz. También ha comenzado a ganar terreno la idea de que las razones que explican las distintas formas de violencia tienen un carácter estructural.

Sin embargo, estos problemas de fondo, a pesar de que son mencionados reiteradamente, hasta ahora no han sido tratados con la profundidad que se requiere, tanto para precisarlos como para producir las reformas que llevarían a superarlos. Es ésta, sin duda, una tarea que ha quedado pendiente. No obstante, se han dado dos pasos importantes en esta dirección: primero, la mayoría de los sectores de la opinión del país ha hecho del logro de la paz un propósito prioritario, y segundo, un número creciente de colombianos reconoce la necesidad de adentrarse en la identificación y el análisis de las causas estructurales del conflicto.

A. Algunas precisiones sobre el proceso de paz

Antes de entrar a formular planteamientos sobre políticas de paz, es fundamental establecer algunas precisiones sobre ciertos temas que, por su falta de claridad, confunden a la opinión nacional, a la vez que entraban los avances de un eventual proceso de negociación entre el Estado y los alzados en armas.

Ante todo, conviene tener claro que entrar en un proceso de paz no implica necesariamente la eliminación inmediata del conflicto armado. Primero, porque es muy poco probable, al menos por mucho tiempo, que cualquiera de las partes enfrentadas venza a la otra y se logre así la rendición de uno de los bandos (Rangel, 1998) y, segundo, porque aún cuando existiera la remota posibilidad de victoria de uno de los contrincantes, ésta por sí sola no resolvería los problemas estructurales que han originado la insurgencia y, en tal sentido, más temprano que tarde, podría reaparecer el problema.

El pacto bipartidista, que se reflejó en el Frente Nacional como alternativa de solución al fenómeno de la violencia política que vivió Colombia a lo largo de los años cincuenta, bien puede tomarse como un ejemplo ilustrativo de una solución no sostenible. La enseñanza que deja este tipo de manejo político es que los problemas, aunque atenuados, quedan latentes y así cuando estalla de nuevo el conflicto lo hace con mayor fuerza. Además, la persistencia de la confrontación representará un lastre para el desarrollo del país.

El gran desafío que tiene ante sí Colombia para avanzar en la búsqueda de la paz se evidencia en dos realidades. La primera de ellas se encuentra en la ingente tarea que significa derruir los mitos sobre los que se ha apoyado históricamente la sociedad colombiana. La segunda la constituye la misma persistencia de un fenómeno guerrillero que ha resistido embates militares del tipo operaciones de Anorí, reveses ideológicos como el fin de la guerra fría (simbolizado en la caída del muro de Berlín) y aún su desprestigio ante la opinión pública. Esto significa que es necesario pensar en un proceso de largo plazo, como lo han sido prácticamente todos los procesos de paz en la región, en el cual se trabaje por etapas y se construyan progresivamente los cimientos que deben servir de soporte a una nueva sociedad.

Pero también es claro que no es posible resolver todos los problemas al tiempo. Las lecciones de las experiencias internacionales deben utilizarse para diseñar el proceso de paz de la mejor manera posible, con el objeto de permitir que toda la sociedad asimile los cambios que se vayan dando como producto del mismo. Acelerar injustificadamente estas dinámicas puede significarle al país perder la oportunidad de realizar un cambio realmente de fondo y de sentar unas sólidas bases para un crecimiento sostenido, en el mediano y largo plazo. Por supuesto, esta aseveración no debe tomarse como un llamado a una prolongación innecesaria del proceso. Cuanto antes se llegue a la paz, tanto mejor para Colombia, pero lo importante es que sea una paz real y sostenible, así el país tome un poco más de tiempo en alcanzarla.

B. Grandes momentos de un proceso de paz

Con fundamento en la complejidad que caracteriza el problema de la violencia en Colombia y tal como lo aconseja la experiencia vivida por otros países que han solucionado por la vía política sus conflictos armados, este trabajo identifica tres grandes momentos para el desarrollo de un proceso de paz.

El primero de ellos, que coincide con la etapa de prenegociación, corresponde a la creación de consensos entre los diversos sectores de la sociedad sobre los temas fundamentales. En el caso colombiano, este momento implicaría primordialmente aglutinar la opinión nacional, no sólo alrededor de un diagnóstico de las causas del conflicto que sea ampliamente compartido, sino también en torno a la necesidad de reformar el esquema democrático restringido y de convertir el modelo económico y social en uno más equitativo y no excluyente. El reto es inmenso, pues para llegar a tales consensos es necesario cambiar los esquemas de poder que históricamente han imperado en el país. Pero de esta envergadura es el desafío que se enfrenta.

El segundo momento, corresponde a la definición de las propuestas de cambios estructurales, que deben ser el resultado de la negociación entre el Estado y los grupos alzados en armas.

El tercer momento, debe ser el de la implementación de los cambios y desarrollo de los mecanismos para garantizar la sostenibilidad de los mismos.

Aunque estos momentos pueden darse en forma paralela, hay que tener claro que el proceso, en su integralidad, no culmina mientras no haya terminado exitosamente cada uno de ellos.

Al revisar la experiencia colombiana, se hace evidente que los esfuerzos del país durante los últimos 16 años se han concentrado en el segundo de los momentos del proceso, o sea, el que corresponde a la discusión de las reformas específicas. Pero debe tenerse presente que, infortunadamente, este ejercicio tendrá pocas perspectivas de éxito, mientras no se hayan construido los consensos fundamentales. Por otra parte, también es verdad que, aunque la etapa de las negociaciones constituye pieza fundamental del proceso de paz, este último debe mantener su autonomía con respecto a los vaivenes que necesariamente caracterizarán la etapa de las discusiones con la insurgencia.

C. Primer momento: creación de consensos

El país ha avanzado en la preparación del terreno para una eventual negociación con los alzados en armas. Sin embargo, considerado en su integralidad, el proceso de paz requiere un intenso trabajo de concertación con los diversos actores del conflicto y con el resto de la sociedad colombiana.

Un ejercicio reciente denominado "Destino Colombia" convocó a un grupo de dirigentes de diversa procedencia, para que construyera posibles escenarios sobre el futuro del país. Posteriormente, Fedesarrollo –un reconocido centro de investigación de Colombia– cuantificó los resultados de dicho ejercicio, con el objeto de identificar sus implicaciones para el futuro próximo del país.

En el primer escenario, se asumía la continuación de la situación actual del país. En el segundo, se suponía que las partes del conflicto se sentaban a la mesa de negociación y establecían un gobierno de coalición nacional. En el tercero, se planteaba un régimen fuerte para ordenar el caos, y finalmente en el cuarto escenario se identificaba la necesidad de organizar a la ciudadanía para que rechazara la violencia y ejerciera el control de la gestión pública (Destino Colombia, Fedesarrollo, 1998).

Son interesantes los resultados obtenidos de este ejercicio. El peor desempeño, en términos económicos y sociales, lo presenta el escenario en el cual todo seguía igual. El crecimiento anual del PIB no supera el nivel del 3%, llegando al 2% a principios de siglo próximo; la demanda laboral empieza creciendo al 4% para reducirse después al 2%; el déficit fiscal consolidado alcanza el 3,5% y los flujos externos de capital pasarán de representar 5,5% del PIB en 1998 a 3,5% del PIB en el 2014.

En el campo social, la persistente situación de violencia hace que el crecimiento de la inversión sea muy pobre, lo que lleva a un bajo dinamismo de la productividad del capital y del trabajo. Este hecho se ve reforzado por el descuido del gasto en educación y salud, como consecuencia del ineficiente uso del presupuesto nacional. Estas cifras revelan que el relativo equilibrio que mantuvo la sociedad colombiana en las últimas décadas es insostenible y, más importante aún, que tal situación es el peor negocio para la sociedad, porque tan sólo se benefician unos pocos (Fedesarrollo, 1998).

En los otros tres escenarios, se logra conjurar la guerra interna, pero de diversas formas y con impactos distintos en el campo económico y social. Para sorpresa de muchos, el ejercicio reveló que el mejor escenario no es el de las negociaciones inmediatas de paz y de gobierno de coalición, sino el de la participación de toda la ciudadanía en la búsqueda de la paz. El clima de concordia y confianza que se desprende de la conciliación alcanzada en este último escenario garantiza un entorno económico propicio para la inversión, el crecimiento, el empleo y la productividad de los factores. De otra parte, los compromisos alcanzados en las negociaciones de paz permiten incrementar de manera significativa el gasto social, lo cual, junto con la reducción de los índices de violencia, se traduce en mayores niveles de bienestar de la población. Las cifras correspondientes son las siguientes: el PIB crecerá por encima del 3% hasta el 2010 y en el 2014 llegará al 5%; la demanda laboral aumenta durante todos los años considerados a un ritmo alrededor del 4%; el déficit fiscal consolidado se mantiene en niveles inferiores al 2,5% del PIB y los flujos de capital extranjero ascienden a cerca del 5% del PIB.

Los resultados de este reciente ejercicio confirman que la vía más adecuada para iniciar procesos duraderos de paz y negociaciones efectivas es el logro de "consensos". Dicho de otra manera, lo que ello indica es que no son los llamados dirigentes nacionales, quienes, sentados a una mesa con los jefes de los diversos ejércitos que existen en el territorio, van a lograr que el país se encamine por el sendero deseable. Los problemas son tan profundos y de tal magnitud, que sólo una movilización ciudadana de amplias proporciones puede producir el cambio.

1. Consenso sobre las causas del conflicto

El primer consenso que debe construirse es acerca de la naturaleza del conflicto y las causas últimas del enfrentamiento bélico. Por fortuna, hoy puede decirse que están dadas las condiciones para apoyar con información el logro de este propósito, puesto que el país ahora cuenta con los estudios que se requieren para darle el soporte analítico requerido y porque los diferentes acercamientos que se han dado entre el Estado, la sociedad civil y los grupos armados han permitido hacer explícitos intereses y posiciones de los diversos actores.

Hay que reiterar que es indispensable que toda la sociedad comparta un mismo diagnóstico, se apropie de él y lo enriquezca, como fruto de un proceso participativo. También es necesaria su amplia divulgación entre todos los ámbitos de la opinión del país. Sólo una dinámica de esta naturaleza produciría el consenso necesario acerca de los orígenes de la lucha armada, y con base en éste se han de desarrollar los siguientes momentos que este trabajo ha identificado para adelantar con éxito un proceso de paz en Colombia.

Sin duda, el logro del consenso en el diagnóstico es una empresa compleja. Para llegar a él, los actores del proceso (representantes del Estado, políticos, gremios económicos, militares, sociedad civil y guerrilleros), en muchos casos, deberán renunciar a su particular concepción del problema. Y, lo que es aún más drástico, algunos grupos deben estar dispuestos, desde este instante, a ceder parte del poder económico o político que hoy ostentan. Vale la pena tener presente que, de no llegarse a este gran consenso acerca de las causas del conflicto, el resultado será, sin duda, el fracaso cuando se entre al llamado momento de los acuerdos específicos sobre los problemas estructurales.

2. *Consenso sobre lo político*

Con base en un diagnóstico compartido, el otro gran acuerdo que debe lograrse se refiere al tema político. Sin tratar de desconocer la magnitud de las reformas que, con urgencia, requiere el país en esta materia, un acuerdo mínimo debería incluir tres grandes propósitos: (i) ampliar los espacios democráticos; (ii) dotar de contenido a la democracia, y (iii) reformar los partidos políticos.

i. *Ampliar los espacios democráticos*. Para modernizar el sistema político colombiano, es imperativo realizar el tránsito de una democracia formal a una real. La democracia restringida es uno de los problemas de fondo del país, muchas veces no identificado como tal. Pero no se trata simplemente de contar con más elecciones, ni de reducir la abstención en los procesos electorales existentes, lo cual, sobra decir, es conveniente. Lo que se busca es disponer de mayores espacios de participación efectiva, de todos y cada uno de los miembros de la sociedad colombiana.

   La participación debe ampliarse en aquellos espacios más cercanos a la gente, donde interactúan los ciudadanos diariamente, a saber: los barrios, los corregimientos, las veredas, los municipios. Así, para los intereses inmediatos de los padres de familia, es más importante el maestro que enseña a sus hijos, sobre cuya designación tienen pocas posibilidades de incidir, que el alcalde del municipio o el gobernador del departamento, a quienes sí pueden contribuir a elegir por medio de su voto.

   Hay que entender que el concepto de democracia no sólo se asocia con el incremento en el número de gobernantes elegidos popularmente, sino que va más allá del mero acto de elegir. La participación ciudadana debe ser activa entre elecciones y el elector debe contar con la capacidad de exigirle cuentas a quien elige, para lo cual necesita estar dotado de la información pertinente, así como acceder a los mecanismos e instrumentos adecuados para ejercer tal función. Si bien es cierto que pueden mejorarse los sistemas de rendición de cuentas (*accountability*), buscando reducir el costo económico y político de aplicarlos, es tarea prioritaria desarrollar sistemas de información que faciliten el ejercicio del control social de los elegidos por parte del electorado. Actualmente, existe información, pero ésta no es de amplio acceso al público y resulta costoso procesarla.

ii. *Dotar de contenido a la democracia*. Por lo anterior se entiende que debe darse pluralidad en el debate y en las contiendas políticas, pero también la existencia de propósitos nacionales ampliamente compartidos que deben servir de norte para la acción de las agrupaciones individuales. Significa que cada movimiento político debe contar con una base de principios democráticos que incluya la defensa de los valores de la libertad, la igualdad, los derechos humanos, la tolerancia, el respeto, la responsabilidad ciudadana, etc., lo cual también demanda eliminar los vicios que perturban aún a la parte instrumental de estos procesos, como son el clientelismo, el gamonalismo, la privatización de lo público, la compra de votos, etc.

iii. *Reformar los partidos políticos*. Sobre este tema se está trabajando actualmente en el Congreso en Colombia. Entre otros puntos fundamentales que tal reforma debe contemplar, se encuentran los siguientes: (a) partidos políticos que funcionen sobre la base de posiciones ideológicas que orienten una colectividad y no como una suma de intereses particulares, o de alianzas temporales con fines electorales; (b) un nuevo esquema de financiación de los partidos, para evitar la injerencia de intereses particulares que van en detrimento del beneficio de la colectividad. En Colombia, este punto de la reforma es particularmente importante, no sólo para erradicar la financiación proveniente de actividades ilícitas, sino también para eliminar uno de los peores problemas del país, a saber: la confusión de los intereses públicos con los privados; (c) un adecuado estatuto para la oposición, absolutamente imprescindible para que opere realmente la democracia; y (d) canales de participación para las minorías.

Objetivos últimos de todos estos esfuerzos, deben ser tanto la renovación de la dirigencia política del país, como la transformación de las costumbres políticas, las prácticas proselitistas y los sistemas mediante los cuales los líderes se relacionan tanto con las comunidades que constituyen su base electoral como con el Estado.

Esta renovación de la dirigencia debe partir de la incentivación y promoción de los nuevos líderes locales y regionales que han venido surgiendo, conforme avanza la descentralización, ligados a intereses colectivos, propuestas de desarrollo y compromisos genuinos con sus comunidades. Los nuevos dirigentes también deben reclutarse entre los representantes de la academia, la ciencia, la cultura, los gremios económicos, el sindicalismo, las organizaciones no gubernamentales y, en general, de todas aquellas agrupaciones que, por su razón social, están en capacidad de nutrir la conformación de una democracia regida por los principios de la transparencia y la vocación de servicio colectivo.

La nueva clase política que requiere el país debe sustituir a aquellos sectores que han hecho de la actividad pública un negocio y que han contaminado el manejo del Estado con intereses privados y, en ocasiones, ilícitos. Ésta debería ser una aspiración máxima del consenso político, dado que es imposible pensar en una democracia real, si ésta se fundamenta en unos valores errados acerca del manejo público.

Puesto que la corrupción se identifica como una de las más grandes amenazas para la sobrevivencia de la democracia, no sólo en Colombia sino en todo el mundo, el consenso político debe abanderar la lucha contra esta práctica, en mala hora enraizada en múltiples expresiones de la vida del país. La tolerancia que la sociedad colombiana ha profesado en los últimos años y a cuyo amparo progresó, revestida de legitimidad social, toda suerte de negocios ilícitos, debe dar paso al predominio absoluto de la ética en las actuaciones propias de las esferas pública y privada. Asimismo, es esencial que la cultura del ventajismo individualista y del enriquecimiento fácil sea sustituida por la revalorización del mérito y del esfuerzo personales, por el trabajo honrado y por el compromiso con aquellos propósitos colectivos que impulsan el progreso económico y el bienestar social del país.

3. Consenso sobre lo económico y lo social

Desde una perspectiva histórica, se podría decir que la buena reputación de que Colombia goza entre la comunidad internacional, en el campo económico, corresponde al adecuado manejo que se ha dado en el país a una serie sucesiva de bonanzas, tanto legales como ilegales. Pero, según se vio anteriormente, esto no ha sido suficiente para crear una estructura productiva capaz de sentar las bases de un desarrollo y bienestar social sostenidos. Mucho menos han contribuido ellas a lograr una distribución más equitativa del ingreso. Por tanto, dos propósitos:

el crecimiento sostenido y la disminución de la desigualdad, deben conformar la base del consenso sobre lo económico y lo social.

Como ya se mencionó, la generación de rentas provenientes de productos primarios es excluyente por definición. Dentro de un esquema de organización mundial que podría denominarse "segunda fase de la globalización", el gran cambio que debe buscarse en la economía del país consiste en sustituir la generación de rentas como gran pilar del crecimiento, por una dinámica productiva que cause no sólo riqueza en los diversos sectores económicos, sino un crecimiento sostenido que permita competir internacionalmente. Sólo una economía que cree empleo productivo puede asegurar un proceso de crecimiento cuyos beneficios se distribuyan más equitativamente.

Es particularmente difícil elaborar la agenda de este consenso. Hoy se identifican problemas en gran parte de los frentes productivos que tradicionalmente han impulsado la dinámica económica del país, como el café, el petróleo, la industria manufacturera y el sector agropecuario. Y aunque hay en el horizonte nuevos sectores como el de telecomunicaciones y el de infraestructura, entre otros, y nuevos subsectores como las flores, la acuicultura y los frutales, que podrían entrar a fortalecer la economía, hasta el momento el hecho real para el país es que se registran tanto una desaceleración de la actividad productiva como un problema serio de competitividad para participar en el mercado internacional.

Pero como los problemas de fondo de la sociedad colombiana son, por un lado, su gran incapacidad para generar equidad, aún con crecimiento económico y, por el otro, su peculiar tendencia a socializar costos en momentos de crisis, no basta con buscar, por medio de consensos, una mayor dinámica económica. Pero tampoco la solución a un problema, que es profundo, debe limitarse a un mejor manejo de los instrumentos de la política social. Por el contrario, la permanencia de la inequidad y de la injusticia social del país, consideradas causas primordiales de la lucha armada en Colombia, demanda, para su superación, acciones drásticas ubicadas en la base misma de la generación de la riqueza y los ingresos. Ello significa que la eliminación de las desigualdades no será posible sin un replanteamiento en la asignación de los activos productivos más importantes, y sin cambios significativos en la forma como se distribuyen los costos, cuando los sectores más poderosos de la sociedad incurren en pérdidas.

En este punto, debe advertirse que es equivocado pensar que únicamente mediante la utilización de los instrumentos de la política social se pueda lograr la equidad. Y habría que agregar que, aunque todavía el país requiere producir reformas sustantivas en esta materia, tal como es el caso, entre otras áreas, de la educación y la formación de recursos humanos, el uso de dicha política como mecanismo redistributivo parece estar agotándose. Es en el aparato productivo y en la redistribución de los factores de producción, donde habría que empezar a concentrar la atención. Ello significa que hay que llegar a los fundamentos de la distribución del poder en la sociedad colombiana, no sólo político sino también económico. Únicamente, cuando el país, como un todo, se comprometa con el objetivo de lograr una sociedad donde se eliminen las desigualdades injustificables, se podrá decir que ha encontrado el camino para llegar a la paz[2].

Frente a este inmenso reto, no queda otra vía que lograr un consenso nacional alrededor de la búsqueda de un sistema económico mas equitativo, solidario y sostenible. Si se llegara a concretar el acuerdo sobre el diagnóstico del conflicto armado y sobre la necesidad de tener una verdadera democracia, se habría dado un paso significativo, pero no definitivo, para alcanzar el consenso económico y social. También es bastante probable que, como propuesta de solución, quienes detentan el poder estén más inclinados a ampliar la participación de la ciudadanía que a aceptar una redistribución real de las oportunidades económicas y, menos aún, del poder político. Sin embargo, la escalada del enfrentamiento armado que se ha registrado en los últimos años, con sus serias implicaciones en la actividad económica, de cierta manera ha sensibilizado a los sectores privilegiados, por lo cual se espera de ellos una actitud más positiva para producir este cambio radical en la vida del país.

Muchos países, incluso dentro de la misma región latinoamericana, han logrado incluir en su proceso de desarrollo a aquellos sectores de la población que históricamente han carecido de oportunidades, lo cual significa que no se trata de una aspiración imposible de alcanzar.

---

2 Debe mencionarse el caso del Uruguay, país en el cual la educación básica es pública y obligatoria y, además, por ubicarse fuera del Ministerio de Educación, corre menor riesgo de politizarse. La educación, así concebida, se ha identificado como la forma de construir una sociedad donde la igualdad de oportunidades sea una realidad.

Las transformaciones que se requiere realizar en este campo son precisamente las que se han postergado históricamente en Colombia. Entre ellas, se encuentran las reformas en el acceso a la propiedad rural y urbana; la democratización del capital y una reforma tributaria, en la cual las cargas impositivas se distribuyan de acuerdo con las capacidades económicas reales de los contribuyentes.

Pero más aún, en un proceso de construcción de la paz no puede ignorarse el tema del crecimiento económico. Dentro del contexto de la globalización, el proceso de inserción internacional de la economía colombiana debe continuar. Sin embargo, actualmente cuando el Consenso de Washington se encuentra en discusión, se abre una gran oportunidad para que en la segunda fase de la globalización, que ahora se inicia, se tenga en cuenta la situación específica de países que, como Colombia, requieren retomar una senda acelerada de crecimiento.

Pero, en este campo, el cambio de fondo que debe efectuar la sociedad colombiana consiste en transformar las bases de su crecimiento. Los sectores productivos, en particular la industria y el agro, deben ajustarse a las nuevas realidades e incursionar, de manera seria, en el campo de la competitividad.

En cuanto a las posibilidades de ayuda externa, la actual coyuntura le representa a Colombia, paradójicamente, una gran oportunidad. En efecto, en un momento en el cual la erradicación de la pobreza y la búsqueda de la equidad empiezan a ocupar la máxima prioridad, dentro de la agenda del desarrollo mundial (López M., 1998), las propuestas para superar la exclusión, más aún cuando se formulan dentro de un contexto de búsqueda de la paz, encontrarán comprensión y apoyo dentro de las agencias multilaterales de desarrollo y de cooperación bilateral. Se dará una gran coincidencia entre sus objetivos y los propósitos del país. De esta forma, no sólo sería posible obtener amplia colaboración para el proceso de paz, sino que Colombia podría entrar a recuperar su deteriorada imagen al formar parte del grupo de países en desarrollo que se compromete con las nuevas prioridades mundiales (*véase* PNUD, Informe sobre desarrollo humano, 1998).

Estas posibles oportunidades de ayuda externa, no se presentarán sólo en el campo social. Si alguna razón válida tiene Colombia para solicitar a la comunidad mundial tratamientos preferenciales en el comercio y en la financiación del desarrollo, es encontrarse comprometida en un proceso de paz, con el cual se está buscando resolver el problema básico de origen del enfrentamiento: la exclusión política, económica y social.

D. Segundo momento: cambios estructurales

Sobre la base de los consensos logrados en el primer momento, acerca de las causas del conflicto armado y los sistemas político y económico, en un segundo momento corresponde plasmar dichos acuerdos en una serie de propuestas de cambio que permitan crear las condiciones para la construcción de un país con una sólida perspectiva de desarrollo, más equitativo y tolerante.

Puesto que muchos de los problemas de exclusión, tanto política como económica, están relacionados con la incapacidad del Estado de preservar el interés colectivo, el tema institucional constituye un campo prioritario de las reformas. Un Estado eficiente, y que efectivamente vele por el bien común, es fundamental para crear nuevas condiciones para el desarrollo.

Sin embargo, el tema de la transformación institucional no es el único. La reforma agraria, la competitividad, la democratización del capital, la reforma de la justicia y los programas sociales, son temas que, con seguridad, formarán parte de una agenda de negociación con la guerrilla. A continuación, se presentan algunas propuestas sobre estos asuntos cruciales, en torno a los cuales se podrían formular políticas para la paz. Vale la pena aclarar que, de ninguna manera, las reformas que se plantean en este trabajo pretenden agotar los temas que debería abarcar una agenda de negociación.

1. Transformación institucional

En una concepción más amplia, la institucionalidad se entiende como el conjunto de normas formales e informales por las cuales se rige la sociedad. En este sentido, los consensos en lo político y lo económico, que ya han sido tratados en este trabajo, llevan necesariamente a nuevas formas de interacción entre los diversos actores de la sociedad y a nuevas expresiones de la organización institucional.

El logro de la paz requiere una nueva institucionalidad, en la cual como elemento básico se replantee la relación entre lo privado y lo público. El Estado colombiano debe recuperar su función natural de "preservar el interés colectivo". De este principio debe partir un proceso social de reconstrucción nacional, en el cual el sector público y el privado mantengan condiciones de relativa autonomía (Garay, 1998). Para que este nuevo tipo de relación se dé en el país, es fundamental alcanzar un alto nivel de coordinación entre los diversos agentes productivos y el Estado. Pero no sólo se trata de que este último reduzca sus funciones y se limite a desempeñar aquéllas de carácter público, sino que también se pretende que los agentes privados cambien y asuman la responsabilidad de gestar, financiar y administrar, en conjunto, actividades que generen externalidades y economías de escala, tanto para provecho propio como para el beneficio colectivo. Esto representa un verdadero cambio de fondo en el país.

Al abordar el tema de la privatización de las funciones estatales, se debe abordar, de entrada, el fenómeno que se registra en Colombia con la administración de justicia por parte de particulares y que se conoce como paramilitarismo. Las violaciones a los derechos humanos, los genocidios indiscriminados y el desplazamiento forzoso son, entre otras, secuelas dolorosas e inaceptables de esta práctica, que, sin duda, hace más compleja la caracterización de la violencia que se vive en el país. El manejo de este problema puede convertirse en un escollo para el proceso de paz. Pero debe quedar claro que si en algún campo el Estado colombiano no puede delegar su responsabilidad, es en el del mantenimiento del orden y la administración de la justicia. El gran vacío que existe en este aspecto ha propiciado lo que para muchos constituye una guerra sucia, cuya principal víctima es la población civil de bajos ingresos.

La utilización de las entidades estatales para satisfacer intereses particulares se ha convertido, en los últimos años, en una de las grandes endemias de la sociedad colombiana y es causa de la más rampante corrupción. Y aunque los señalamientos en este aspecto acostumbran referirse particularmente al sector público, también hay que aclarar que la corrupción no es ajena a las esferas de la actividad privada. Por otra parte, el sector privado del país no sólo se caracteriza por su escasa solidaridad, sino que, además, se ha acostumbrado, con el apoyo de los gobiernos de turno, a socializar sus pérdidas, pero no así sus ganancias.

Al tratar el tema de la institucionalidad es necesario contemplar unas áreas estratégicas de intervención, como son: (i) la generación de sistemas de información orientados al control social; (ii) el fortalecimiento de superintendencias y comisiones reguladoras; (iii) el impulso a nuevos desarrollos institucionales para las regiones dentro de la frontera productiva del país, y (iv) la realización de "alianzas estratégicas" entre el Estado y la sociedad civil. Cada una de estas áreas será analizada posteriormente.

Debe advertirse que cualquier eventual avance en el campo institucional presupone que el consenso sobre el tema político será respetado e implementado. De lo contrario, ninguna de las iniciativas contempladas tendría mayores posibilidades de impacto.

a. Generación de sistemas de información orientados al control social

En la medida en que muchas de las actividades del Estado se desarrollan donde no existen mercados competitivos, aquél difícilmente puede guiarse por criterios que, como la búsqueda de ganancia, son propios del sector privado. Es, entonces, necesario desarrollar esquemas alternativos de control social que permitan ejercer presión para lograr la eficiencia de las entidades públicas. Lo fundamental sería que los usuarios de los servicios estatales pudieran ejercer dicha vigilancia, lo cual podría lograrse en la medida en que "se cobraran cuentas" a los servidores del Estado.

El logro de este propósito demanda trabajar en dos frentes. Por un lado, los usuarios deben vincularse a procesos de organización y participación, en torno a los servicios de los cuales son beneficiarios, propuesta que, a su vez, es consistente con las ya presentadas en este trabajo, en el aparte concerniente al consenso en lo político. Por otro lado, el Estado debe desarrollar sistemas de información para el control social, de forma tal que cualquier persona interesada, sin mayores requerimientos de capacitación especializada, pueda tener fácil acceso a ella, cuando la requiera con el objeto de ejercer esta función.

b. Fortalecimiento de superintendencias y comisiones reguladoras

Aunque hay que aceptar que, en los últimos años, en Colombia, las superintendencias y más recientemente las comisiones reguladoras han asumido un papel cada vez más importante, lo cierto es que hoy en día distan mucho de lo que se podría esperar de ellas, como entidades responsables de velar por los asuntos colectivos. Salvo la Superintendencia

Bancaria, que cuenta con una mayor trayectoria, las demás superintendencias y comisiones reguladoras difícilmente están, en la práctica, en capacidad de velar por los intereses del conjunto de la sociedad, cuando en medio del juego se encuentran importantes grupos de poder.

Para fortalecer a estas entidades, se debe desarrollar una estrategia de mediano y largo plazo, la cual debe contemplar, entre otros programas, la investigación sobre los sectores de su competencia, la capacitación, la consolidación de sistemas de información y los intercambios internacionales.

Insistir en el fortalecimiento de las entidades supervisoras o reguladoras del Estado es consistente con la idea de que el énfasis no debe colocarse en el gasto presupuestal, cuando se tiene claro que ésta no es la solución de los problemas fundamentales, ni la situación fiscal actual del país da mayor margen de maniobra.

c. Alianzas estratégicas entre el Estado y la sociedad civil

El tema de la transformación institucional no puede limitarse al aparato estatal. También debe incluir el papel de agrupaciones tan importantes como los gremios económicos, los sindicatos y las organizaciones no gubernamentales, en especial si se tiene en cuenta que se trata de crear una nueva relación privado-colectivo-pública.

En la perspectiva de la creación de condiciones para el desarrollo de una nueva sociedad, va a ser necesario sumar la mayor cantidad de esfuerzos, allí donde se puedan crear alianzas estratégicas entre la sociedad civil y el Estado. Esta unión permitiría superar cuellos de botella que, tales como la constatación de la existencia de un Estado débil, se pueden presentar al inicio del proceso. En todo caso, debe quedar claro que, en cualquier alianza que se establezca, no se puede llegar a delegar o transferir las responsabilidades fundamentales del Estado.

Pero, en una eventual asociación Estado-sociedad civil, esta última tampoco debe limitarse a reemplazar al primero en funciones económicas bajo su supervisión, sino que debe asumir nuevos compromisos, en campos que tradicionalmente han sido ajenos a ella, como son, por ejemplo, la superación de la pobreza y el logro de la equidad. En lo que concierne a Colombia, por esta vía, se llega a la necesidad de ampliar la participación de la ciudadanía, en este caso, como elemento de la nueva institucionalidad.

d. Desarrollo de programas regionales

Existen varias razones que justifican el desarrollo de programas regionales. En primer lugar, porque en los niveles regionales y locales se desarrollan los procesos básicos de participación ciudadana e interactúan los principales actores sociales. En tal sentido, es en esos niveles en donde deben diseñarse los programas para el desarrollo de nuevos esquemas institucionales.

En segundo lugar, las estrategias de base regional permiten a las comunidades locales acercarse al proceso de toma de decisiones, en lo que tiene que ver con el diseño, planificación y gestión de los programas y proyectos, con lo cual se fortalece la participación democrática. Pero, probablemente una de las implicaciones más importantes de este tipo de estrategias es su posibilidad de contribuir al surgimiento de un nuevo liderazgo político, o sea, a la gestación de una clase dirigente, de arraigo regional, verdaderamente comprometida con los intereses genuinos de sus comunidades de base y, por esta misma razón, menos proclive a caer en viejos y arraigados vicios como el clientelismo y la corrupción. En este campo de los programas regionales, el país ya cuenta con experiencias valiosas. Los Programas para las Comunas en Medellín, los Planes para el Urabá y más recientemente el Programa de Desarrollo y Paz del Magdalena Medio son ejemplos que vale la pena analizar en mayor detalle.

No obstante las ventajas anotadas, un hecho cierto es que no todas las demandas de desarrollo regional deben ser atendidas, pues, en ocasiones, provienen de territorios ubicados fuera de la frontera de producción agrícola, por lo cual su atención resulta excesivamente costosa en materia de inversión de recursos y también perjudicial en términos ambientales.

1. *Reforma agraria.* La reforma agraria es un tema recurrente cuando se entra a analizar el problema de la violencia en Colombia y, sobre todo, cuando se tratan los puntos importantes en una agenda de negociación con grupos alzados en armas. La redistribución de la propiedad rural continúa siendo una de las principales demandas de los grupos guerrilleros. Adicionalmente, la literatura especializada reconoce como prioritaria la necesidad de distribuir activos, como estrategia para reducir la

pobreza y mejorar la equidad. El acceso a la tierra se identifica como pieza fundamental para lograr estos propósitos (De Janvry, 1998).

Pero si ha sido constante dicho tema en el orden del día, también son recurrentes los fracasos que reporta la sociedad, en el momento de realizar un balance sobre los avances en este campo.

Colombia, a diferencia de muchos países en desarrollo, no realizó, en su momento una verdadera reforma agraria. Quizás, no existe en el país otra muestra más representativa y contundente que ésta de las llamadas reformas postergadas. El desarrollo legal en materia de tierras, desde la Ley 200 de 1936, pasando por la Ley 135 de 1961, hasta llegar a la Ley 160 de 1994, conforma una larga y desafortunada historia de cómo distintos intereses, desde diversos escenarios, han entrado en juego, con el propósito de hacer inoperantes las normas y restarles efectividad. No debe, pues, causar sorpresa que la Colombia de finales del siglo XX tenga que dedicar tiempo, esfuerzos y recursos a un tema que, como el de la reforma agraria, constituye un anacronismo y un capítulo ya cerrado en el camino del desarrollo de muchos países en el mundo.

Por múltiples razones, hoy en día no se trata de lograr aquello que no pudo realizarse en el transcurso de más de seis décadas. La situación actual y las perspectivas del sector rural son otras. Primero, el sector rural se ha transformado (Berdegué, 1998). Así, además de los cultivos y de la cría de animales, cada día pesan más las llamadas actividades extraparcelarias: agroindustria, comercio y servicios. Segundo, hoy se acepta que más importante que la propiedad es el acceso a la tierra y, de hecho, en las políticas de redistribución del patrimonio rural han surgido estrategias como el mercado de tierras así como novedosas formas de arrendamiento. Tercero, la globalización requiere producciones competitivas, para las cuales la tierra es un factor necesario, pero no suficiente. De esta manera, para los productores que no tengan un potencial competitivo claro, la sola asignación de predios no resuelve su problema.

No obstante las observaciones anteriores, es fundamental comprender el contexto dentro del cual se han ubicado los esfuerzos por transformar la propiedad rural en el país. Este propósito no se ha realizado no sólo por causa de instituciones inadecuadas o de falta de recursos. Por el contrario, estas limitaciones, que es cierto existen, no son más que expresiones de problemas más profundos. La razón fundamental para que, por ejemplo, esquemas modernos como la reforma agraria con orientación de mercado no funcionen en Colombia, cuando han sido exitosos en Sudáfrica y en cierta medida en el Brasil, puede encontrarse más en el hecho de que la tierra aún es la base y el símbolo del poder económico y político para muchos sectores del país, que son los mismos que han obstaculizado la implementación de las reformas.

En este mismo sentido, el acuerdo institucional que prevalece defiende los intereses particulares, en detrimento de los colectivos. Por consiguiente, la conclusión lógica es que cualquier reforma agraria o programa para el campo que se adelanten sin modificar las estructuras de poder existentes, no resuelven los problemas fundamentales, ni crean las condiciones para un desarrollo de largo plazo.

El punto central de la discusión se encuentra en la necesidad de obligar el uso productivo de la tierra, para evitar el atesoramiento y la especulación. Hoy en día, el acceso a este recurso no sólo es un problema de justicia social sino de eficiencia (Echeverry, 1998). Modificar la estructura de impuestos sobre la propiedad rural para castigar su no utilización productiva, y agilizar los procesos de asignación de predios que provengan de la extinción del dominio deberían ser componentes fundamentales dentro de una política general de tierras. Estos temas han sido planteados, aun por sectores conservadores del país, sin que esto signifique que hayan sido incorporados plenamente al debate o a las estrategias.

El tratamiento del tema de la reforma agraria debe estar articulado al ordenamiento territorial. En Colombia, una parte muy significativa de los municipios y departamentos no son viables, en términos productivos. De otro lado, la dinámica expansionista de la ocupación del territorio, que tiende, cada vez más, a desplazar la frontera agrícola a costa de las zonas de reserva ambiental, responde a factores tanto políticos como económicos y se constituye en un incentivo a la creación de entidades territoriales que, por su misma ubicación geográfica, no son viables económicamente.

Se presenta, entonces, un problema de utilización de la tierra. Por las condiciones normativas e institucionales que existen para el campo (normas sobre ordenamiento territorial, estructura de los impuestos, programas de prestación de servicios públicos, etc.), los mejores predios y los más cercanos a los centros de consumo están afectados por procesos especulativos. Se crea, así, una situación donde predomina la valorización como fuente de rentabilidad, en desmedro de la producción, puesto que las unidades productivas difícilmente pueden asumir las exigencias económicas asociadas a la especulación (aumento del precio de la tierra, mayores costos de los servicios públicos, cobros de impuestos de valorización, etc.).

Esta expansión de la frontera agrícola ocasiona sobrecostos en la acción estatal y reducción de competitividad para los productores. Se pierden las economías de aglomeración y las economías de escala para la prestación de servicios, lo que implica más tiempo y esfuerzos para atender las necesidades básicas de la población.

El manejo clientelista del Estado agrava, aún más, esta situación. La clase política presiona frecuentemente para que sean creadas nuevas entidades territoriales (departamentos y municipios), hecho que contribuye a la reproducción de las costumbres políticas tradicionales. No debe olvidarse que cada nuevo ente territorial significa más burocracia y más presupuesto[3].

En este contexto, la mera política de compras de tierras, aun dentro de la frontera agrícola y a pesar de que venga acompañada de los correspondientes programas complementarios de adecuación predial, asistencia técnica, proyectos productivos, etc., no resuelve el problema, por cuanto la dinámica especulativa termina por desplazar a la actividad productiva y, en especial, por expulsar a los pequeños propietarios hacia tierras de inferior calidad, en donde la producción es menos competitiva.

Esos argumentos refuerzan la idea de que lo importante es gravar el uso inapropiado de la tierra, de forma tal que se aumente el costo de oportunidad de mantenerla improductiva y se estimule su movilidad en el mercado, para que quien realmente tenga el interés y la posibilidad de trabajarla eficientemente pueda adquirirla[4]. En esta dirección, el primer paso consiste en definir la verdadera vocación de uso de la tierra,

---

3 Esta situación se da por un problema de diseño en la fórmula de distribución de los ingresos corrientes de la nación. La suma del presupuesto del municipio anterior y del municipio segregado resulta mayor que el presupuesto de que disponía el municipio original antes de su división. Esto en razón a la participación en la alícuota que establece la formula de la Ley 60.

4 El impuesto que se cobre debe aumentar el costo de oportunidad a quien posea tierras improductivas, a tal punto que no le resulte negocio esperar a la valorización. Formalmente, el valor presente neto esperado de la valorización debe ser menor que el valor presente neto del costo de poseer la tierra.

para lo cual debe trabajarse en la formulación de Planes de Ordenamiento Territorial.

Lo ideal en este proceso sería elaborar primero un plan de ordenamiento del país, con la participación de las regiones, para luego descender a planes regionales y finalmente a los municipales. Otra opción sería promover el trabajo en equipo, de manera voluntaria, de municipios vecinos que, en conjunto, conformen una región con potencial de trabajo integrado.

Una vez hayan sido definidos los usos de la tierra, los instrumentos de intervención del Estado (impuestos, inversión en infraestructura física, programas sociales, etc.) deben aplicarse en función de consolidar y reforzar el ordenamiento establecido.

2. *Competitividad y democratización de la propiedad.* Tal como se ha insistido a lo largo de este trabajo, hacia el futuro el panorama del desarrollo nacional podría llegar a ser crítico. No resultará fácil, para un país como Colombia, manejar un problema como el de la violencia, heredado de una época de crecimiento sostenido, en un período de estancamiento económico. Sería como pasar de una situación donde inicialmente se dio una lucha por la participación en la riqueza, a otra en la cual la confrontación mantiene sus dinámicas, pero el objetivo por el cual se luchó ha desaparecido, mientras permanecen los problemas de pobreza, en medio del conflicto social.

En relación con el tema de la competitividad, ya se vio en el aparte precedente cómo el uso intensivo e ineficiente de recursos, en particular de los recursos naturales, está generando una estructura productiva que, además de ser nociva para el desarrollo del país y perjudicial para el medio ambiente, no propicia la mejor distribución del valor agregado. Estos casos de sobreexplotación de los recursos, constituyen una situación donde lo que predomina es el manejo de las rentas, hecho que otorga al poseedor de los mismos una posición dominante para apropiarse de la mayor participación posible del valor agregado.

En este contexto, resulta necesario hacer de la competitividad un tema prioritario en el debate sobre las soluciones al problema de la lucha armada en Colombia, por dos razones básicas. En primer lugar, porque es menester mantener tasas de crecimiento de la economía, que sean, al menos, similares a las que históricamente ha registrado el país, lo cual es condición necesaria, mas no suficiente, para poder aspirar a mayores niveles de bienestar. En segundo lugar, porque se requiere alcanzar un modelo de crecimiento sostenible y menos dependiente de las rentas, que permita, a su vez, establecer términos más equitativos para la distribución de la riqueza y del valor agregado.

Puesto que en el contexto de la globalización existen muchas restricciones al uso de los instrumentos tradicionales de política económica por parte de los gobiernos nacionales, cuando un país aborda el tema de la competitividad, uno de los temas estratégicos en que se debe trabajar es el de la ciencia y la tecnología. Los voceros de los grupos alzados en armas de Colombia le otorgan a esta área una importancia significativa, tanto así que no sólo se encuentra dentro de los puntos fundamentales de su agenda de discusión, sino que demandan para ella específicamente una inversión del 10% del presupuesto nacional.

Habría que agregar que, en lo que se refiere al sector productivo, deben consolidarse los componentes de innovación y desarrollo tecnológico, en la dirección de mejorar la productividad total de los factores, uno de los principales determinantes del crecimiento de la producción.

Esta línea de trabajo resulta estratégica en las actuales circunstancias. Primero, porque permite generar, en corto tiempo, un aumento de la producción en condiciones más competitivas. Segundo, porque una mayor productividad maximiza el uso de los recursos existentes, antes que recurrir a nuevas inversiones, lo cual es fundamental debido a los problemas de ahorro e inversión que registra el país. Y tercero, porque se crea un espacio donde las relaciones capital-trabajo pueden encontrar un ambiente de concertación dentro de un esquema en el cual todos ganan. Hoy es más válido que nunca reconocer que la mayor productividad permitirá a las empresas obtener, además de un incremento en la producción, una mejor rentabilidad, resultados que, a su vez, ofrecen la posibilidad de mejorar la remuneración a los trabajadores.

Ahora bien, para garantizar que el capital no se apropie de todo el valor agregado que se ha generado con los incrementos en la productividad, debe buscarse que los empresarios, como miembros de una sociedad que busca la convivencia, acepten esquemas de distribución del valor agregado, en los cuales la equidad sea uno de los criterios básicos para determinar la remuneración.

Para efectos de tal distribución, pueden explorarse tres alternativas: (i) adopción de nuevos esquemas de remuneración salarial menos inequitativos; (ii) participación accionaria de los empleados, o (iii) participación de los trabajadores en las utilidades de las empresas[5]. La aplicación de estas opciones representaría tanto un quiebre histórico en la relación obrero-patronal del país, como un aporte significativo en la dirección de buscar una sociedad más equitativa y pacífica.

Dos instrumentos específicos podrían considerarse para trabajar con el sector productivo. En primer lugar, los programas de mejoramiento de la gestión empresarial que hacen énfasis en la utilización eficiente de los recursos, antes que en nuevas inversiones y, en segundo lugar, tanto la consolidación de los centros de desarrollo productivo como su articulación a los programas de mejoramiento, de forma tal que las empresas no frenen su desarrollo productivo en una primera etapa de cambio tecnológico.

3. *Políticas de inversión social.* En Colombia, el problema de la pobreza se ha enfrentado, principalmente, mediante el incremento de la inversión del Estado en los sectores sociales más importantes, como la salud, la educación, el saneamiento, etc. De hecho, hoy en día, a nivel latinoamericano, el país se encuentra en el rango superior de gasto público en inversión social como porcentaje del PIB.

Los resultados de tal aplicación del gasto han sido positivos, si se observa la constante disminución que ha registrado el porcentaje de colombianos con necesidades básicas insatisfechas. Sin embargo, este progreso contrasta con el poco avance que se ha logrado en la reducción de la pobreza por ingresos, o sea, cuando ésta se mide por la línea de pobreza[6]. Es importante destacar que la diferencia entre los dos indicadores muestra cómo el Estado colombiano ha buscado enfrentar el problema, sin atacar la raíz del mismo. Se atiende a la población, pero no se le garantizan las condiciones de ingreso para que ella misma pueda satisfacer sus necesidades, ni se contemplan procesos de redistribución de la riqueza. Esto último muestra que la preocupación por

5 La fórmula que se escoja debe evitar ocasionar un desestímulo a la inversión.

6 La diferencia entre la medición por necesidades básicas insatisfechas y la línea de pobreza es que la primera indica si se dispone o no de servicios esenciales, mientras que la segunda determina las posibilidades de adquisición de una canasta básica de bienes y servicios, según niveles de ingreso.

atender el problema de la pobreza en el país ha llegado siempre hasta aquel punto donde no se altera la distribución del ingreso, lo cual impide que se reduzcan verdaderamente las desigualdades.

Para la formulación de políticas en el campo social en este momento del proceso, que se ha denominado de cambios estructurales, deben realizarse planteamientos a dos niveles. Así, primero, hay que precisar qué transformaciones deben darse en lo que actualmente se considera política social, para definir luego en qué nuevas líneas se requiere trabajar.

Dentro de dicha política, el caso de la educación amerita especial atención. Nadie niega que el país está en mora de emprender una verdadera revolución en este sector. Se han realizado muchas reformas parciales que, sin duda, han reportado algunos beneficios. Pero la sociedad y el Estado colombianos han actuado muy tímidamente en lo que concierne a proponer un replanteamiento de fondo, tanto en los objetivos de la educación como en el funcionamiento del sistema educativo.

Como se mencionó anteriormente, en el Uruguay se decidió que es la educación básica, obligatoria, pública y despolitizada la que contribuye a la construcción de una sociedad igualitaria. En Colombia, por el contrario, las grandes diferencias en calidad han convertido a la educación en un factor de desigualdad: se imparte educación pobre para los pobres y buena educación para los sectores ricos. Todo esto sucede, mientras el volumen de recursos fiscales dedicados a este servicio ha aumentado significativamente y los docentes reciben mejores salarios que en el pasado. Pero, pese a este incremento en las asignaciones presupuestales, la baja calidad de la educación pública, y aun de la privada, es un hecho innegable y realmente muy preocupante.

En la medida en que la educación se considera uno de los más poderosos instrumentos para alcanzar un acceso más equitativo a las oportunidades del desarrollo, una verdadera reforma educativa debería plantearse como un claro instrumento para lograr una sociedad igualitaria. Cambios tecnológicos ya probados en otros países; reformas en el *currículum* para que éste transmita los nuevos valores que la sociedad requiere; la evaluación a los maestros, prevista pero postergada, inexplicablemente, por los diversos gobiernos en los últimos años; la autonomía de la escuela y la injerencia de las juntas de padres de familia en su manejo, son algunos de los elementos que llevarían a darle a la educación el papel preponderante que debería jugar en la construcción de la nueva sociedad colombiana.

Sin embargo, el país no puede caer en la posición simplista de pensar que con un nuevo sistema educativo se elimina la exclusión, ni desechar totalmente los beneficios que aún puede reportar al país una política social bien concebida y aplicada. Acerca de lo primero, en este trabajo se ha insistido en que esta última no es el único instrumento en poder del Estado para acercarse a la equidad y que existe la necesidad de contemplar alternativas como pueden ser la redistribución de la riqueza y los cambios en la forma de distribuir el valor agregado.

Con respecto a las potencialidades de la política social, hay que aceptar que los programas de bienestar seguirán siendo importantes para los grupos de más bajos ingresos, en los cuales debe focalizarse el gasto. El país registra, todavía, serios problemas de cobertura en algunos servicios básicos, especialmente en las zonas marginales de las ciudades y en el área rural. Pero, aún allí en donde se atiende a una gran proporción de la población, la calidad de los servicios públicos se ha convertido en causal de inequidad social, tal como quedó ilustrado con el caso de la educación.

A pesar de estos reparos, debe reconocerse que Colombia no ha carecido de una política social activa. Más aún, este país es presentado en el escenario internacional como ejemplo de muchas experiencias creativas y exitosas en esta área: por ejemplo, la Escuela Nueva, la Política de Bienestar Familiar, el Plan Nacional de Rehabilitación (PNR) y la Red de Solidaridad Social. Además, para 1997, el gasto social de Colombia se ubicó entre los más altos de América Latina (15% del PIB).

Como elemento adicional positivo, hay que registrar que el Estado colombiano ha logrado combinar, con éxito, el funcionamiento de las redes sociales con la aplicación de una política social tradicional. Frutos de esta acción son los notorios resultados obtenidos en salud y seguridad social. Éste es un activo con el que se debe continuar trabajando.

En resumen, la gran reforma que está pendiente en Colombia dentro de la política social es la Reforma Educativa. Las redes sociales deben continuar, pero sin sustituir una política social comprehensiva. En la medida en que el poder político y la administración del Estado se descentralicen y este último se comprometa con los nuevos valores de la sociedad, la política social ganará en eficiencia para llegar así a los más pobres. Sin embargo, el país requiere mucho más que esto para reversar los procesos inequitativos que han caracterizado su desarrollo económico y político.

5. *Reforma de la Justicia*[7]. La aplicación de la justicia es uno de los campos en donde mejor puede medirse el nivel de equidad de un país. Así, cuando se logra garantizar a todos los ciudadanos la igualdad ante la ley, puede decirse que se cuenta con una base de equidad fundamental en la sociedad. Sólo a principios de los años noventa, el país llegó a reconocer las deficiencias que aún enfrentaba en materia de administración de justicia, y decidió actuar dando énfasis a la función represiva y con un aumento de la oferta judicial, pero sin incluir mecanismos alternativos de solución de conflictos.

Actualmente, el caso de la justicia en Colombia proporciona un buen ejemplo de cómo un incremento en el gasto puede no acompañarse de mejoras ni en la efectividad del aparato judicial, ni en el bienestar de la población. Así, en este país el gasto en este sector pasó de 0,61% del PIB en 1990 a 1,15% del PIB en 1995. Lo anterior, significó un inmenso esfuerzo para toda la sociedad. Sin embargo, la persistencia de altísimos niveles de impunidad hacen que la población perciba todavía la administración de justicia como inoperante.

El afán de colocar diques de contención a la situación de violencia generalizada que se vive en el territorio nacional, así como el elevado número de delitos que se quedan sin castigo, explica que, con frecuencia, el Estado colombiano haya dado prioridad al área penal. Se ha actuado así, en detrimento de una mejor atención a los problemas básicos de convivencia que corresponden al campo civil, sin que tampoco se haya logrado una reducción significativa en los niveles de impunidad del país. Por consiguiente, hay que subrayar que mientras no se generen los mecanismos para resolver los casos elementales de convivencia –disputas entre vecinos, pleitos comerciales, etc.–, persistirán situaciones de conflicto y de descontento que, en medio de la intolerancia existente, tienden a traducirse en más violencia.

Para avanzar hacia el logro de un mejor clima de convivencia en un país como Colombia, se requiere adoptar un enfoque integral que contemple: (i) trabajar con la comunidad, en la dirección de crear una cul-

7 Esta sección se apoya en los resultados del taller "Diagnóstico y formulación de objetivos estratégicos de la justicia en Colombia", realizado en abril de 1998 y organizado por la Rama Judicial, el Ministerio de Justicia, el Departamento Nacional de Planeación y el Banco Mundial.

tura ciudadana, en la cual se valore la resolución pacífica de los conflictos. En tal sentido, resulta fundamental ampliar la oferta de servicios alternativos de justicia como las Casas de Justicia, los procesos de conciliación, los jueces de paz, etc.; (ii) introducir mejoras en la gestión de la Rama Judicial que contemplen aspectos como el fortalecimiento institucional, la capacitación de funcionarios, la sistematización de despachos judiciales y el mejoramiento en los procesos de gestión interna, y (iii) desarrollar un programa puntual con medidas de choque, para reducir los niveles de congestión en el área de la justicia ordinaria, distinta de la penal.

E. Tercer momento: sostenibilidad del proceso

Culminado el momento de las propuestas de reformas estructurales propio de la fase de negociación, se llega al momento en el cual debe garantizarse la sostenibilidad de la paz, que coincide con la fase de postnegociación.

El desarrollo de esta delicada fase requiere especial atención por parte del Estado, puesto que si los compromisos adquiridos en la suscripción de los acuerdos con los grupos armados no se implementan en los términos establecidos en las negociaciones, quienes se sientan afectados por el incumplimiento a lo pactado reaccionarán de manera negativa y entorpecerán la reconstrucción del clima de convivencia y, entonces, la paz no podrá mantenerse.

El extremo de una situación tal será el resurgimiento de la violencia, lo cual significaría echar a perder los avances logrados en las etapas ya recorridas del proceso. A la luz de esta premonición, se entiende la importancia de este momento que se ha llamado precisamente de sostenibilidad, que bien puede ser el que requiera el manejo más complicado, pues significa descender de los grandes planteamientos a la implementación efectiva de acuerdos sobre temas muy concretos, pero que, por la profundidad de los cambios que estos últimos involucran y los esfuerzos institucionales que demandan, generan grandes expectativas entre quienes los han promovido.

Para prevenir fracasos en este momento es fundamental que, desde el mismo comienzo del proceso de paz, toda la sociedad asuma su búsqueda como un gran Proyecto Nacional, de tal modo que cada cual se sienta partícipe del mismo. Por definición, las exclusiones no deben existir. El Estado unificado debe asumir este proyecto como prioridad y hacer del mismo el referente obligado, para el conjunto de su actuación.

Al entrar al momento de la sostenibilidad de la paz, la desmovilización y reincorporación a la vida civil de los ex combatientes de todos los bandos marcan un punto crítico. Los procesos de paz adelantados en otros países muestran cómo a la desmovilización pueden seguirle incrementos significativos en diversas manifestaciones de la delincuencia común. La experiencia ha demostrado que cuando los ex combatientes no encuentran alternativas válidas de vida, después de su desmovilización, asumen alternativas de fuerza para sobrevivir.

Tal vez, una de las pocas ventajas que le ha representado a Colombia el haber parcelado los procesos de paz, es que ya cuenta con una experiencia en el diseño y ejecución de programas para atender a los desmovilizados. De ellos, sin duda, hay que nutrirse, pero también se debe procurar mejorarlos. El problema no es de costo. Si se invirtiesen sumas similares a las de los procesos anteriores, el costo fiscal es manejable, aun en la actual situación de las finanzas del Estado. Los problemas pueden surgir, en cambio, en el diseño y manejo de los programas, pues se trata de que éstos respondan a las necesidades de los ex combatientes, de manera oportuna.

Finalmente, en la fase de postnegociación son importantes los sistemas de información y la ayuda internacional. El monitoreo del cumplimiento de los acuerdos es fundamental para tomarle el pulso al proceso, identificar rápidamente los problemas y efectuar los ajustes que sean necesarios, con la celeridad debida. Para lograr lo anterior, es indispensable el suministro de toda la información requerida, con la mayor transparencia y objetividad posibles. A ella debe acceder todo aquel que la requiera y, además, procurarse que el proceso de su divulgación se convierta en un ejercicio de participación democrática.

En las acciones de seguimiento y verificación, la cooperación internacional suele resultar esencial. Puesto que los extranjeros mantienen una cierta distancia de los problemas cotidianos del país, ellos pueden asumir posiciones neutrales en temas tan sensibles como el de las violaciones a los derechos humanos, las garantías políticas, etc. Igualmente, el aporte financiero internacional para la reconstrucción del país es muy necesario, más aún, dada la difícil situación fiscal actual. En este último punto, es importante tener en cuenta que cuando los problemas se encuentran en su fase más crítica –en este caso, en el momento de la guerra y los combates–, es cuando se cuenta con una mayor posibilidad de obtener ayuda para buscarles solución. O sea, que no es aconsejable esperar hasta la firma de los acuerdos de paz, para iniciar la búsqueda del apoyo internacional.

V. Los costos de la guerra y la paz: antecedentes y perspectivas[8]

En las discusiones sobre el conflicto armado en Colombia, pocos esfuerzos se han hecho por cuantificar las consecuencias económicas, tanto del enfrentamiento, propio de una situación de guerra, como del proceso de paz. Calcular y evaluar los costos del conflicto son ejercicios importantes, por dos razones: primero, porque ayudan a crear conciencia sobre lo oneroso que resulta para el país no alcanzar la paz y, segundo, porque sirven para esbozar posibles esquemas de financiación de un proceso de paz. Adicionalmente, este aparte del ensayo indaga si los eventuales costos de las negociaciones y de los acuerdos de paz son un obstáculo para el proceso.

A. Los costos del conflicto armado

El conflicto armado genera costos económicos directos e indirectos. Los directos los constituyen las pérdidas de capital físico y humano; mientras los indirectos están representados por el desestímulo a la inversión, por la distorsión en la asignación de recursos –al tener que dedicar factores productivos para combatir a la insurgencia–, y por el incremento en los costos de transacción. Por otro lado, los recursos dedicados a la guerra representan un costo de oportunidad para la economía, ya que, en otras circunstancias, podrían dedicarse a la producción de más bienes y servicios para incrementar el bienestar de la población. Para hacer frente al conflicto armado, Colombia incurrió en costos brutos anuales

8 El desarrollo de este capítulo está basado principalmente, por un lado, en el trabajo de Edgar Trujillo y Martha Badel, titulado "Los costos económicos de la criminalidad y la violencia en Colombia: 1991-1996" y, por otro lado, en un modelo de minimización de costos de la paz desarrollado por Edgar Trujillo en el momento en que se realizó el trabajo anterior, pero que no fue incluido en la citada publicación.

promedio en el período 1991-1996 de 1,5% del PIB, que en 1999 equivalen a US$1.400 millones, aproximadamente. El exceso de gasto militar se destaca como el costo más importante (*Véase* Gráfico 2).

GRÁFICO 2.1
COSTOS BRUTOS DEL CONFLICTO ARMADO EN COLOMBIA: 1991-1996

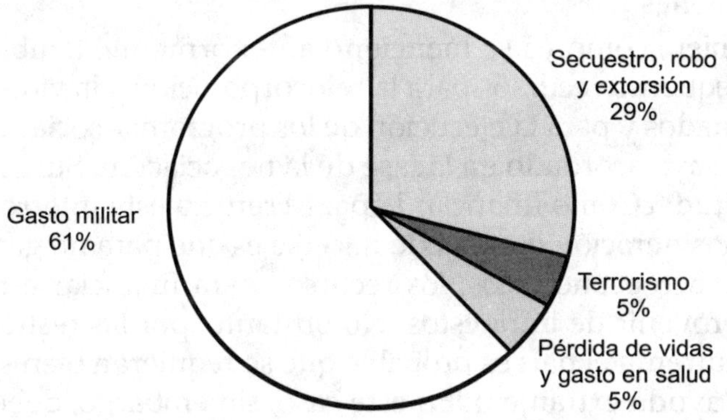

Fuente: Trujillo y Badel.

Los costos netos promedio para el período 1991-1996 en Colombia equivalen a 1,1% del PIB, lo que en 1999 representa algo más de US$1.000 millones[9]. El gasto militar da cuenta del 85% de los costos netos del conflicto armado en Colombia.

Si la sociedad colombiana alcanza la paz, se ahorrará el pago de estos costos. Sin embargo, no todo el ahorro resultante es convertible en ingreso corriente, es decir, dinero en efectivo, que pueda ser gastado en bienes. La pérdida de seres humanos implica, entre muchas otras cosas, un costo económico representado en el valor presente del ingreso que ellos generarían durante su vida productiva, porque la sociedad ya no podrá aprovechar su capacidad de producción. Entonces, se concluye que, en una situación de paz, el ahorro en vidas es un beneficio diferido hacia el futuro.

---

9 Los costos netos resultan de descontar a los costos brutos los delitos que representan transferencias, pero no pérdida de activos, como son el secuestro, el robo y la extorsión.

Igualmente, la resolución del conflicto armado le reportará beneficios al país representados básicamente en la liberación de recursos. Así, los gastos antes destinados a la guerra y a reponer las pérdidas de capital por terrorismo podrán ser utilizados en la producción de bienes y servicios que incrementen el bienestar de la sociedad. En tal caso, la economía colombiana liberaría anualmente recursos equivalentes a US$920 millones[10].

Ahora bien, como ya se mencionó anteriormente, también el logro de la paz requerirá recursos para la reincorporación a la vida civil de los grupos armados y para la ejecución de los programas sociales, cuya realización se haya acordado en la fase de la negociación. Surge, entonces, una inquietud: ¿Cómo financiar la paz? Frente a este interrogante, una primera consideración que puede hacerse es que para no generar desequilibrios macroeconómicos, los recursos para financiar esta empresa deberían provenir de impuestos. No obstante, por las restricciones fiscales que enfrenta el país es probable que se requieran bien sea créditos externos o ayuda extranjera. En este caso, sin embargo, deben tomarse las debidas precauciones para no crear desequilibrios cambiarios o estimular la inflación.

Aunque la paz es un bien público por definición y, por lo tanto, los esfuerzos encaminados a su logro y su sostenibilidad deben ser costeados por la totalidad de la sociedad, también es cierto que existen dentro de esta última sectores que recibirán mayores beneficios inmediatos de la pacificación del país. Tales sectores son aquéllos en los cuales los grupos subversivos han concentrado principalmente sus actividades ilegales de búsqueda de financiamiento, por medio del robo, el secuestro y la extorsión, vale decir, los sectores empresariales. Estos grupos, que se caracterizan por sus altos niveles de ingreso, presumiblemente son los más golpeados en términos económicos por el conflicto armado y, por tal razón, su propensión a costear la paz puede ser mayor. Las víctimas del secuestro, la extorsión y el robo están pagando un promedio anual de US$400 millones.

---

10 No obstante, esta estimación parte del supuesto de que el exceso de gasto militar se puede eliminar rápidamente; lo que puede ser cuestionable a la luz de los compromisos pensionales actuales y futuros de las fuerzas armadas.

B. Los costos de la paz

Hoy en día, parece existir consenso en que los altos niveles de violencia que se registran en Colombia se han constituido en un obstáculo para su desarrollo. Consecuentemente, el logro de la paz debe reportarle beneficios económicos al país, representados en una mayor acumulación de capital físico y humano y en una mayor productividad.

No obstante, se advierte que, sea cual fuere el medio adoptado, la reducción de la violencia a niveles social y económicamente tolerables, tiene costos. Así, si la vía escogida fuera la militar, la economía tendría que destinar recursos a la logística de la guerra y se afectaría la inversión estatal. Adicionalmente, la guerra aceleraría la destrucción de capital físico y humano. Por otro lado, si la paz se logra como fruto de la negociación, además de obligaciones en el campo político, los acuerdos a que se llegue implicarán compromisos de tipo económico que el país deberá cumplir sin dilación.

En el caso colombiano, podría afirmarse que los grupos armados no tienen como objetivo único un botín económico. Ellos persiguen reivindicaciones políticas y sociales que de ser satisfechas incidirían positivamente en el bienestar de la población. Así, aparte de los costos de la reincorporación, los acuerdos no tendrían un "costo económico", sino, por el contrario, un beneficio neto. Sin embargo, la anterior afirmación no es una verdad absoluta y allí radica parte del problema. Adicionalmente, en la agenda de la guerrilla colombiana se contemplan propuestas de programas como, por ejemplo, el de la reforma agraria que tienen costos económicos para el Estado.

Pero hay que subrayar que, en el corto plazo, los costos de la paz son mayores que sus beneficios, ya que estos últimos se difieren hacia el futuro, mientras que la totalidad de los primeros se asume inmediatamente. Así, la sociedad debe ser consciente de que el valor presente de los beneficios económicos de la paz es mayor que los costos para lograrla. Sin embargo, no se puede deducir de lo anterior que, dado que los beneficios son mayores que los costos, la sociedad pueda asumir la paz, a cualquier costo. De hecho, un análisis netamente economisista establecería que la sociedad debe minimizar el costo de la paz. Llegando a este punto, cabe recordar que el presente análisis es netamente económico y que no se está desconociendo que la paz es un estado éticamente deseable. Lo que se pretende plantear es que, también, debe ser económicamente conveniente.

Una aproximación formal comenzaría por establecer que existen dos vías por medio de las cuales se puede dar fin a un conflicto armado: la vía militar y la negociación, y que éstas no son excluyentes. Es decir, la negociación puede ser el resultado de la debilidad militar de una de las partes. Entonces, el costo de la paz "c" (ecuación 1) tiene dos componentes: el costo del conflicto armado "g" y el costo de los acuerdos de una negociación conducente a la paz "p":

$$c = g + p(g); \; p' < 0 \qquad (1)$$

Se puede establecer, adicionalmente, que el costo de los acuerdos de paz no es independiente de la intensidad del conflicto. De hecho, es una función inversa ($p' < 0$): si una de las partes del conflicto se halla muy debilitada, como resultado de los triunfos militares del rival, es de esperar que sus exigencias económicas, a la hora de los acuerdos, no sean tan grandes como en el caso contrario, o sea, si estuviera venciendo a su oponente. Consecuentemente, la sociedad puede optar racionalmente por incrementar el gasto militar, con el objetivo de llegar en una posición dominante a las negociaciones y así pactar una paz con concesiones "mínimas" y, por ende, con costos económicos bajos. Entonces, el costo de la paz se convierte en una función del gasto en la guerra y se presume que es una función convexa (*Véase* Gráfico 2.2).

GRÁFICO 2.2

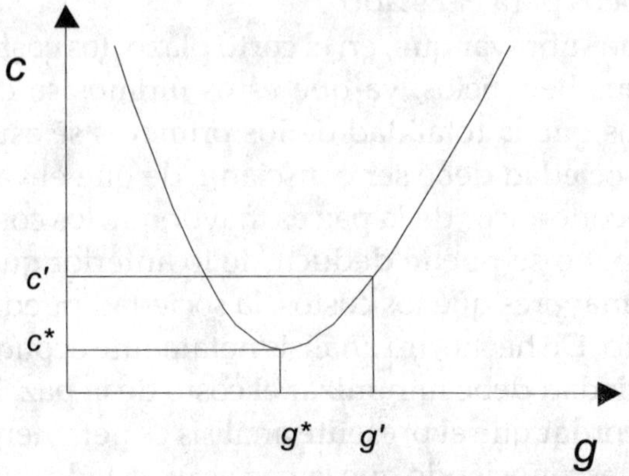

Si se llega a la mesa de negociaciones en posición de debilidad militar (g = 0), la parte adversaria exigirá costosos acuerdos (p muy alto). En el otro extremo, se genera un gasto militar muy elevado (g muy grande) para vencer militarmente al rival y no existen concesiones a la contraparte (p = 0). Entonces, habrá un punto intermedio, donde sin la necesidad de dedicar excesivos recursos a la guerra (un gasto militar "optimo" g*) se pueden lograr acuerdos "razonables" con costos económicos totales mínimos[11]:

$$c^* = g^* + p\,(g^*) \qquad (2)$$

Obviamente, el modelo anterior supone que un mayor gasto garantiza triunfos militares. Esto, de alguna manera, comprueba un proverbio de la sabiduría popular que dice: "Es mejor negociar siendo fuerte, pero ser fuerte también cuesta".

Es importante aclarar que el modelo arriba expuesto (ecuación 1) está determinando los costos directos, lo que en otras palabras significa requerimientos de recursos del presupuesto de la nación. Empero, no todos los acuerdos son de tipo pecuniario. Existen, también, compromisos alrededor de reformas institucionales y de estrategias de política económica que quizás no requieran mayores recursos del presupuesto, pero que tendrán repercusiones sobre el desarrollo económico y que, por lo tanto, acarrean costos (o beneficios) indirectos. Incluso, es posible que los costos indirectos sean mayores que los directos. Por ejemplo, las reformas institucionales mal planteadas pueden dar lugar a un deterioro de la mesoeconomía y convertirse en un freno al desarrollo.

Es claro, entonces, que la paz tiene un costo que es posible reducir y que debe ser minimizado por la sociedad. De lo contrario, una paz onerosa llevará a una nueva guerra. Si los vencedores imponen acuerdos tan costosos que comprometan la sobrevivencia de los perdedores, la paz será transitoria. Ya la humanidad comprobó cruelmente la verdad de esta afirmación con la Primera Guerra Mundial, a pesar de que Key-

11 Es conveniente precisar que, en el caso de una guerra civil, a los costos de la paz habría que adicionar los costos militares del contendiente, ya que éste hace parte del mismo país. No obstante, omitir ese nivel de refinamiento no compromete ni el análisis ni las conclusiones que de él se deriven.

nes lo había advertido en su célebre escrito sobre las consecuencias económicas del Acuerdo de Versalles. Un ejemplo más cercano se encuentra en los acuerdos de paz suscritos en Colombia, al comienzo de la presente década. Éstos fueron firmados con costos mínimos y en parte gracias a la debilidad militar de los grupos subversivos. El resultado de tales acuerdos no pasó de ser una euforia transitoria.

Como es obvio, la cuantificación de los costos mínimos de la paz (c^*) enfrenta problemas prácticos importantes. Primero, los costos de los acuerdos (p) deberían incluir los costos indirectos. Segundo, los costos del conflicto (g) deben incluir, además del gasto militar, las pérdidas de capital físico y humano que produce el conflicto. No obstante, la estabilidad de la paz no está condicionada a que el gasto militar se ubique en el óptimo (g^*). Es difícil pensar que las guerras de la historia se hayan solucionado con costos mínimos.

En realidad, el costo de la paz (ecuación 1) combina gastos que se dan en dos horizontes temporales diferentes. En el momento de las negociaciones, la sociedad ha pagado ya los costos del conflicto (g), mientras que los costos de las primeras (p) están por pagar. Así, un país, al llegar el momento de negociar, puede haber incurrido en excesos de gasto militar ($g' > g^*$) sin éxito. Pero si los acuerdos tienen un costo que es considerado razonable –aunque no "óptimo" $p(g') > p(g^*)$–, éste podrá ser asumido y la paz será duradera.

De lo anterior se deduce que el costo de los acuerdos de paz juega un papel crucial en la estabilidad de la reconciliación. Para complementar lo ya presentado, a continuación se analizan, desde una perspectiva económica, tanto los acuerdos de paz que se han celebrado en Centroamérica como aquellos acuerdos parciales alcanzados con algunos grupos guerrilleros en Colombia.

C. Antecedentes económicos de los acuerdos de paz en Centroamérica y en Colombia

1. El Salvador

En la tercera reunión del Grupo Consultivo celebrada en París, en abril de 1993, el Ministerio de Planificación y Coordinación del Desarrollo Económico y Social (Miplan), de la República de El Salvador, elaboró un informe en el que presentó estimaciones sobre el monto de recursos requeridos durante el período 1993-1996 para responder a los compromisos prioritarios del Plan de Reconstrucción Nacional (PRN), incluidos los que se derivaban del Acuerdo de Paz y de la estrategia general de reducción de la pobreza.

Según dichos cálculos, los fondos necesarios para programas prioritarios ascendieron a US$1.534 millones (30% del PIB), los cuales deberían desembolsarse a lo largo de cuatro años. En el informe en cuestión, se indica que el 76% de los fondos se asignaría al PRN y el resto a otros proyectos prioritarios. A su vez, de los recursos financieros correspondientes al PRN, US$851 millones se destinarían a cumplir los compromisos emanados del Acuerdo de Paz (US$534 millones para fortalecer las instituciones democráticas y US$317 millones para contribuir a la reincorporación de los ex combatientes a la vida económica del país). Los recursos restantes (US$310 millones) se asignarían a proyectos destinados a combatir la pobreza.

Se señalaba, igualmente, que se disponía alrededor de la mitad del monto global de los fondos necesarios para la ejecución de programas de mayor prioridad. En consecuencia, la brecha financiera era de US$769 millones y correspondía a lo siguiente: (i) US$476 millones para dar cumplimiento a los compromisos derivados de los acuerdos de pacificación (US$266 millones para el fortalecimiento de las instituciones democráticas y US$210 millones para la reinserción económica de los ex combatientes), y (ii) US$293 millones para los programas de reducción de la pobreza (US$105 millones como parte del PRN y US$188 millones no asignados al plan).

De acuerdo con las cifras anteriores, la ejecución de los programas calificados como prioritarios por el gobierno de El Salvador daría origen a una brecha financiera de aproximadamente US$220 millones, tanto en 1993 como en 1994, si bien ésta se reduciría a cerca de US$170 millones, en los dos años siguientes. Según este planteamiento, y dadas las restricciones impuestas en el programa de estabilización a la expansión del déficit fiscal y a su financiamiento con recursos internos, la única alternativa viable consistía en el incremento de la cooperación internacional.

De 1989 a 1992, la participación de los rubros para defensa y seguridad pública en el presupuesto ordinario se redujo en más de seis puntos. A pesar de esta reducción, en 1992 todavía absorbieron el 17% del presupuesto ordinario, es decir, más de siete puntos por encima de la asignación a obras públicas y nueve puntos arriba de la correspondiente a salud. Por consiguiente, las tasas de crecimiento de la economía propuestas para el período 1993-1995, aunque ambiciosas, probablemente no bastarían para absorber el crecimiento natural de la fuerza de trabajo más los grupos pacificados y, lograr, a la vez, un modesto incremento de la productividad de la economía, condición *sine qua non* de una estrategia de apertura externa.

Sin duda alguna, el PRN representó un esfuerzo de magnitudes enormes para la economía salvadoreña. No obstante, su impacto macroeconómico se redujo, gracias a que una buena parte de sus recursos se destinaron a la importación de bienes, con lo cual se esterilizaron los efectos monetario y cambiario.

Como se observa en el Cuadro 2.2, el deterioro fiscal fue notable luego de los acuerdos. Sin embargo, el déficit en cuenta corriente y la inflación (con excepción del año 1993) presentaron un comportamiento favorable. Es destacable el impulso en el crecimiento del PIB.

Como lo anota Bejarano[12], los acuerdos de paz en El Salvador se caracterizaron, de un lado, por un éxito del Frente Farabundo Martí de Liberación Nacional (FMLN) en sus demandas políticas y de seguridad y, del otro, por el éxito obtenido por el gobierno al lograr imponer sus criterios en lo económico y lo social. Así, la paz en El Salvador no produjo cambios institucionales significativos en el ámbito económico, ni indujo desequilibrios fiscales.

CUADRO 2.2
PRINCIPALES INDICADORES ECONÓMICOS DE EL SALVADOR

	1990	1991	1992	1993	1994	1995
Crecimiento de PIB real %	3,40	3,57	7,55	7,37	6,05	6,29
Inflación %	24,1	14,2	11,4	18,6	10,6	10,0
Devaluación nominal %	60,6	0,6	13,5	-5,5	0,9	0,1
Déficit fiscal % PIB	-0,07	-2,78	-3,69	-2,13	-0,74	-0,52
Déficit en cuenta corriente % PIB	-5,74	-4,03	-3,59	-1,70	-0,22	-3,20

Fuente: FMI.

12 Bejarano, Jesús Antonio, 1995. *Una agenda para la paz; aproximaciones desde la teoría de la resolución de conflictos*, Tercer Mundo Editores, Santa Fe de Bogotá.

2. Guatemala

No se cuenta con una cifra global del costo financiero que ha representado la ejecución de los programas contenidos en el Acuerdo de Paz Firme y Duradera. Sin embargo, se tienen algunos indicadores que ayudan a obtener un orden de magnitud del mismo. A manera de ilustración, hay que registrar que en 1997, tras reunirse con el Grupo Consultivo de países y con organismos financieros internacionales, el gobierno guatemalteco obtuvo ofrecimientos por un monto de US$1.900 millones para apoyar el cumplimiento de los compromisos derivados de los acuerdos de paz (13% del PIB). Por otro lado, los compromisos relacionados con el gasto social demandaban, entre 1995 y el 2000, aumentos anuales en el tamaño del Estado de un 10%. Totalizando, el costo se podría estimar en 63% del PIB, diferido en cinco años.

Como se detalla en el Anexo 1, los acuerdos contemplaban tanto el logro de ciertas metas de gasto público en educación –incluida alfabetización–; salud; justicia y atención materno-infantil. También se preveía, entre otros aspectos, una reorientación del gasto hacia subsidios de demanda de vivienda, la cual planteaba exigencias de eficiencia y no de gasto adicional.

De los acuerdos del proceso de paz adelantado en Guatemala, resaltan dos hechos importantes. Primero, aparte de una profundización en la descentralización, no se contemplaban en ellos cambios estructurales en materia de instituciones económicas, que pudieran demandar un viraje en el modelo de desarrollo del país. Segundo, aunque en los acuerdos se consideró un incremento del 10% anual en el tamaño del Estado, se incluyó, igualmente, el compromiso de equilibrar los efectos negativos de este mayor gasto en las finanzas públicas, al permitirse un aumento de los ingresos tributarios, en igual magnitud.

3. Acuerdos parciales en Colombia

La revisión de los diferentes acuerdos firmados en el pasado reciente con los grupos desmovilizados en este país permite concluir que, en la negociación los temas económicos y sociales, estuvieron prácticamente ausentes, mientras que el contenido de lo pactado se concentró en las reivindicaciones políticas, especialmente en lo relativo a la ampliación de la participación democrática. En consecuencia, tales acuerdos no tuvieron un impacto económico significativo.

D. Posibles consecuencias económicas de un acuerdo de paz en Colombia

Estimar *ex ante* los costos de un eventual acuerdo de paz en Colombia, constituye una compleja tarea, no sólo por las dificultades propias de este ejercicio, sino también porque la complicada situación fiscal que vive el país en la actualidad plantea un gran número de interrogantes sobre las posibilidades reales que existen de financiar los compromisos que surjan de su suscripción.

En efecto, las negociaciones de paz en Colombia tendrán que partir de la premisa de que los acuerdos a que se llegue no podrán implicar expansiones adicionales permanentes del tamaño del Estado –mayor gasto público–, so pena de agravar los desequilibrios macroeconómicos que ya se registran. Existe certeza de que, en la actualidad, este país no puede financiar un acuerdo de las proporciones de los firmados en Guatemala o El Salvador. Sobre este último punto hay que hacer, sin embargo, la salvedad de que, en la comparación con el caso colombiano, no puede perderse de vista el reducido tamaño de estos países centroamericanos.

Por ejemplo, para Colombia, un acuerdo de gasto como el pactado en Guatemala significaría un aumento adicional del tamaño del Estado de más de 5% del PIB[13]. Tal incremento implicaría que en términos del gasto público se pasaría de cerca de 22% del PIB a más del 28%. Una expansión de esta naturaleza no es financiable en la Colombia de hoy, aun en caso de que los acuerdos contemplasen un aumento equivalente de la carga tributaria.

Pero, sobre este tema, no sobra recordar que Colombia ha emprendido desde 1990 cuatro reformas tributarias[14] y sólo ha logrado aumen-

---

13 En 1994, Colombia gastaba, como proporción del PIB (gobierno central), en educación 2,7%, en salud 2,2% y en justicia y seguridad 3,3%. Se extrapolaron las cifras a 1998 con base en la expansión del gasto público total y ampliando el gasto como proporción del PIB en un 50%.

14 Ley 49 de 1990, Ley 6ª de 1992, Ley 223 de 1995, Ley 383 de 1997.

tar los ingresos fiscales en un punto porcentual del PIB[15]. La enseñanza que se desprende de lo anterior es que no basta con plasmar en el papel buenos deseos, ya que Colombia parece haber llegado al límite de su capacidad tributaria. Ahora bien, pensar en este país en un plan de inversiones como el PRN en El Salvador –25% del PIB anual– está fuera de cualquier posibilidad razonable.

Al llegar a este punto, es pertinente buscar explicaciones a por qué el Estado colombiano agotó su capacidad de expansión del gasto. Ningún analista económico pone en duda que la Asamblea Constituyente de 1991 le creó exigencias muy concretas en cuanto a la provisión de servicios fundamentales para la población –justicia, salud, educación, etc.–, cuya sana financiación, por medio de impuestos, no ha sido posible lograr, a pesar de los cuatro intentos ya mencionados y, por lo tanto, dicho tren de gasto es insostenible.

Hay que agregar que los requerimientos de la Constitución determinaron la dinámica de aumento del gasto fiscal en la presente década, sin que ésta haya sido acompañada por una mejoría en el clima de convivencia del país en general. Este incremento en el gasto, que ha sido, a su vez, el factor que más ha incidido en el crecimiento del déficit fiscal, puede estimarse en 4% del PIB, lo cual resulta bastante ilustrativo, cuando se trata de estimar las posibilidades fiscales reales del país y el margen de maniobra en la inversión, por parte del Estado colombiano en la actualidad.

Entre 1991 y 1997, en Colombia, el gasto del gobierno central como proporción del PIB pasó de 11,7% a 18%. De tal incremento, los compromisos exigidos por la Constitución de 1991 explican 4 puntos[16], los cuales traducidos en recursos representarían la misma cantidad que se necesitaría para financiar un acuerdo de paz como el de Guatemala.

Se estima que el proceso de paz en este último país tuvo un costo aproximado de 10% del PIB. Si se establece una comparación con los costos en que se ha incurrido en desarrollo de los pasados procesos de

---

15 Los ingresos corrientes del gobierno central como proporción del PIB pasaron de 11,2% en 1991, a 12,6% en 1997.

16 El régimen de transferencias a los entes territoriales fue quizás el origen de los desequilibrios actuales. Las transferencias como proporción del PIB pasaron de 5,1% en 1991 a 9,0% en 1997.

paz en Colombia, cuyos magros resultados ya han sido señalados en este trabajo, la conclusión es más que obvia: Colombia ha asumido esfuerzos de financiación proporcionalmente similares a los de Guatemala, sin que se haya obtenido la paz.

Pero lo que parece ser más grave es que la presión sobre el gasto público de los años noventa, como consecuencia de las mencionadas exigencias de la Constitución, no ha sido acompañada de progresos proporcionales en el nivel de vida y en el bienestar de la población. Queda demostrado, una vez más, que la alternativa de utilizar el gasto como herramienta para resolver los problemas sociales se ha agotado en Colombia.

Sin duda, la Asamblea Nacional Constituyente de 1991 que culminó con la promulgación de la Carta Política actual fue un espacio de reconciliación y plasmó en ella muchos de los compromisos que el Estado colombiano adquirió en los acuerdos de paz con grupos armados como el M-19, PRT, EPL, etc. Empero, no solamente es cierto que la paz no ha sido alcanzada, sino también que se agotó el espacio fiscal para financiar nuevos acuerdos.

En resumen, las negociaciones de paz que se desarrollan en el país no podrán perder de vista dos puntos importantes. Primero, que la experiencia de los años noventa mostró que los problemas sociales no se arreglan exclusivamente con un mayor gasto. Y, segundo, que las restricciones fiscales del presente obligan a que si en ciertos sectores se requiere una inversión más alta, ésta sólo puede realizarse mediante la redistribución del gasto. Los eventuales acuerdos de paz no pueden dar lugar a un crecimiento adicional permanente del tamaño del Estado. Sin embargo, las negociaciones, la desmovilización y la reincorporación implicarán costos adicionales transitorios. Para sufragarlos, se creó el Fondo de Inversiones para la Paz, el cual que se nutrirá de los aportes de los colombianos y de los gobiernos amigos que se solidaricen con la causa de la paz en Colombia.

Huelga advertir que con todo lo expuesto anteriormente no se quiere decir que la paz no será costosa. Lo que se pretende es dejar el mensaje de que los mayores costos posiblemente no serán financieros, sino que ellos estarán representados fundamentalmente en concesiones imprescindibles para su logro, por parte de las esferas de poder político y económico.

VI. Reflexiones finales sobre la guerra y la paz

En este trabajo se ha realizado un primer esfuerzo por identificar los costos de la guerra y de la paz en Colombia, dentro de un contexto amplio de análisis, en el cual se determinan las causas del conflicto, se reconocen sus diversos orígenes y se exploran los límites que el estado actual de la economía le impone al esfuerzo de alcanzar la pacificación del país.

Iniciar el debate sobre cuánto puede costar la paz, situar esta discusión fuera de la coyuntura actual para ubicarla en su contexto histórico y anticipar las implicaciones futuras que tendría para la sociedad colombiana un eventual acuerdo de paz con la guerrilla (FARC y ELN), aparece como una necesidad de primer orden, tanto teórica como práctica, para los estudiosos del tema, el Estado colombiano y la opinión pública en general. Adicionalmente, la comparación con las experiencias vividas, en el pasado cercano, por otros países de la región, arroja luces sobre las mejores vías para orientar el proceso o los procesos que deban seguirse en ese difícil pero único camino que tiene Colombia para volver a encontrarse como país.

En este trabajo se concluye que una democracia más formal que real y un manejo de la economía con criterios de favorecimiento a los grupos más poderosos y privilegiados han contribuido a generar los fenómenos de exclusión política y económica que se encuentran en la raíz del conflicto armado que afecta hoy al país. La inequidad, más que la pobreza, ha alimentado la confrontación. A su vez, la debilidad del Estado colombiano y su poca capacidad de hacer presencia en sectores nuevos de generación de riqueza, y en áreas geográficas alejadas de los principales centros económicos, han abierto espacios para la permanencia y legitimación de la insurgencia.

En Colombia, se ha iniciado un nuevo proceso de paz, en medio de uno de los períodos más violentos de su historia reciente y cuando la coyuntura económica del país, de la región y del mundo entero es compleja y preocupante. Pero, también hay que registrar que, por primera vez, desde que se inició la espiral de violencia, existe un consenso, entre amplios sectores de la población, sobre la necesidad de hacer de la solución de la confrontación armada un propósito nacional.

Sin embargo, la experiencia de los procesos de paz adelantados en los países centroamericanos de El Salvador y Guatemala señala que éste es un camino largo y accidentado, que se recorre en etapas y cuyos riesgos deben ser calculados con el mayor rigor posible. También hay que tener en cuenta que, por muy deseable que pueda ser la paz, no debe pretenderse lograr ni a todo costo, ni a todo riesgo, puesto que corre el peligro de volverse insostenible. Los perdedores se encargarán de reiniciar el conflicto. No obstante, la sociedad deberá ser consciente de que los costos de la paz –tanto los económicos como los intangibles– son, en el corto plazo, mayores que los beneficios, pero en el largo plazo, si los acuerdos son razonables, los réditos superarán con creces a los costos iniciales.

Los intentos recientes por lograr una paz negociada con los grupos guerrilleros llevan cerca de veinte años en el país, pero los escasos resultados obtenidos evidencian que Colombia y los respectivos gobiernos que han liderado tales procesos no han sido hábiles en su conducción. Más que interrupciones en la búsqueda de la paz, que todos los países que han sufrido la guerra han debido enfrentar en su momento, en Colombia se han registrado demasiados fracasos, algunos de ellos tan trágicos como el de la toma y recuperación del Palacio de Justicia en la capital del país en 1985, episodio bien conocido por la comunidad internacional. Adicionalmente, la estrategia de parcelar la insurgencia, dejando por fuera a los grupos armados más importantes, resultó fallida.

Pero probablemente el error más grande que ha cometido el país, y específicamente el Estado colombiano, ha sido el de dar demasiado sin recibir prácticamente nada a cambio. Entre los procesos más significativos que no se aprovecharon a cabalidad para alcanzar la paz, se encuentra el de la Asamblea Nacional Constituyente de 1991, no obstante reconocérsele los benéficos aportes al ordenamiento institucional del país. Como ya se mencionó, tampoco fue debidamente aprovechado el volumen de recursos aplicado a su financiación (4% del PIB), monto que equivale al costo de un acuerdo de paz.

Esta reflexión lleva necesariamente a plantear la idea de que en Colombia es indispensable repensar tanto la guerra como la paz. Para que este propósito nacional de finalizar el conflicto armado se convierta en realidad, se requiere avanzar en los siguientes puntos:

- Alcanzar consensos nacionales sobre las causas de fondo de la guerra, o sea, sobre la desigualdad y la exclusión política, económica y social, en los cuales se involucre, de manera activa, a los grupos insurgentes. Si no se da este paso previo, en la etapa de preparación para la paz, se continuará esquivando la esencia del conflicto.

- Identificar dos reformas sustantivas: la reforma política y la reforma económica. La primera, que permita, de una vez por todas, involucrar a cada uno de los colombianos en las decisiones que tienen que ver con su propio bienestar, partiendo de las comunidades locales hasta llegar a los niveles superiores de decisión del Estado. También debe incluirse la transformación de los partidos políticos, para que éstos se conviertan en agrupaciones ideológicamente sólidas y legítimas y puedan, así, representar los intereses auténticos de las comunidades.
- Por su parte, la reforma económica y social tendrá dos dimensiones: una que garantice que, dentro de un proceso de globalización, el país retome la senda de crecimiento económico acelerado, y otra que asegure que los beneficios del desarrollo sean para todos y no para unos pocos, tal como hasta ahora ha sucedido.

Las reformas que son impostergables son aquellas que no ha realizado el país, o sea, las que replantean las relaciones de poder, las que tienen que ver directamente con la más amplia participación democrática y con la redistribución de activos: reforma del Estado, reforma agraria, competitividad, reforma educativa, redistribución de la riqueza, reforma a la justicia, entre otras.

En la implementación de estas transformaciones, el énfasis deberá colocarse en los cambios estructurales y no en el gasto. Igualmente, se debe proceder con suma cautela frente a los compromisos que se desprendan de un acuerdo de paz, por la inexistencia de espacio fiscal para asumirlos. Colombia ya gastó los recursos que podría haber asociado a un proceso de paz. Ahora, es necesario vincular a la sociedad civil y al empresariado a su financiación y redistribuir el gasto público, de acuerdo con la gran prioridad en la cual se ha insistido a lo largo de este trabajo, cual es la de eliminar en el país la exclusión política, económica y social.

Colombia, que siempre subestima los grandes problemas hasta que la desbordan, debe reconocer abiertamente la existencia de una guerra sucia en el país. Los consensos con que se inicie el proceso de paz han de considerar esta realidad y desentrañar esta dinámica, que refuerza la exclusión. La guerra sucia puede tener como actores a muchos sectores de la sociedad, con carácter legítimo e ilegítimo.

El país debe llegar a la convicción de que no puede alcanzarse la paz si alguno de los actores del conflicto armado no acepta replantearse sus actividades y funciones. Tanto la guerra como la paz, con todas sus particularidades, son estados muy diferentes: fuerzas armadas nacionales, guerrilleros, paramilitares y protagonistas de la guerra sucia deben ser partícipes de un proceso de reubicación, de redimensionamiento y de reincorporación a la vida civil.

Los actores de la guerra no pueden pasar incólumes a ser protagonistas de la paz. Sobre este aspecto, hay que tener presente que, independientemente de los procesos de perdón e indulto que se desprendan de las negociaciones, la experiencia mundial señala que la sociedad requiere, en su proceso de reconciliación, el conocimiento de la verdad.

La idea fuerza de este ensayo señala que alcanzar la paz en Colombia implica grandes costos. Pero, contrario a lo que generalmente se supone, éstos no son principalmente financieros. Las mayores concesiones serán aquellas que se deriven de emprender las grandes transformaciones en la estructura de poder y en la organización política, económica y social del país. Si Colombia así lo entiende y lo acepta, la paz será mucho más que el cese del fuego. Se convertirá en la gran oportunidad de construir ese país moderno justo y pacífico que podrá ubicarse dignamente en el concierto internacional.

ANEXO 2.1
ACUERDOS DE PAZ EN CENTROAMÉRICA

Acuerdos de paz. República de Guatemala

En el caso de Guatemala, las negociaciones se iniciaron en 1990, más por los nocivos y desgastantes efectos económicos y sociales que causaba el prolongado conflicto de baja intensidad (llegó a cumplir 34 años cuando se firmó la paz) y por el aislamiento internacional que llegó a vivirse, que por la importancia de los operativos militares. Este hecho es particularmente relevante si se compara con la situación de El Salvador. Allí, la presencia militar externa nunca fue importante y, con algunas diferencias menores en el tiempo, se mantuvo la proporción de fuerzas entre el ejército y los grupos insurgentes. Las raíces históricas del conflicto eran más complejas que en el caso de El Salvador, puesto que a la pobreza, marginación e inmovilidad social se agregaron los problemas de las etnias así como cierta apatía, desconfianza y temor de los grupos, por el largo período de intensa violencia, lo que se reflejaba en una reducida participación política de la sociedad.

Cuando se iniciaron las negociaciones, se estimaba que existía un monto reducido de aproximadamente 1.500 rebeldes en armas. Se contaba con un contingente también reducido de 10.000 a 15.000 unidades en el ejército y una cantidad muy elevada de refugiados en el exterior (más de 40.000 personas en México y aproximadamente medio millón de refugiados internos). Aunque se mantenía una organización política tradicional activa, el movimiento rebelde no tenía una expresión política o no se fortalecía por un movimiento político de la sociedad civil, como tampoco contaba con un territorio bajo su dominio, tal como era el caso de El Salvador.

Los primeros intentos de negociación se expresaron en varias conversaciones entre diferentes grupos de la sociedad civil y la dirigencia rebelde, primero en Estocolmo, Suecia y después en el Escorial, España. Éstas fueron auspiciadas por varios países y el Grupo de Río. En este caso, y dada la diferencia en las circunstancias con respecto a las prevalecientes en El Salvador, la participación de la sociedad civil (organizaciones empresariales y partidos políticos, principalmente) tuvo particular importancia.

Un segundo esfuerzo por iniciar conversaciones se realiza cuando, por insistencia de la comunidad internacional, el presidente Serrano Elías, ante la Asamblea General de las Naciones Unidas, formula una declaración unilateral de cese del fuego. Este intento se interrumpió cuando aquél debió abandonar el poder después de un intento de cancelar el Congreso de la República, entre otras razones, por el poco apoyo que recibía de éste a sus esfuerzos negociadores. El gobierno de transición de Ramiro de León Carpio es el primero que hace un planteamiento integral como plataforma para las negociaciones e inicia formalmente el proceso, aunque sin tener el suficiente tiempo para lograr concluirlo. Finalmente, la administración Arzú logró culminar las negociaciones mediante un replanteamiento, tanto del documento básico de las propuestas como del proceso mismo de negociación y gracias al logro de un apoyo decisivo de las Naciones Unidas.

En Guatemala, luego de un proceso de confrontación armada de algo más de 30 años, el 30 de marzo de 1990 se firma un acuerdo en Oslo, en el cual se consigna la "voluntad expresa de encontrar caminos para la solución a la problemática nacional por medios políticos". Posteriormente, el 24 de abril de 1991 se inicia el proceso de negociación directa entre el gobierno y la guerrilla. Como conclusión de un largo proceso de negociación, la guerrilla y el gobierno firmaron 12 acuerdos, entre el 10 de enero de 1994 y el 29 de diciembre de 1996. En orden cronológico, los acuerdos firmados fueron:

- Acuerdo marco para la reanudación del proceso de negociación entre el gobierno de Guatemala y la Unidad Revolucionaria Nacional Guatemalteca. Enero 10 de 1994, México, D.F.
- Acuerdo global sobre derechos humanos. Marzo 29 de 1994, México, D.F.
- Acuerdo para el reasentamiento de las poblaciones desarraigadas por el enfrentamiento armado. Junio 17 de 1994, Oslo.
- Acuerdo para el establecimiento de la comisión para el esclarecimiento histórico de las violaciones a los derechos humanos y de los hechos de violencia que han causado sufrimientos a la población guatemalteca. Junio 23 de 1994, Oslo.
- Acuerdo sobre identidad y derechos de los pueblos indígenas. Marzo 31 de 1995, México, D.F.
- Acuerdo sobre aspectos socioeconómicos y situación agraria. Mayo 6 de 1996, México, D.F.
- Acuerdo sobre el fortalecimiento del poder civil y función del ejército en una sociedad democrática. Septiembre 19 de 1996, México, D.F.
- Acuerdo sobre el definitivo cese del fuego. Diciembre 4 de 1996, Oslo.
- Acuerdo sobre reformas constitucionales y régimen electoral. Diciembre 7 de 1996, Estocolmo.
- Acuerdo sobre bases para la incorporación de la Unidad Revolucionaria Nacional Guatemalteca a la legalidad. Diciembre 12 de 1996, Madrid.
- Acuerdo sobre cronograma para la implementación, cumplimiento y verificación de los acuerdos de paz. Diciembre 29 de 1996, Guatemala.
- Acuerdo de paz firme y duradera. Diciembre 29 de 1996, Guatemala.

Buena parte de los acuerdos se refieren a temas políticos y de principios, donde resultan fundamentales, entre otros aspectos, el reconocimiento del carácter multiétnico, pluricultural y multilingüe de la sociedad guatemalteca; la decisión de respeto a los derechos humanos; la conformación de la comisión para el esclarecimiento histórico de las violaciones a los derechos humanos; la ampliación de los procesos de participación democrática; el cambio y la mejora de los procesos electorales; el reforzamiento de la justicia, con el propósito de reducir la impunidad; etc.

Los principales compromisos económicos que se derivan de los acuerdos suscritos se encuentran principalmente en el "Acuerdo sobre aspectos económicos y situación agraria". A continuación, se presentan apartes de dichos acuerdos:

- En los considerandos se contempla: (a) que la paz es necesaria, para cimentar un modelo de desarrollo orientado al bien común; (b) que tal modelo debe buscar superar las situaciones de pobreza, discriminación y marginación tanto social como política; (c) que el desarrollo socioeconómico requiere justicia social; (d) que en el área rural es necesario aplicar una estrategia integral.

- En los acuerdos, se reconocen los procesos de participación y concertación como bases fundamentales para la construcción de una democracia real y para la consolidación misma del desarrollo económico.
- Dentro de estos procesos de participación, la prioridad la constituye el proceso de descentralización, el cual debe descender a nivel de regiones, departamentos, municipios y comunidades.

En el tema del desarrollo social, se contempla lo siguiente:

- Con el logro de la paz, la economía puede alcanzar crecimientos no inferiores al 6% anual.
- Se considera, como una obligación indeclinable del Estado, buscar la superación de las inequidades y de los desequilibrios sociales. En tal sentido, se busca aumentar de manera significativa la inversión social, en particular en salud, educación y trabajo.
- El gobierno se propone incrementar, para el año 2000, el gasto público ejecutado en educación en relación con el PIB en 50%, con respecto al gasto ejecutado en 1995.
- Para el año 2000, el gobierno se compromete: (a) a facilitar el acceso de toda la población entre 7 y 12 años de edad a, por lo menos, tres años de escolaridad, y (b) a incrementar el porcentaje de alfabetismo a un 70%.
- El gobierno se compromete a aumentar los recursos destinados a la salud. Se propone, como mínimo, que el gasto público ejecutado en esta área, en relación con el PIB sea incrementado en un 50%, con respecto al gasto ejecutado en 1995. El gobierno se compromete a presupuestar, por lo menos, el 50% del gasto público en salud, a la atención preventiva y a reducir la mortalidad infantil y materna, antes del año 2000, a un 50% del índice observado en 1995.
- El gobierno se compromete a dedicar a la política de fomento de la vivienda, prioritariamente al subsidio de la demanda para vivienda popular, el equivalente a no menos del 1,5% del presupuesto de ingresos tributarios, a partir de 1997.
- Se deben poner en práctica acciones de política monetaria que permitan reducir significativamente el costo del crédito.
- Se deben propiciar medidas concertadas con los distintos sectores sociales tendientes a incrementar la inversión y la productividad.

- Es necesario propender porque los programas de capacitación y formación profesional a nivel nacional atiendan a, por lo menos, 200.000 trabajadores, antes del año 2000.

Para atender al sector rural, se contempla lo siguiente:

- Transformar la estructura de tenencia y uso de la tierra, con el propósito de incorporar la población rural al desarrollo económico, social y político.
- Crear un Fondo Fideicomiso de Tierras, el cual concentrará la potestad del financiamiento público de adquisición de tierras, propiciará el establecimiento de un mercado transparente de las mismas y facilitará el desarrollo de planes de ordenamiento territorial.
- Garantizar, para el período 1997-2000, en las zonas de mayor índice de pobreza, la ejecución de un programa de inversiones del sector público agropecuario en las cadenas productivas vinculadas a la agricultura, silvicultura y pesca, por un monto global de Q200 millones.
- Impulsar un programa de desarrollo ecoturístico.
- Elaborar un programa de inversiones para el desarrollo rural, con énfasis en infraestructura básica y de proyectos productivos, por un monto de Q300 millones anuales, para el período 1997-1999.
- Para financiar los programas del sector rural, dado el carácter prioritario del mismo, el gobierno se compromete a incrementar los recursos destinados a este propósito, por medio de: (a) mecanismos para la aplicación, en consulta con las municipalidades, de un impuesto territorial en las áreas rurales, y (b) una nueva escala impositiva que fije impuestos significativamente más altos a las tierras ociosas y/o subutilizadas, de propiedad particular.

En el tema de justicia y seguridad se precisa:

- El gobierno se propone incrementar, para el año 2000, el gasto público efectivo destinado a los organismos judiciales y al ministerio público, en relación con el PIB, en un 50% con respecto al gasto destinado en 1995.
- El gobierno se propone que el gasto público efectivo ejecutado en seguridad pública con relación al PIB, para el año 2000, sea incrementado en un 50% con respecto al gasto ejecutado en 1995.
- En las fuerzas armadas, se busca optimizar los recursos disponibles de tal forma que en el año 1999 se logre una reducción respecto al gasto destinado en 1995, de un 33% en relación con el PIB.

En materia fiscal, estas medidas demandan:

- Profundizar en la descentralización y en la desconcentración de las facultades.

- Dar prioridad al gasto social, al financiamiento de la prestación de servicios públicos y a la infraestructura básica de apoyo a la producción y comercialización.
- El gobierno se compromete a que, antes del año 2000, la carga tributaria en relación con el PIB se haya incrementado en, por lo menos, un 50%, con respecto a la carga tributaria de 1995.

Acuerdos de paz. El Salvador[17]

En el caso de El Salvador, las negociaciones tuvieron como antecedente las conversaciones sostenidas por el gobierno demócrata cristiano en Ginebra, a principios de los años ochenta. Las negociaciones consistieron en un largo proceso de más de dos años. En éste, también ejercieron influencia tanto la presión internacional motivada por la generalizada situación de violencia política como la sensibilización hacia la paz que la agudeza de ésta ocasionó en los grupos de oposición. Según expertos militares de la época, el enfrentamiento llegó a desembocar en un empate técnico, pese a la abundante ayuda externa que recibieron las fuerzas regulares, sobre todo, en materia de asesores militares. La contraparte, por su lado, contaba con el apoyo de una buena proporción de la sociedad civil y con el respaldo político de una creciente oposición. La intensa actividad desarrollada por el Grupo de Contadora y posteriormente por el Grupo de Países Amigos actuó en favor de la negociación y sirvió como elemento internacional moderador.

A comienzos de los años ochenta, la Junta Revolucionaria de Gobierno intentó dar respuesta a las demandas de naturaleza ideológica esgrimidas por los rebeldes, mediante la introducción de reformas económicas importantes como la reforma agraria, y las nacionalizaciones de la banca y del comercio exterior. Sin embargo, dichas acciones tuvieron poca credibilidad, a pesar de provenir de un gobierno con fuerte presencia de la Democracia Cristiana. Adicionalmente, la inercia del conflicto resultaba ya muy importante.

Se estima que la cantidad de salvadoreños movilizados llegó a 14.000 rebeldes en armas, mientras los efectivos militares sumaban 40.000 y existían aproximadamente 150.000 civiles refugiados o movilizados internamente. Se considera que, en el momento más intenso del conflicto, el movimiento rebelde ocupaba más del 20% del territorio nacional y fue entonces cuando Francia y México decidieron reconocer al Frente Farabundo Martí para la Liberación Na-

---

17 Se tiene como referente: Naciones Unidas. *Acuerdos de El Salvador: en el camino de la paz*. San Salvador, Onusal, 1992.

cional (FMLN) como fuerza beligerante. Las negociaciones se iniciaron en 1989 y se seleccionó a Ciudad de México como el punto central de encuentro, con la participación del señor Álvaro de Soto, en calidad de Representante Personal del Secretario General de las Naciones Unidas.

En este caso de El Salvador, el acuerdo de paz definitivo, firmado en 1992, fue el resultado final de una serie de etapas del proceso de negociación, muchas de las cuales se sellaban con su respectivo acuerdo. Para muchos, el proceso final se inicia en 1989, cuando se suscribió el primero de ellos en Ciudad de México entre el gobierno de El Salvador y el FMLN. Posteriormente se firmó el Acuerdo de Ginebra de 1990, el cual tuvo el gran mérito de establecer el marco de negociación orientado por las Naciones Unidas, cuya intervención había recibido el respaldo de los cinco presidentes centroamericanos. Allí, no sólo se establecen los cuatro objetivos del proceso, a saber: la finalización del conflicto armado por la vía política, la democratización del país, el respeto a los derechos humanos y la reunificación de la sociedad salvadoreña, sino que también se fija un calendario para continuar el proceso.

En el mismo año, ambas partes firmaron el Acuerdo de San José, sobre derechos humanos, el cual se convirtió en pieza fundamental para la creación de la Misión de Observadores de las Naciones Unidas en el Salvador, Onusal. Por primera vez, este organismo se comprometía con el desarrollo de una misión de tres componentes: derechos humanos, asuntos militares y observadores para verificar acuerdos políticos.

Después de intensas negociaciones, se llegó al acuerdo final de paz firmado en México el 16 de enero de 1992, un poco más de tres años después de haber logrado el primero de ellos. Se puso, de este modo, fin a la confrontación interna que azotó a El Salvador durante doce años y que dejó un saldo de más de 12.000 víctimas, así como incalculables pérdidas para la sociedad de este país.

Se tiene entonces que el acuerdo firmado por el Gobierno de El Salvador (GOES) y el Frente Farabundo Martí para la Liberación Nacional (FMLN) es el resultado de un largo proceso que involucró, además de los actores firmantes, a toda la sociedad salvadoreña, y contó, también, con la importante orientación e intervención del la comunidad internacional (en especial de los gobiernos de Colombia, España, México y Venezuela) y con el apoyo y el acompañamiento fundamental de las Naciones Unidas.

A continuación, se hace una rápida revisión de los acuerdos que condujeron al fin de la guerra en El Salvador y se presentan algunos hechos registrados con posterioridad a la firma del acuerdo definitivo, en México, el 16 de enero de 1991. Se hará especial énfasis en los aspectos económicos de la negociación y su ulterior desarrollo:

Acuerdo de Esquipulas II. 7 de agosto de 1987

Diseñado por el Presidente de Costa Rica, Oscar Arias. Este acuerdo formula un diálogo nacional conducente a una amnistía general, el cese del fuego y la realización de elecciones transparentes en El Salvador.

Acuerdo de México. 15 de septiembre de 1989

El GOES y el FMLN se comprometen a entablar un proceso de diálogo con el objeto de poner fin, por la vía política, al conflicto de El Salvador.

Acuerdo de Ginebra. 4 de abril de 1990

Se establece un marco que permita impulsar el proceso de diálogo entre las partes, bajo la tutela de la ONU, para el cual se señalan cuatro objetivos básicos: (a) terminar el conflicto armado, por la vía política, (b) impulsar la democratización del país, (c) garantizar el irrestricto respeto a los derechos humanos, y (d) reunificar a la sociedad salvadoreña.

Acuerdo de Caracas. 21 de mayo de 1990

Se aceptan tanto una agenda general como un calendario del proceso de negociación, el cual consta de tres fases, con sus respectivos objetivos: (a) lograr en varios aspectos acuerdos políticos, conducentes a la culminación del enfrentamiento armado, (b) brindar garantías y facilitar las condiciones para la reincorporación del FMLN a la vida civil, institucional y política del país y (c) discutir, luego de alcanzadas tales garantías, otros asuntos políticos finales para la consolidación de los objetivos del Acuerdo de Ginebra y para su verificación por parte de las Naciones Unidas.

En cuanto al calendario, se propuso alcanzar la culminación del conflicto armado por la vía política, antes de promediar el mes de septiembre de 1990, pues esta fecha favorecería la realización de un proceso electoral legislativo y municipal, en un ambiente de tranquilidad, amplia participación y libre de intimidación.

Acuerdo de San José (Costa Rica). 26 de julio de 1990

Éste fue el primer acuerdo firmado en el proceso de negociación, relacionado con el respeto irrestricto a los derechos humanos. Este compromiso, de alcance parcial, fue pieza fundamental para la creación de la Misión de Observadores de las Naciones Unidas en El Salvador (Onusal), establecida por Resolución 693 de 1991 del Consejo de Seguridad, e integrada para supervisar todos los acuerdos políticos celebrados entre el GOES y el FMLN, y atender especialmente los asuntos relacionados con la observancia de los derechos a la vida, a la integridad y a la seguridad de las personas, al debido proceso legal, a la libertad personal y de expresión y a la libertad de asociación.

La Misión iniciaría el ejercicio de sus funciones, a partir del cese del enfrentamiento armado, labor que se extendería, en un principio, por un año, pero este período podría prorrogarse de acuerdo con las circunstancias. A la postre, la Onusal se estableció formalmente en todo el territorio salvadoreño, para la verificación del respeto a los derechos humanos, el 26 de julio de 1991.

Acuerdo de México. 27 de abril de 1991

Este acuerdo estableció reformas constitucionales para las Fuerzas Armadas, para el sistema judicial y de derechos humanos y para el sistema electoral. Creó también, la Comisión de la Verdad, encargada de investigar los hechos de violencia ocurridos desde 1980. Todas los postulados del acuerdo fueron ratificados por la Asamblea Legislativa Salvadoreña, a excepción del tema militar que, a la postre, se convertiría en el "nudo gordiano" motivo de crisis en el proceso de negociación.

Acuerdo de Nueva York. 25 de septiembre de 1991

El llamado "nudo gordiano" pudo resolverse mediante la creación de un organismo de control y de participación de la sociedad civil en el proceso de cambio resultante de las negociaciones, tanto en relación con la fuerza armada, como con los demás puntos de la agenda. El ente creado fue la Comisión Nacional para la Consolidación de la Paz (Copaz). El acuerdo se centra en determinados puntos de la fuerza armada, de la Policía Nacional Civil y del tema Económico y Social.

En relación con el tema económico y social, se acordaron los siguientes puntos:

1. Las tierras que excedan el límite constitucional de 245 hectáreas, como las que son de propiedad del Estado y no constituyen reservas forestales de acuerdo con la ley, serán destinadas a pequeños campesinos y agricultores. Adicionalmente, el Estado comprará tierras a particulares para este mismo fin.
2. Se respetará el estado actual de tenencia de tierras, dentro de las zonas conflictivas, mientras se da una solución legal definitiva al régimen de tenencia.

3. Se revisarán las políticas de otorgamiento de créditos al sector agropecuario.
4. Las partes incluyen dentro de la temática económica y social de las posteriores negociaciones las siguientes materias: (a) la puesta en vigor de las medidas necesarias para aliviar el costo social de los programas de ajuste estructural, (b) el diseño de modalidades convenientes para la cooperación externa directa, destinada a apoyar proyectos de asistencia a las comunidades y desarrollo de las mismas, y (c) la creación de un Foro para la concertación económica y social, con la participación del gobierno, los empresarios y los trabajadores, que tendría como misión continuar resolviendo los problemas principales de la sociedad salvadoreña.

Acta de Nueva York I. 31 de diciembre de 1991

Se acordó iniciar un cese al enfrentamiento armado, desde el día 1º de febrero al 31 de octubre de 1992 y se anunció que el acuerdo final de paz se firmaría en Ciudad de México el 16 de enero de 1992.

Acta de Nueva York II. 13 de enero de 1992

Finaliza la negociación sobre todos los temas que quedaron pendientes en el Acta de Nueva York I, y se allana así el camino para la firma del acuerdo de paz del 16 de enero de 1992, en Ciudad de México.

Acuerdo de México. Chapultepec (definitivo). 16 de enero de 1992

Los principales logros de este acuerdo giran en torno al cese del enfrentamiento fratricida, la reorganización de la fuerza armada, la creación de la nueva Policía Nacional Civil (PNC) y el tema económico y social.

1. Fuerza armada

- Cambio de los principios doctrinarios que orientan su régimen institucional, su sistema educativo y sus actuaciones.
- Evaluación de todos sus miembros, por parte de una comisión *ad hoc*, conducente a depurar la fuerza armada, buscando minimizar los obstáculos a la reconciliación nacional.
- Reducción de sus filas, de acuerdo con la nueva realidad de paz.
- Esclarecimiento y superación de todo señalamiento de impunidad en sus oficiales, y remisión de los casos denunciados a la Comisión de la Verdad.

- Creación del Organismo de Inteligencia de Estado como ente subordinado al poder civil y bajo la autoridad directa del Presidente de la República, en sustitución de la Dirección Nacional de Inteligencia.
- Nombramiento de ministros de la Defensa no militares.
- Disolución de la Defensa Civil y proscripción del Estado de derecho a cualquier grupo paramilitar.
- Suspensión del reclutamiento forzoso.
- Adopción de medidas encaminadas a promover el mejor cumplimiento de la normas que rigen a la fuerza armada.
- Reubicación o baja de los efectivos que se encuentren integrados a unidades sujetas a supresión o disolución. Todos los efectivos dados de baja, recibirán una indemnización equivalente a un año del salario que les correspondía y el gobierno promoverá la realización de proyectos que posibiliten su incorporación a la vida civil.

2. Policía Nacional Civil (PNC)

Creada de conformidad con la reforma constitucional propuesta en los acuerdos de México, la Policía Nacional Civil se concibe como un cuerpo que debe ser nuevo en su organización, sus cuadros, sus mecanismos de formación y de adiestramiento y su doctrina.

3. Sistema Judicial

Se acuerda trabajar en dos campos, a saber: (a) búsqueda de la independencia del Consejo Nacional de la Judicatura y del continuo mejoramiento de la formación profesional de los jueces y demás funcionarios judiciales, así como de los integrantes de la Fiscalía General de la República, y (b) fortalecimiento de la Procuraduría Nacional para la Defensa de los Derechos Humanos.

4. Sistema Electoral

Promover un proyecto general de reformas al sistema electoral, para lo cual se solicitará a la Copaz la designación de una comisión especial que realice dicha labor.

5. Participación política del FMLN

Adopción de medidas legislativas o de otro carácter que garanticen a los ex combatientes del FMLN el pleno ejercicio de sus derechos civiles y políticos, dentro de un marco de plena legalidad y con las garantías de seguridad que permitan el normal desempeño de las actividades propias de cualquier individuo libre, dentro de un régimen democrático.

6. Cese del Enfrentamiento Armado (CEA)

El CEA es un proceso irreversible, de duración preestablecida, corto y dinámico, que debe aplicarse en todo el territorio nacional de El Salvador. Durante la vigencia del CEA no habrá negociaciones sustantivas, sino únicamente las medidas necesarias para poner en práctica los acuerdos alcanzados en la negociación.

El CEA, que comenzará el primero de febrero de 1992 (llamado el día D) y terminará el 31 de octubre de 1992, se compone de cuatro elementos principales:

a. El cese del fuego.
b. La separación de fuerzas.
c. El fin de la estructura militar del FMLN y la reincorporación de sus integrantes a la vida civil, política e institucional del país.
d. La verificación por parte de las Naciones Unidas de todas las actividades que componen el CEA.

7. Tema económico y social

Las partes involucradas en la negociación tienen como postulado básico incluir una plataforma mínima de compromisos tendientes a facilitar el desarrollo económico y social sostenible de El Salvador. Al respecto, teniendo como referente el Acuerdo de Nueva York, los temas centrales son:

a. El problema agrario

- El GOES se compromete a asegurar la transferencia de tierras rústicas con vocación agrícola que aún no hayan sido transferidas de conformidad con los artículos 105 y 267 de la Constitución de la República y a vigilar la aplicación del mandato referente al tamaño de los predios, el cual no puede exceder de las 245 hectáreas.
- El GOES se compromete a transferir a los beneficiarios de la reforma agraria (artículo 104 de la Constitución) las tierras rústicas con vocación agropecuaria que sean propiedad del Estado y que no constituyan reservas forestales. Se dará prioridad en la ejecución de estos programas a los ex combatientes de ambas partes que voluntariamente lo soliciten.
- El GOES procurará adquirir y transferir las tierras voluntariamente ofrecidas en venta por sus propietarios, por medio del Banco de Tierras, para luego incorporarlas al programa de reforma agraria.
- Las transferencias de tierra, señaladas anteriormente, se harán a precios de mercado y bajo las condiciones de crédito establecidas por el Programa de

Reforma Agraria. También se podrá establecer un sistema de pago de precio fijo y a largo plazo, con tasas de interés bajas, fijas y no capitalizables. El crédito interno se complementará con financiamiento proveniente de la cooperación internacional, para lo cual se constituirá un Fondo Especial para la compra de tierras.

- Se impulsará un proyecto de ley tendiente a establecer un Código Agrario que busque unificar la legislación sobre el sector, llene sus vacíos y elimine sus contradicciones.
- De conformidad con el Acuerdo de Nueva York, se respetará el estado actual de tenencia de tierras, dentro de las zonas conflictivas, mientras se da una solución legal, satisfactoria para las partes, con respecto al problema. En primer lugar, se determinará quiénes son los actuales tenedores y se realizará un inventario de casos a los que se aplicara esta parte del acuerdo.
- El Copaz designará una Comisión Especial encargada de: (a) verificar el inventario de los predios afectados, dentro de las zonas de conflicto, (b) facilitar la solución de situaciones conflictivas entre los tenedores actuales y los legítimos propietarios y (c) adoptar las medidas necesarias para el cumplimiento de las anteriores disposiciones.
- El GOES legalizará, de forma definitiva, el régimen de tenencia de tierras en las zonas conflictivas, en los seis meses posteriores al cese del fuego. La propiedad puede ser individual o colectiva.

b. Crédito para el sector agropecuario y para la micro y la pequeña empresa

- El GOES velará porque el Sistema Financiero Nacional cuente con los recursos suficientes para atender la demanda crediticia del sector agropecuario, en general y, en particular, para la micro y la pequeña empresa, la producción campesina y las cooperativas del sector reformado y no reformado.
- Para asegurar la ejecución de los créditos, el GOES se compromete a fortalecer la participación de organizaciones representativas de los sectores carentes de recursos, en la formulación de las políticas del Fondo de Garantía Agropecuaria (Figape, Fedecrédito y BFA) y asegurará, además, la solidez financiera de estas instituciones.
- El GOES diseñará e impulsará nuevos programas de asistencia técnica, para propiciar una mayor productividad de los campesinos y agricultores.
- El GOES gestionará recursos financieros externos, para incrementar las posibilidades de crédito para pequeños y medianos agricultores y sus cooperativas.

c. *Medidas para aliviar el costo social de los programas de ajuste estructural*

- Presentar un proyecto de ley de protección al consumidor que contemple fortalecer el Ministerio de Economía.
- La política de privatización fomentará la participación social en la propiedad de las empresas privatizadas. Además, se evitarán las prácticas monopolísticas y se garantizarán la libertad empresarial y la protección al consumidor.
- El GOES fortalecerá los programas de compensación social en ejecución, dirigidos hacia el alivio de la extrema pobreza. Se buscarán recursos externos adicionales.

d. *Foro para la Concertación Económica y Social*

- Se busca con esta iniciativa lograr un conjunto de amplios acuerdos tendientes al desarrollo económico y social del país, en el cual participen, de forma igualitaria, los sectores gubernamental, laboral y empresarial. La concertación implica trabajar por fases, así: (i) acuerdos de aplicación inmediata para lograr la estabilización, (ii) acuerdos para atacar los problemas derivados de la finalización del conflicto armado y (iii) acuerdos que faciliten el proceso de reconstrucción posterior al conflicto.
- El Foro será convocado por la Copaz y se instalará en un plazo no mayor a un mes, luego de haberse firmado el presente acuerdo.
- Para garantizar la efectividad de los acuerdos, el GOES se compromete a emitir, modificar o derogar los decretos o normas de su competencia y a presentar iniciativas pertinentes a los otros órganos del Estado.

8. Plan de Reconstrucción Nacional (PRN)

- Se pretende que este plan refleje la voluntad del país e impulse el desarrollo integral de las zonas afectadas por el conflicto, la atención de las necesidades más inmediatas de la población y de los ex combatientes de ambas partes y la reconstrucción de la infraestructura afectada por la guerra.
- Se adoptarán medidas tendientes a facilitar la reincorporación del FMLN a la vida civil, institucional y política del país, para lo cual se incluirán acciones tales como becas, empleos, pensiones y programas de vivienda e instalación de empresas.
- Se fomentará la creación de empleo masivo y la producción de alimentos básicos, para lo cual el GOES promoverá el desarrollo integral de las actividades agrícolas, pecuarias, pesqueras, forestales y agroindustriales. Garantizará, además, la prestación de servicios sociales básicos e iniciará la reconstrucción y rehabilitación de la infraestructura económica y social.

- El PRN incorporará programas que beneficien tanto a los lisiados como a familiares de las víctimas de la población civil.

Se creará un Fondo de Reconstrucción Nacional, que canalice los recursos internacionales de apoyo a la ejecución del PRN. Este fondo contará con la anuencia y asesoría del Programa de la Naciones Unidas para el Desarrollo (PNUD).

Revisión de los acuerdos[18]

La negociación en El Salvador supuso un conjunto de acuerdos en los campos político, militar y económico-social, donde el FMLN logró imponer sus demandas en los aspectos políticos y de seguridad, pero cedió considerablemente en lo económico-social. Por su parte, el GOES logró reafirmar su planteamiento económico, pero perdió terreno en los aspectos políticos y de seguridad. En el Sistema de Justicia, según el criterio de muchos analistas, no se generó ninguna modificación sustantiva.

En la agenda salvadoreña aparecen, con cierta relevancia, los temas militares, debido principalmente, al elevado grado de militarización que presentaba el país, lo que se hace evidente si se mira que en la década anterior a la firma del acuerdo de paz final, El Salvador pasó de 10.000 a cerca de 70.000 efectivos (aumentó siete veces), gastando entre 1981 y 1990 aproximadamente 1.996 millones de dólares, equivalentes al 5% del PIB, en promedio, para el período.

En El Salvador, la fuerza armada desmovilizó, en el primer año de paz, alrededor de 30.000 de los 63.000 efectivos que la conformaban; mientras que los insurgentes del FMLN desmovilizaron 7.000 hombres. De otro lado, la nueva Policía Nacional Civil (PNC), adscrita al Ministerio del Interior y de Seguridad Pública, incorporó 10.000 efectivos en el nivel básico y a unas 500 personas en los niveles ejecutivos y superior.

Con respecto a la verificación, en El Salvador ésta fue una operación permanente y sobre el terreno que comprometió, desde 1991, a 709 oficiales militares, 360 unidades de policía de diversos países y 146 funcionarios civiles, tanto para el tema de los derechos humanos como para los aspectos de reformas institucionales del país.

---

18 Se siguen los comentarios expuestos por Jesús Antonio Bejarano, en *Una agenda para la Paz*. Aproximaciones desde la Teoría de la Resolución de Conflictos. Tercer Mundo Editores, Bogotá, 1995.

Aspecto económico-social

Según Bejarano, las propuestas iniciales de la insurgencia tienden a transformarse, de forma radical, en acuerdos de otro orden, no previstos al inicio de las negociaciones. Así, las demandas del FMLN se transforman en la creación del Plan de Reconstrucción Nacional (PRN), que afecta a casi el 50% de la población del país, incluidos 46.306 desmovilizados, 60.000 desplazados, 26.000 repatriados y más de 1.700.000 personas residentes en las zonas en donde se presentaba el conflicto. El PRN cubre, aproximadamente, el 54% del territorio nacional y maneja un total de 1.500 millones de dólares al año, casi un 25% del PIB de 1992[19]. La ayuda financiera proviene especialmente de los Estados Unidos, la Comunidad Económica Europea y el Japón, que la condicionan al cumplimiento de los acuerdos, especialmente en materia de derechos humanos.

En el tema agrario, quedó claro que se entregarían tierras a los ex combatientes de ambas partes y a los tenedores, en la medida en que éstas estuviesen disponibles. En caso de que el legítimo propietario de la tierra no deseara venderla, el GOES procurará reasentar a los campesinos o agricultores en tierras que estén disponibles para ello, procurando que se encuentren en la misma zona.

El Programa de Transferencia de Tierras, de acuerdo con Maurico Chávez[20], se propuso entregar 150 mil manzanas (hectáreas) a ex combatientes, a ex soldados y a pobladores de las zonas conflictivas, logrando, hasta 1996, transferir el 98% de las propiedades contempladas, en beneficio de 26.000 personas. Sin embargo, los programas de reinserción se han caracterizado por ser de emergencia y corto plazo, lo que tiene a la mayoría de sus beneficiarios por debajo de los límites de subsistencia y sin la capacidad financiera para cumplir con los compromisos adquiridos (deuda agraria, crediticia, vivienda).

El Foro de Concertación Económico-social, por su parte, no produjo resultados de importancia, porque no existió una voluntad suficiente de participación, por parte del sector privado, el cual se abstuvo de incorporarse al proceso hasta el 9 de diciembre de 1992; esgrimiendo como excusa, la inconformidad generada por las invasiones de fincas promovidas por el FMLN.

---

19 El PRN se convirtió en motivo de conflicto cuando el GOES lo utilizó para propósitos de su fortalecimiento electoral en la campaña presidencial de 1994.

20 Ex combatiente del FMLN. Conferencia presentada en la Asamblea por la Paz. Bogotá, agosto 27, 28 y 29 de 1996.

ANEXO 2.2
ACUERDOS DE PAZ EN COLOMBIA

1. Acuerdo político entre el Gobierno nacional, los partidos políticos, el M-19 y la Iglesia católica en calidad de tutoría moral y espiritual del proceso (9 de marzo de 1990)

Acuerdo	Programa	Duración	Financiación
Reforma constitucional, Plebiscito, Referéndum o Asamblea Constituyente	Ampliación de los espacios democráticos		Gobierno nacional
Circunscripción Especial de Paz		Elecciones de 1992	Gobierno nacional.
Fondo Nacional para la Paz			Gobierno, empresa privada y organismos internacionales
Reforma electoral	Establecer la tarjeta electoral y el voto en ambiente reservado. Ampliar la representación parlamentaria		Gobierno nacional
Administración de Justicia	Reforma integral de la Justicia	3 años	Gobierno nacional
Producción, trafico y consumo de estupefacientes	Investigar la dimensión nacional e internacional del fenómeno		Gobierno nacional
Dejación de las armas e indulto	Coordinar el Plan de Desmovilización, Reinserción Social y Productiva		
Comisión de seguimiento	Concretar y dar viabilidad a los compromisos adquiridos		Gobierno nacional
Seguridad	Brindar protección y seguridad a los desmovilizados	Previa, durante y posterior	Gobierno nacional

2. Acuerdo político entre el Gobierno nacional y el Partido Revolucionario de los Trabajadores (PRT) (Ovejas, Sucre, enero 25 de 1991)

Acuerdo	Programa	Duración	Inversión	Financiación
Participación en Asamblea Constituyente	Vocería permanente en la Asamblea Nacional Constituyente			
Garantías políticas y promoción del proceso	Facilitar los medios jurídicos y administrativos para legalizar el PRT			Gobierno nacional
Promoción del proyecto político	Apoyar la acción pública del PRT			
	• Prensa, radio y TV	1 mes	8.000.000	Gobierno nacional
	• Celebración cívica entrega de armas	4 meses		
	• Local presentación proyecto político			
	Casas por la vida			
Legalización del Partido Político	Inscripción y legalización del partido ante las autoridades competentes			
Garantías jurídicas	Aplicar el decreto de indulto para los desmovilizados, aun los encarcelados			Gobierno nacional
Seguridad	Plan de Seguridad. Siete unidades			Gobierno nacional
Derechos humanos	Defensa y promoción de los DH. Oficina delegada para la Costa Atlántica:			
	• Comisión Gubernamental Delegada		30.000.000	Gobierno nacional, departamental y municipal
	• Comités Municipales			
	• Oficina de Recepción de Denuncias			
	• Atención a Familiares de las Víctimas de la violencia (Fundación)			
Policía indígena	Reordenamiento de la policía nacional (estudio)	3 meses		Gobierno nacional.

(Continúa en la página siguiente)

(Continuación)

Acuerdo político entre el Gobierno nacional y el Partido Revolucionario de los Trabajadores (PRT) (Ovejas, Sucre, enero 25 de 1991)

Acuerdo	Programa	Duración	Inversión	Financiación
Reconciliación	Reencuentro con la sociedad civil en un marco de tolerancia política y respeto a la vida:			Gobierno nacional
	• Iniciación	1 mes	450.000 (c/u)	
	• Transición: capacitación, educación, salud y programas complementarios.	6 meses	2.000.000 (c/u)	
	• Consolidación: proyectos productivos (crédito), educación superior (becas), empleo estable	4 años	2.000.000 (c/u)	
	Evaluación global del plan			
Política de normalización	Planes Regionales: inversión para el desarrollo regional		300.000.000	Gobierno nacional
Seguimiento	Comisión Bilateral: verificación de los puntos del acuerdo			

3. Acuerdo político entre el Gobierno nacional y el Ejército Popular de Liberación (EPL)
(Bogotá, 15 de febrero de 1991)

Acuerdo	Programa	Duración	Inversión	Financiación
Representación Asamblea Nacional Constituyente				
Promoción del Proceso de Paz	• Publicidad: radio, TV y prensa, y un libro (3.000 ejemplares) • Casas de la democracia • Comités operativos regionales		15.000.000 12.000.000	Gobierno nacional
Promoción Proyecto Político	Publicidad: TV y prensa			
Veedurías	Carácter nacional e internacional			
Garantías jurídicas	Extinción de la acción penal y de las penas previstas (delitos políticos o en conexidad): contrato con tres abogados			
Legalización partido político				
Reinserción	Reincorporación a la vida política, económica y social del país: • Transición: educación, capacitación, asesoría empresarial y participación. • Reencuentro: Proyecto productivo (crédito), estudios superiores (crédito), ubicación laboral, seguimiento y evaluación (oficinas de reinserción)	6 meses 4 años	150.000.000 2.000.000 (c/u)	Gobierno nacional
Seguridad	Protección a ex combatientes: vehículos, escoltas y dotación			
Derechos humanos	Desestimular los factores generadores de violencia: crear comisión			
Planes regionales	Ubicar áreas de influencia e impulsar proyectos de desarrollo		2.000.000.000	Gobierno todos los niveles. Sector privado

4. Acuerdo político entre el Gobierno nacional y el movimiento armado Quintín Lame (MAQL) (Caldono, 27 de mayo de 1991)

Acuerdo	Programa	Duración	Inversión	Financiación
Dejación de las armas				
Veeduría	• Nacional (Confederación de Iglesias Evangélicas) • Internacional (gobiernos de Canadá y España)			
Garantías	• Extinción de la acción penal			Gobierno nacional
	• Auxilio mensual de subsistencia (Fundación Sol y Tierra)	6 meses 6 meses 2 meses	72.000.000 2.500.000	
	• Salud y asistencia psicosocial		7.000.000	
	• Auxilio de gestión y hospedaje (Bogotá)			
	Publicidad prensa y televisión			
Derechos humanos	Creación Comisión de Superación de la Violencia			
Seguridad	Garantizar la integridad de los desmovilizados: vehículos, escoltas y equipos			
Promoción	Contribuir a la difusión del proceso de paz: tres sedes (Fundación Sol y Tierra)			
Reinserción	• Transición: educación y capacitación técnica			Gobierno nacional
	• Reencuentro: proyecto productivo (crédito)	4 años	2.000.000 (c/u)	
	• Ubicación laboral			
	• Seguimiento y evaluación			
Desarrollo regional	• Fondo para la Paz		600.000.000	Gobierno nacional
	• Construcción de dos salones			
	• Campaña de salud oral básica			

5. Acuerdo político entre el Gobierno nacional y la Corriente de Renovación Socialista (CRS) (Flor del Monte, 9 de abril de 1994)

Acuerdo	Programa	Duración	Inversión	Financiación
Desarrollo regional	• Inversión	2 años	2.000.000.000	Gobierno nacional, departamental y municipal.
	• Vivienda: promoción, diseño y gestión (Fundación Arco Iris)		50.000.000	
	• Adjudicación tierras (Incora Sucre)			
Participación ciudadana	• Fondo para la Participación Ciudadana • Cartilla didáctica • Foro en Urabá			
Derechos humanos	Foro Nacional Consejería Presidencial para los derechos humanos			
Reinserción	• Salud (afiliación ISS) y tratamiento a limitados físicos y atención a familiares	2 años		Gobierno nacional
	• Educación y apoyo psicosocial Educación superior (crédito Icetex)	18 meses		
	Centros de operación			
	• Vivienda: subsidios y créditos		4.000.000 (c/u)	
	• Cultura: gestores culturales	4 años		
	• Proyectos productivos (crédito)		600.000.000	
	• Asistencia técnica			
	• Programa de Tierras (Incora)	1 año	2.040.000 (c/u)	
	• Promoción	1 año	100.000 (c/u)	
	• Auxilio de transporte			
Beneficios jurídicos	Garantizar el desenvolvimiento normal de las actividades de la CRS: contrato con dos abogados	1 año		
Favorabilidad jurídica	Curul en la Cámara de Representantes	4 años		

(Continúa en la página siguiente)

(Continuación)

Acuerdo político entre el Gobierno nacional y la Corriente de Renovación Socialista (CRS) (Flor del Monte, 9 de abril de 1994)

Acuerdo	Programa	Duración	Inversión	Financiación
Seguridad	• Protección a dirigentes de la CRS: vehículos, escoltas y equipos • Seguridad a las sedes			
Comisión de verificación	Establecer la veeduría del Proceso de Paz (nacional e internacional)	2 años		

6. Acuerdo político entre el Gobierno nacional y el Frente Francisco Garnica de la Coordinadora Guerrillera (Cañaveral, 30 de junio de 1994)

Acuerdo	Programa	Duración	Inversión	Financiación
Reinserción	• Salud:			Gobierno nacional
	Afiliación al ISS	1 año		
	Tratamiento para discapacitados			
	• Educación:			
	Capacitación	18 meses		
	Educación superior (crédito Icetex)			
	• Proyectos productivo (crédito)	4 años	3.000.000 (c/u)	
	• Vivienda: asistencia técnica			
	• Promoción del proceso	1 año	1.680.000 (c/u)	
	• Apoyo Fundación Colombia		40.000.000	
Beneficios jurídicos	Indultos: contrato 1 abogado	1 año		
Seguridad	Protección: vehículos, escoltas y equipos			
Favorabilidad política	Crear circunscripción electoral especial			

7. Acuerdo para la convivencia ciudadana, Gobierno nacional, Milicias Populares del Pueblo y para el Pueblo, Milicias Independientes del Valle de Aburrá y Milicias Metropolitanas, de la ciudad de Medellín (26 de mayo de 1994)

Acuerdo	Programa	Duración	Inversión	Financiación
Inversión social	Comunas 1, 2, 3, 4 y 6; infraestructura vial y servicios, educación, salud, recreación y equipamientos colectivos			Alcaldía Medellín
Normalización de la vida ciudadana	• Construcción núcleos de convivencia		200.000.000	Alcaldía Medellín
	• Gastos administrativos de los núcleos	2 meses		
	• Capacitación: cursos empresariales, cursos construcción, confección, metalistería	6 meses 2 años		
	• Convivencia y seguridad: contrato Metroservicios (cooperativa)			
	• Comisión Evaluadora			
Reinserción	• Participación en la administración pública (9 ex milicianos) Profesional	2 años 2 años	5.320.000 11.600.000	Gobierno nacional
	• Promoción del proceso: prensa y TV y libro (3.000 ejemplares)			
	• Promoción económica y social: documentos de identidad, educación (Icetex)	18 meses 2 años	2.700.000 (c/u) 3.500.000 (c/u)	Alcaldía Medellín Alcaldía Medellín
	• Contrato Metroseguridad		250.000.000	Gobierno nacional
	• Asistencia médica			
	• Proyectos productivos: crédito			
	• Vivienda			
	• Fundación para la Convivencia Ciudadana			

(Continúa en la página siguiente)

(Continuación)

7. Acuerdo para la convivencia ciudadana, Gobierno nacional, Milicias Populares del Pueblo y para el Pueblo, Milicias Independientes del Valle de Aburrá y Milicias Metropolitanas, de la ciudad de Medellín (26 de mayo de 1994)

Acuerdo	Programa	Duración	Inversión	Financiación
	• Comisión de seguimiento y evaluación			
Beneficios jurídicos				
Protección	Seguridad: vehículos, escoltas y equipo			Gobierno nacional
Favorabilidad política	Circunscripción electoral especial y participación en reuniones JAL			

ANEXO 2.3
PLANTEAMIENTOS DE LOS ACTORES DEL CONFLICTO EN COLOMBIA

En este anexo, se busca sintetizar las propuestas y planteamientos, con relación a temas económicos y sociales, de los diferentes actores del conflicto (gobierno, guerrilla, autodefensas y sociedad civil). Se excluyen, por la naturaleza del trabajo, los temas relativos a aspectos políticos y a procedimientos para las negociaciones mismas. La fuente básica de información es la separata de la revista *Cambio*: "La Paz sobre la mesa", que, a su vez, tiene como fuente documentos de los actores del conflicto, buena parte de los cuales fueron escritos para dicha publicación. Al final de la síntesis de las posiciones de los diferentes actores, se presentan comentarios, con el objeto de extraer conclusiones e ir definiendo líneas de trabajo.

Gobierno nacional[21]

- Fin de la impunidad que actualmente caracteriza al sistema de justicia.
- La negociación del fin del conflicto armado debe servir para repensar de forma concertada el proyecto de unidad e identidad cultural de la nación

21 Debido al momento en que se publicó la separata, los planteamientos del gobierno corresponden a la administración Samper. Posteriormente, en otro documento se buscará sintetizar los planteamientos que ha formulado el gobierno de Andrés Pastrana.

colombiana y la construcción del Estado social de derecho, así como diseñar las soluciones a los grandes problemas que la aquejan.

- El fin de la guerra implica sacrificios para todos, profundos cambios estructurales y una gerencia para la paz, encargada de impulsar y coordinar programas de adaptación individual y de transición colectiva a la convivencia pacífica para los ex combatientes, las víctimas de la confrontación, los desplazados y los exiliados Así también, se busca la reconstrucción de las regiones más afectadas por el conflicto, con un destacado ingrediente productivo, que ponga el énfasis en la viabilidad económica, a largo plazo, de todos los proyectos.
- Reforma agraria, fortalecimiento de la economía campesina, impulso al desarrollo rural alternativo, erradicación de cultivos ilícitos.
- Política energética.
- Manejo de los recursos naturales, conservación y protección del medio ambiente.
- Sistema de justicia, sistema de fiscalización, lucha contra la impunidad y la corrupción, en las esferas públicas y privadas.
- La verdadera disyuntiva de Colombia hacia delante es el tipo de modelo de desarrollo que requiere el país.

Coordinadora Guerrillera Simón Bolívar[22]

Planteamientos de la carta abierta al Parlamento colombiano:

- Sustitución de la apertura económica por una política que estimule, ante todo, la industria nacional y la producción agropecuaria, por medio de los créditos, la construcción de infraestructura, la importación de moderna tecnología y el mercado para los productos.
- Renegociación de la deuda externa, para impedir la exportación de capitales que el país requiere para su desarrollo.
- Los recursos naturales deben ser explotados con criterio patriótico, haciendo valer nuestra condición de propietarios. Los beneficios de la producción mineral (petróleo, carbón, etc.) deben revertir prioritariamente en el desarrollo de las regiones, como fruto de un plan nacional concertado.

---

22 Si bien es cierto que los planteamientos de la Coordinadora son de enero de 1992, vale la pena tenerlos presentes, dado que recientemente los grupos guerrilleros los han retomado como punto de referencia.

- Debemos construir nuevas refinerías y desarrollar la petroleoquímica, para así lograr nuestro autoabastecimiento.
- Hay que redistribuir las tierras, allí donde impere el latifundio. Construir la infraestructura vial y dotar del transporte necesario los campos del país, fijar créditos baratos para la agricultura y la ganadería, seguros de cosecha, facilitar insumos y tecnología moderna a todos aquellos que generan riqueza en nuestros campos y garantizar la venta de sus productos.
- Indemnizar a los afectados por la violencia.

Pronunciamientos de noviembre 1992 (después de rotas las conversaciones de Tlaxcala):

- Frente a la apertura económica impuesta por las entidades financieras internacionales, proponemos que se levante un modelo propio y soberano de modernización de la economía, el cual no sea dependiente, ni a costillas del pueblo y en cuya elaboración participen los trabajadores.
- Creación de un polo económico popular; esto significa el fortalecimiento y extensión de las formas de propiedad social o colectiva en todas las tareas productivas del campo y la ciudad.
- Se prohíben el monopolio y el oligopolio.
- Se declara la moratoria en el pago de la deuda externa.
- Desmontar la reforma laboral que ha echado atrás los derechos alcanzados por los trabajadores.
- Desmontar las empresas de empleo temporal y el sistema de contratistas.
- Desmontar la privatización de la salud, la educación, las empresas e instituciones del Estado, la prestación de servicios públicos de energía, agua y alcantarillado.
- Suspender las alzas periódicas a los precios de la gasolina, las tarifas de los servicios públicos y los artículos de primera necesidad.
- Desmontar el IVA y someter la aprobación de nuevos impuestos, precios, tarifas y salarios a la concertación entre todos los sectores económicos y sociales.
- El pueblo tiene derecho a la alimentación, la recreación, la vivienda y el transporte. La educación preescolar, primaria y secundaria pública, gratuita y obligatoria.
- Se realizará una reforma urbana, para lo cual se eliminará la concentración de la tierra urbanizable y se garantizará vivienda a todos los colombianos. Y una reforma agraria que haga realidad la consigna "La tierra para el que trabaja", garantizando ayuda técnica, créditos, insumos y organización del mercado.

- Adopción de una ley para la protección ecológica, que impida la deforestación, la contaminación y garantice disfrutar de un medio ambiente sano.
- Todas las minas, los recursos naturales del suelo y el subsuelo son propiedad de la nación y deben estar al servicio de los intereses nacionales. El pueblo colombiano tiene derecho exclusivo sobre sus recursos naturales. Tiene derecho a recuperarlos, a cobrar su indemnización o a dar por terminado todo pacto, contrato o tratado que lesione estos principios.

Ejército de Liberación Nacional

- La paz no es un programa de orden público, tampoco sólo ausencia de guerra, sino un problema de justicia social, de soberanía y seguridad nacional.
- Una distribución equitativa de la riqueza y el mejoramiento del nivel de vida de los sectores más pobres y marginados.
- Buscar un crecimiento sin sacrificar el empleo e ingreso de los trabajadores.
- Estamos por un desarrollo sostenible que permita nuevos avances, colocándonos nuevas condiciones para acceder a niveles superiores en lo tecnológico y científico-técnico propios, que, con el tiempo, posibiliten la autoexplotación de nuestros recursos.
- Aplicaremos una política de explotación nacional de los recursos naturales.
- Respetar y proteger la pequeña y mediana propiedad industrial, artesanal y minera.
- Establecer y combinar diferentes formas de propiedad privada, estatal, colectiva, comunitaria y solidaria. Se estimularán los procesos autogestionarios, fomentando, de manera especial y desde el Estado, la construcción de un polo de economía popular, futuro de la verdadera democracia económica.
- Se confiscarán las propiedades de las multinacionales y los grandes monopolios o se negociará con los mismos, según la conducta asumida por éstos, frente a la lucha popular y las aspiraciones de cambio del pueblo.
- De todas maneras, se limitará y controlarán los monopolios y toda inversión extranjera. Se establecerán nuevas relaciones con el capital extranjero y nuevas condiciones para la inversión de las multinacionales y la explotación de los recursos naturales.
- Se renegociará la deuda externa.
- Se trabajará por incrementar de manera significativa el gasto social y por mejorar la cobertura y calidad de los servicios más elementales: agua, luz, alcantarillado, vivienda salud, educación y acceso masivo a la cultura, el deporte y la recreación.

- También serán una preocupación los ancianos, los niños, la rehabilitación de los lisiados y damnificados por la guerra.
- Se realizará una reforma agraria que distribuya, entre el campesinado sin tierra, las propiedades de los terratenientes, narcotraficantes y latifundistas. El desarrollo de una nueva política de crédito que se preocupe, de manera muy especial, por el campesinado pobre y medio, estimulando formas cooperativas, asociativas, comunitarias y de rentabilidad.
- Se impulsará la industria alimentaria nacional, que resuelva las necesidades de consumo interno.
- Se apoyará a la pequeña y mediana empresa agrícola y agroindustrial y, en general, a las empresas no monopólicas que contribuyan a los propósitos no económicos del nuevo gobierno.
- A las familias que en el transcurso de la guerra sufrieron el desplazamiento forzoso se les garantizará el retorno a sus tierras, y se destinarán esfuerzos para mejorar su situación, en la medida de las posibilidades.
- Construir órganos de poder judicial que garanticen la supresión de la impunidad, promuevan la convivencia ciudadana, castiguen a los corruptos y a los crímenes de lesa humanidad.
- Propendemos por el desarrollo científico-técnico y el avance en los diferentes campos que contemplen el equilibrio necesario con la naturaleza y la preservación del medio ambiente, como patrimonio de la humanidad.
- Con relación al petróleo, hemos propuesto: (a) nacionalización de la explotación de los recursos naturales; (b) revisión de los contratos de asociación; (c) reversión de las concesiones vigentes al Estado; (d) establecer una reserva estratégica de hidrocarburos; (e) manejo soberano de los precios de nuestros hidrocarburos en el mercado internacional; (f) impuesto de un dólar por barril para el desarrollo de los municipios petroleros; (g) conformación de un consejo nacional petrolero, como instancia representativa de la soberanía nacional y popular que analice la problemática petrolera y proponga fórmulas que beneficien el interés nacional; (h) diálogo entre la USO-Ecopetrol-Insurgencia, con el propósito de construir una alternativa de manejo soberano de hidrocarburos; (i) convocatoria a un foro nacional energético, donde el ELN participaría con sus propias propuestas; (j) amplia discusión del Proyecto de Ley Marco de Hidrocarburos; (k) diálogo abierto entre la Asociación de Empresas Petroleras y la insurgencia, con el propósito de levantar alternativas de desarrollo económico y social en los entornos geográficos y humanos de sus asentamientos.
- Realizar, por la misma acción de las comunidades urbanas, una reforma urbana que resuelva los problemas de los barrios marginados, de vivienda, de los repartos ilegales y lotes ociosos, de la especulación con los arriendos

por los casatenientes, que condonen o renegocien las deudas por vivienda de habitación contraídas con instituciones estatales o privadas.

Fuerzas Armadas Revolucionarias de Colombia (FARC)

- El Estado debe ser el principal propietario y administrador en los sectores estratégicos: en lo energético, en las comunicaciones, servicios públicos, vías, puertos y recursos naturales, en beneficio del desarrollo económico-social equilibrado del país y las regiones.
- El énfasis de la política será la ampliación del mercado interno, la autosuficiencia alimentaria y el estímulo permanente a la producción.
- El Estado invertirá en áreas estratégicas de la industria nacional y desarrollará una política proteccionista sobre las mismas.
- El 50% del presupuesto nacional será invertido en el bienestar social. El 10% del presupuesto será invertido en investigación científica.
- El impuesto del IVA sólo afectará los bienes y servicios suntuarios.
- Entregar en forma completamente gratuita la tierra a los campesinos que la trabajan o quieran trabajarla, sobre la base de la confiscación de la propiedad latifundista en beneficio de todo el pueblo trabajador.
- La política agraria revolucionaria confiscará las tierras ocupadas por compañías imperialistas norteamericanas a cualquier título y cualquiera que sea la actividad a la cual estén dedicadas.
- El gobierno revolucionario establecerá un amplio sistema de crédito con facilidades de pago, el suministro de semillas, asistencia técnica, herramientas, animales, aperos, maquinaria, etc., tanto para los campesinos individuales como para las cooperativas de producción que surjan en el proceso.
- Se crearán un sistema planificado de irrigación y electrificación y una red de centros oficiales de experimentación agrotécnica.
- Se garantizarán precios básicos remunerativos y de sustentación para los productos agropecuarios.
- Se organizarán servicios suficientes de sanidad; se atenderá el problema de educación campesina (erradicación total del analfabetismo); se cumplirá un vasto plan de vivienda campesina y la construcción de vías de comunicación de los centros rurales productivos a los centros de consumo.
- Explotación de los recursos naturales (petróleo, carbón, etc.) en beneficio del país y sus regiones. Renegociación de los contratos con compañías multinacionales que sean lesivos para Colombia. La Comisión Nacional de Energía, con participación del Estado, los trabajadores del sector y las regiones, planificará la política energética.
- Se construirán más refinerías y se desarrollará la industria petroquímica.

Autodefensas Unidas de Colombia (ANUC)

- Se debe avanzar en la construcción de un nuevo proyecto de desarrollo nacional sobre la base de una fuerte intervención social del Estado, capaz de imponer una redistribución del producto global de la economía, bajo principios de equidad y justicia social. Aboguemos por un nuevo modelo económico inspirado en esta filosofía.
- El modelo de desarrollo actual ha incrementado los niveles de desigualdad existentes, y ha dado origen al surgimiento de nuevos conflictos con los sectores de la población pobre y con los productores que no tienen capacidad de competir en los mercados internacionales. Disminuyó ostensiblemente la inversión en los sectores agropecuarios e industriales; golpeó el aparato productivo con la libertad de importaciones; aumentó el desempleo a raíz de la declaratoria en concordato y quiebra de centenares de empresas industriales y comerciales, generó inestabilidad laboral y deterioró el salario. La política de privatización de las empresas estatales de bienes y servicios, de un lado, en la necesidad de suplir recursos al gobierno para financiar el creciente déficit fiscal y, de otro, en el favorecimiento del fenómeno de la concentración de la riqueza en manos de los monopolios industriales y financieros que son los únicos ante el gobierno con capacidad e influencia para adquirir los bienes de la nación.
- Consideramos fundamental la revisión y reorientación de la economía para identificar los niveles y tipos de intervención estatal a partir de nuestras propias realidades. Aspectos como la pobreza generalizada, el grado de desarrollo de las fuerzas productivas por sectores, la tecnología incipiente, el escaso capital disponible, su costosa financiación, la conflictividad social existente y las expectativas y metas de los actores sociales y políticos, no fueron de ninguna manera tenidos en cuenta en la adopción del modelo neoliberal cuyos resultados no pueden ser más desalentadores hoy.
- Nuestras propuestas en relación con un nuevo y justo régimen agrario están sustentadas en los siguientes criterios: (a) el programa de dotación de tierras debe superar el modelo de la simple entrega individual de tierras y la gestión de un crédito para el fomento de la producción; (b) el modelo de la nueva reforma agraria para la reasignación de tierras debe incluir el esquema de economía solidaria, preferiblemente; (c) la reforma agraria debe ser integral y concertada que entrañe una modificación sustancial del régimen de la propiedad, tenencia y administración de la tierra y conlleve la modernización tecnológica e industrial del agro; (d) la reforma debe garantizar a los propietarios comunitarios de la tierra asistencia especial en materia de organización social y capacitación en la gestión del crédito, debe facilitar el establecimiento de líneas de producción y comercialización, y

debe implementar orientación técnica para la innovación productiva y el manejo eficiente de la postcosecha; (e) el crédito para el sector agrario debe ser sujeto a las directrices de una economía social y equitativa que sea eficaz instrumento democrático de fomento y desarrollo; (f) los predios ociosos, subutilizados o aquéllos sobre los cuales el Estado posee reserva de dominio, como también los que adquiera a título de enajenación, deben constituir los escenarios predilectos de reforma agraria; (g) la reforma agraria no podrá afectar los predios que, cumpliendo con la función social inherente a la propiedad, registran altos índices de productividad; (h) la reforma agraria no podrá ampliar la frontera agrícola, como alternativa para la adjudicación de tierras a la población campesina; (i) es imperativa la modernización y reestructuración de la Caja Agraria, lo mismo que la sustitución o reestructuración a fondo del Incora; y (j) la reforma agraria debe generar un proceso de desprendimiento y solidaridad nacional, en procura de lograr para el campesino la justicia social expresada en la equitativa redistribución de la riqueza.

- Nuestras propuestas con respecto al petróleo como futuro factor de paz son: (a) revisión del régimen de contratación; (b) mayor participación de la nación en los contratos de asociación y riesgo compartido; (c) reestructuración y refinanciamiento del fondo nacional de exploración; (d) reforma al régimen de transferencias; (e) el modelo privatizador y su incidencia sobre la estatal petrolera; (f) fondo de estabilización petrolera, análisis y conclusiones; (g) políticas de autoabastecimiento a largo plazo; (h) participación del capital privado extranjero; (i) ampliación de la cobertura del servicio de gas domiciliario a las zonas rurales productivas.

Iniciativas de la sociedad civil

Existen múltiples iniciativas de la sociedad civil (Comisión de Conciliación Nacional, Red Nacional de Iniciativas por la Paz y contra la Guerra: Redepaz, Mandato Ciudadano por la Paz, la Vida y la Libertad, Destino Colombia, Comité de Búsqueda de la Paz, Unión Sindical Obrera, Consejo Gremial, Federación Colombiana de Ganaderos y Programa por la Paz, Compañía de Jesús). Sin embargo, la gran mayoría hace referencia a planteamientos de principios y de procedimientos para el proceso de negociación. A nivel del tema económico, los planteamientos son muy escasos, pero valdría la pena hacer referencia a dos de ellos:

- Durante muchos años, bien sea a través de impuestos o contribuciones especiales, el sector privado ha financiado la guerra que se libra en el país; creemos que llegó el momento de invertir en la paz. Por eso, en un proceso serio con la guerrilla el sector privado estaría dispuesto a estudiar con el nuevo gobierno esquemas de financiación, donde los bonos de paz sean un mecanismo que permita crear un gran fondo con contribuciones internacionales y con estos recursos financiar un proceso de paz: Consejo Gremial.

- Por su parte, Fedegan presentó la propuesta de "La cruzada nacional contra la pobreza", donde se planteó que "...el verdadero compromiso del grupo de colombianos que genera la mayor parte de la riqueza es ceder parte de ella para acometer una cruzada nacional contra la pobreza". Estos recursos que conformarían un "fondo social por la equidad y la justicia" buscaría convocar el compromiso internacional para la formulación de un "Plan Marshall" para reconstruir a Colombia. Este propuesta tendría tres condiciones: (a) el compromiso debe ser asumido por todos los sectores y grupos económico (no sólo reforma agraria); (b) la guerrilla si verdaderamente lucha por la justicia y equidad, deberá unirse a esta cruzada, y la única forma es con el cese de acciones violentas y la devolución de todos los secuestrados; y (c) la cruzada no trata de sustituir las responsabilidades y los recursos públicos; en tal sentido la inversión social del Estado en campos y ciudades debe redoblarse acompañando esta iniciativa del sector privado.

Bibliografía

Asamblea Permanente por la Paz, 1998. *Memorias acto de instalación*. Santa Fe de Bogotá.

Azam, Jean-Paul, 1994. *Some Economic Consequences of the Transition from Civil War to Peace*. Policy Research Working Paper 1392. Banco Mundial.

Banco Interamericano de Desarrollo, 1996. *Propuesta de préstamo para un Programa de Desarrollo Comunitario para la Paz*. Documento PR-2157.

Bejarano, Jesús Antonio, 1995. *Una agenda para la Paz. Una aproximación desde la Teoría de Resolución de Conflictos*. Tercer Mundo Editores, Santa Fe de Bogotá.

Clavijo, Sergio, 1998. *Dividendos de la paz y costos de la guerra en Colombia: la fuerza pública y su presión fiscal*. Universidad de los Andes. Documento Cede 98-15. Santa Fe de Bogotá.

Departamento Nacional de Planeación, 1998. *La paz: el desafío para el desarrollo*. Tercer Mundo Editores, Santa Fe de Bogotá.

De Roux, Francisco J., 1996. *Documento central de diagnóstico, conclusiones y recomendaciones*. Programa de Desarrollo y Paz del Magdalena Medio, Santa Fe de Bogotá.

Díaz, Amparo y Villamizar, Darío, 1991. *Acuerdos de Paz. Programa de Reinserción*. Colección Tiempos de Paz. Santa Fe de Bogotá.

Echeverry, Rafael, 1998. *Colombia en transición. De la crisis a la convivencia: una visión desde lo rural*. IICA, Tercer Mundo Editores, Santa Fe de Bogotá.

Ecopetrol, USO, 1996. *Asamblea por la Paz (Memorias)*. Biblioteca Luis Ángel Arango, Santa Fe de Bogotá.

Garay, Luis Jorge, 1998. *Crisis y construcción de sociedad. Apuntes sobre el caso colombiano* (mimeografiado), Santa Fe de Bogotá.

Herman, Rosa y Foley, Michel, 1998. *El Salvador Draft Report. The Center on International Cooperation.* New York University. The Social Science Research Council.

Murray, Kevin, Coletti, Ellen y Spence, Jack, 1994. *The Debate on Post-War Economic Recovery* in El Salvador. Hemisphere Initiatives. Cambridge, Massachusetts. San Salvador.

Naciones Unidas, 1992. *Acuerdos de El Salvador: el camino de la paz. San Salvador.*

Palacio, Marco, 1997. Documento preparado para el trabajo del DNP "La paz es rentable" (mimeografiado).

Presidencia de la República de Guatemala, 1996. *Acuerdos de Paz*. Fonapaz. Ciudad de Guatemala.

Solarte Lindo, Guillermo, 1998. *La convivencia en Colombia. Más allá de las armas.* Misión Rural, Vol. 7. IICA, Tercer Mundo Editores, Santa Fe de Bogotá.

Soto Velasco, Andres José y otros, 1998. *El gasto militar y el dividendo de la paz. Desarrollo teórico, comparativo internacional y realidad colombiana*. Departamento Nacional de Planeación, Santa Fe de Bogotá.

The Interamerican Development Bank, 1996. *Community Development for Peace Program* (Decopaz). Guatemala.

Vallejo, César M. y Rincón, Juliet. *Fondo de Inversión para la Paz –FIP– Programas Financiables*. Informe Final.

Varios autores, 1998. "Agenda de paz. Documentos para el debate". Separata Caja de Herramientas. Revista *Papeles para la Democracia*. Santa Fe de Bogotá.

Capítulo 3
Hacia una arquitectura para la paz y el desarrollo sostenibles: lecciones provenientes de la experiencia del Banco Mundial*

Nat Colletta - Markus Kostner
Patricia Cleves - Johanna Mendelson

Entre los hechos más sobresalientes del final de la Guerra Fría, se destacan los procesos de paz que en diversos países han marcado la transición desde el conflicto violento a la paz y el desarrollo sostenibles. A partir de los pactos de Mozambique (1993), Angola (1994) e Irlanda del Norte (1998), las elecciones que pusieron fin al *Apartheid* en Sudáfrica (1994), los acuerdos de paz mediados por las Naciones Unidas en El Salvador (1991) y Guatemala (1996), y las elecciones en Nicaragua (1990), ha crecido el consenso en torno a la necesidad de poner fin a los conflictos armados y comenzar el proceso de reconstrucción de las sociedades afectadas por la guerra.

Una perspectiva regional

Algunas de las lecciones más relevantes sobre *qué* es un proceso de paz, y *cómo* debe implementarse provienen de América Latina. De ellas se ha aprendido lo que significa participar en negociaciones prolongadas y se ha entendido cómo las guerrillas pueden pasar de ser combatientes fuera del sistema a actores políticos, dentro del sistema democrático. También se acepta hoy que incluso cuando la paz está cerca, sigue siendo frágil y corre el riesgo de sufrir retrocesos si los compromisos adoptados por las partes se consideran inadecuados, o si su cumplimiento se de-

---

* Este trabajo se preparó bajo la supervisión de Nat Colletta (gerente, Unidad de Postconflicto). Lo realizó un equipo encabezado por Markus Kostner (SDVPC) y que incluyó a Josie Bassinette (MNCWH), Patricia Cleves (SDVPC) y Johanna Mendelson (SDVPC). Rüdiger Ahrend, Caroline Moser, Colin Scott, Elizabeth Shrader, Andrés Solimano y Per Wan presentaron comentarios útiles. Santa Fe de Bogotá, Colombia, 22 de octubre de 1998.

mora. Se reconoce, asimismo, que la negociación y firma de un acuerdo de paz son tan sólo un comienzo y que la implementación de los compromisos es una tarea fundamental, pero difícil.

Las transiciones exitosas hacia la paz en América Latina han sentado las pautas para evaluar la calidad de un acuerdo de paz y su implementación. Existe una historia compartida acerca de cómo poner fin a un conflicto violento, por medio de acciones como la reintegración de los ex combatientes y la reubicación de los desplazados. También ha resultado necesario responder a los atropellos contra los derechos humanos, mediante la reconciliación con el pasado. Las experiencias recientes dejan en claro que forjar y sustentar la paz demandan un proceso de afianzamiento de la confianza mutua, así como apoyo financiero para sentar las bases de un Estado más abierto e incluyente.

A partir del decenio de 1980, en América Latina se han dado dos tipos de transiciones. En primer lugar, en el Cono Sur, Argentina, Brasil, Uruguay y Paraguay pusieron fin a dictaduras militares y transitaron hacia la democracia. Estos cambios de régimen también se vieron acompañados por transformaciones en las estructuras económicas, sociales y políticas. El tránsito de las dictaduras a los gobiernos democráticos sentó pautas sobre cómo responder al dilema del pasado y estableció mecanismos populares para apoyar tales procesos. Estas transiciones fueron el resultado de acuerdos negociados entre los gobernantes militares y los civiles y fijaron el ritmo y la calidad que deben caracterizar al "cómo gobernar", dentro de un marco democrático.

Un segundo tipo de transición, se dio en los procesos de paz que marcaron el fin de los movimientos revolucionarios que dominaron el panorama latinoamericano durante la Guerra Fría. La decisión de deponer las armas en América Central y el compromiso de construir sociedades más abiertas han planteado a los gobiernos de la región y a la comunidad internacional, el reto de apoyar la visión a largo plazo de un hemisferio pacífico.

La América Latina contemporánea ha experimentado diversos conflictos internos y procesos de transición. Desde el levantamiento zapatista en Chiapas, México, a las luchas emprendidas por Sendero Luminoso y el Movimiento Túpac Amarú, en Perú; los sandinistas, en Nicaragua; la Unidad Revolucionaria Nacional Guatemalteca (URNG), en Guatemala y el Frente Farabundo Martí para la Liberación Nacional (FMLN), en El Salvador, las guerras civiles han ardido en países que también celebraban elecciones regulares o en donde la sociedad civil se mantenía activa.

La coexistencia de un conflicto interno y un Estado en funcionamiento distinguen a la región de otras situaciones registradas con posterioridad a la Guerra Fría, particularmente en África, donde fue más común la presencia de estados en colapso y donde el conflicto, a menudo, se desarrolló en la ausencia de una estructura estatal. De otro lado, hay quienes arguyen que las conclusiones exitosas de las confrontaciones internas en algunos países de América Latina dependieron, en gran medida, del grado de compromiso de los actores externos. Por ejemplo, las Naciones Unidas, en colaboración con agencias bilaterales, han desempeñado un papel fundamental en el apoyo sostenido a la estabilidad en América Central, tema que, por cierto, no ha pasado inadvertido para los líderes africanos y asiáticos que buscan la paz para sus países. De modo similar, las instituciones de Bretton Woods ofrecieron los conocimientos y los recursos técnicos que permitieron que los aspectos diplomáticos de la paz coincidieran con los esfuerzos de reconstrucción económica, durante la transición de las sociedades de la guerra a la paz.

El creciente involucramiento de los actores internacionales en el apoyo a los procesos de paz, ha convertido a la resolución de los conflictos en un esfuerzo de cooperación internacional. En él confluyen una mezcla de voluntad política de parte de los bandos en conflicto y el papel neutral, facilitador y mediador desempeñado por las Naciones Unidas o por grupos de naciones "amigas" del proceso de paz. Al lado del apoyo diplomático de estos últimos, las instituciones internacionales de financiamiento han provisto la asistencia financiera requerida para implementar los acuerdos. En otras palabras, la resolución de conflictos ha trascendido la simple mediación.

Un marco conceptual

En 1995, había en el mundo 35 conflictos armados, la mayoría de ellos civiles (*véase* Recuadro 3.1). En el hemisferio occidental sólo una guerra no era de carácter interno: el conflicto territorial entre Ecuador y Perú, recientemente resuelto (en 1998 se firmó y ratificó el acuerdo de paz entre ambos países). Si bien las guerras internacionales van en descenso, los conflictos armados internos se mantienen como un reto, para quienes buscan la paz y el desarrollo en el período de la Posguerra Fría.

RECUADRO 3.1
UNA DEFINICIÓN DEL CONFLICTO ARMADO

Un conflicto armado se define por producir, al menos, 25 muertes en el campo de batalla al año. Hay tres tipos de conflictos armados: los menores, los intermedios y las guerras. Un conflicto armado menor se caracteriza por no provocar más de 1.000 muertes en el campo de batalla durante todo el conflicto. Uno intermedio provoca más de 1.000 muertes en total, pero no más de 1.000 al año. Las guerras se caracterizan por producir más de 1.000 muertes al año. Los civiles se incluyen en el cálculo de las muertes. En las Américas, entre 1989 y 1993, con una pausa en 1991, Colombia se encontró técnicamente en guerra y, desde entonces, en un conflicto intermedio. De modo similar, Perú se encontró en guerra hasta 1993 y El Salvador hasta 1991 (Wallenstein y Sollenberg, 1996).

Como demuestran las experiencias en África, Asia y América Latina, los orígenes y expresiones de un conflicto violento difieren de país en país. Sin embargo, el reto que enfrenta una sociedad dividida siempre incluye cuatro propósitos: (1) *hacer la paz*, o buscar un fin para el conflicto violento; (2) *apropiarse de la paz*, lo que se da cuando todas las partes de la sociedad comparten los principios de un acuerdo de paz y se benefician de él; (3) *apoyar la paz*, por medio de políticas internas, económicas y sociales, con la asistencia de la comunidad internacional y (4) *sustentar la paz*, al traducir un acuerdo de paz en actividades concretas de reconstrucción económica, social e institucional. Mucho se puede aprender de las experiencias de transición en otras naciones y regiones. Tales lecciones se examinarán en este capítulo.

Como parte de los preparativos para esta ponencia, se realizaron estudios de caso en Bosnia y Herzegovina, Cisjordania y Gaza, El Salvador, Guatemala, Irlanda del Norte, Líbano y Sudáfrica, sobre la base de la participación directa del Banco y de las lecciones en ella aprendidas. También se recopiló información adicional sobre las experiencias del Banco Mundial en Afganistán, Albania, Angola, Camboya, Haití, Kenia, Liberia, Namibia, Nicaragua, Mozambique, la República Democrática del Congo, Ruanda, Sierra Leona y Uganda. Si bien los contextos individuales de cada país difieren entre sí –en ocasiones en gran medida–, estos estudios de caso ofrecen, creemos, enseñanzas relevantes al caso colombiano.

Bosnia y Herzegovina, Cisjordania y Gaza son ejemplos de Estados de reciente creación que contaron con un fuerte apoyo de la comunidad internacional y una coordinación eficaz entre los donantes. Líbano constituye el ejemplo de un enfoque asistencial, no del todo integrado que, sin embargo, obtuvo algunos logros notables. Irlanda del Norte y Sudáfrica son, quizás, los casos más próximos a la experiencia colombiana. Las dos naciones han sido gobernadas por un aparato estatal en funciones, si bien en el caso de Irlanda del Norte el gobierno directo desde Londres se extendió desde el decenio de 1970 hasta 1998. Ambas han conseguido llegar a transiciones pacíficas, gracias, en gran medida, a la importante participación de la sociedad civil.

Durante un conflicto, las prioridades son los derechos humanos fundamentales (como los derechos a la vida, la seguridad y la integridad) y la satisfacción de las necesidades básicas. Mientras persiste la confrontación, se ejercen demandas a las instituciones estatales para que se ponga fin al conflicto armado y se proteja a la población. En cambio, en una *situación postconflicto*, emergen asuntos estructurales: ¿Cómo gestionar una economía golpeada por la guerra? ¿Cuál es la capacidad institucional para responder a las demandas económicas y sociales? ¿De cuánta capacidad se dispone para enfrentar los retos de la seguridad y la impunidad? ¿Cuán serio es el problema de la gobernabilidad? Tales temas pasan, en ese momento, a un primer plano. Entonces, la sociedad tiene que estar preparada para ofrecer una respuesta, si quiere que la paz se logre y se consolide.

La reconstrucción posterior al conflicto demanda un enfoque global e integrado que vincule aspectos sociales, económicos, políticos y de reconciliación. Hay que advertir que todavía deben discutirse y sistematizarse las experiencias internacionales sobre derechos humanos y el derecho humanitario internacional, las políticas económicas y sociales que contribuyen a la paz, y el delicado tema de la seguridad. ¿Qué hace que la paz funcione? Esta pregunta aún requiere reflexión y atención. El presente capítulo da algunos pasos preliminares para categorizar –desde la perspectiva del Banco Mundial y su creciente participación en procesos de paz– algunas de las etapas y procesos generales que ayudan a hacer y conservar la paz. También, junto a las labores operativas y analíticas del Banco Mundial, con este trabajo se intenta contribuir a los esfuerzos de los colombianos por alcanzar una paz sostenible.

I. Hacer la paz

La arquitectura de la transición de un conflicto violento a la paz resulta sumamente variable. También lo es el tipo de acuerdo de paz que se logra (en El Salvador y Guatemala, por ejemplo) y los referendos nacionales que le siguen (el caso de Irlanda del Norte).

Hacer la paz –y lograr que ella se mantenga– son procesos que no sólo deben incluir a la totalidad de los sectores del gobierno y la oposición. También se requiere incorporar a todos los grupos afectados de la sociedad civil, como ocurrió en Sudáfrica y Guatemala. El logro de la paz exige incentivos para estimular a todas las partes a discutir sus diferencias. Los esfuerzos tempranos de reconstrucción deben combinar estrategias económicas, para fortalecer la capacidad institucional y para apoyar al Estado con proyectos comunitarios. Éstos, a su vez, deben proporcionar indicios tangibles sobre los beneficios reales que reporta el restablecimiento de la actividad económica.

A. Antes que se silencien los fusiles

El *apoyo previo a un acuerdo de paz* puede desempeñar un papel fundamental al ayudar a impulsar los aspectos diplomáticos de la pacificación. La experiencia internacional ha demostrado que si se disfruta de un grado mínimo aceptable de seguridad y de un marco económico e institucional, ciertos tipos de proyectos pueden iniciarse en zonas de conflicto, con anterioridad a la firma de un acuerdo de paz.

Tales actividades constituyen una verdadera oportunidad para fomentar los beneficios materiales que la conclusión de una guerra puede reportar a la sociedad. Las inversiones "preacuerdo", en la forma de apoyo a las pequeñas empresas, por medio de microcréditos, o los programas de creación de empleo, constituyen una forma de *capital de riesgo* en apoyo de la paz. Entre sus ventajas, se cuentan la neutralización de posibles obstáculos al demostrar, de antemano, la buena fe del gobierno, al responder a problemas centrales que demandan atención, al facilitar las negociaciones y al crear un clima apropiado para que florezca la paz.

Proyectos de este tipo pueden incluir la regeneración de las zonas afectadas por la pobreza, el desarrollo de incentivos para la estabilidad política y la provisión de estímulos (económicos y de otra índole) para que las partes negocien el fin del conflicto. En Colombia, casos ilustrativos son los proyectos del Magdalena Medio y de Reservas Campesinas, dos iniciativas piloto apoyadas por el Banco Mundial que se están adelantando en zonas de conflicto y que buscan establecer un *modus vivendi* pacífico, como un primer paso hacia la paz duradera.

En Irlanda del Norte, la comunidad internacional identificó que la generación de empleo era fundamental para ofrecer alternativas a la lucha armada. Los negociadores de paz utilizaron los fideicomisos especiales, creados para financiar la capacitación laboral y ofrecer microcréditos a las pequeñas empresas, como una especie de "ventana" que mostrara lo que el futuro podría traer al terminar la guerra. El Fondo Voluntario para Irlanda del Norte es un esfuerzo único por promover los avances económicos y sociales y fomentar los contactos, el diálogo y la reconciliación, en una sociedad todavía dividida por un conflicto violento (*véase* Recuadro 3.2).

RECUADRO 3.2

EL FONDO VOLUNTARIO DE IRLANDA DEL NORTE

Un supuesto clave en la creación del Fondo fue el concepto de que la exclusión social era un factor en la alienación de los ciudadanos y, por lo tanto, un determinante en la continuación de la violencia. Los proyectos apoyados por el Fondo respondieron a esta situación y fomentaron la inclusión social al vincular el desarrollo económico con los objetivos de la pacificación. Se financiaron 487 proyectos comunitarios para respaldar el fortalecimiento de la capacidad, con un costo total de cerca de US$12 millones.

Otro supuesto fue que la edificación de la paz era esencial. Los esfuerzos de inclusión social se vincularon al desarrollo económico. Finalmente, el Fondo apoyó proyectos que incorporaron la cooperación de género y el desarrollo, y se concentraron en su valor como ingredientes esenciales para generar confianza mutua en el proceso. Todos los proyectos apoyados por el Fondo se escogieron por su naturaleza innovadora y presta a correr riesgos.

Con la desmovilización y reintegración de los ex combatientes de todas las partes en conflicto y con la reestructuración del ejército y la policía para garantizar el profesionalismo y la imparcialidad, Sierra Leona proporciona otro ejemplo de cómo se puede fomentar la paz, en un momento en que la guerra se mantiene en ciertas partes del país. El programa aplicado allí también ilustra cómo vincular la desmovilización con asuntos más amplios, como la amnistía y la reconciliación. Por ejemplo, en los casos de los delitos de guerra más severos, se prevé que los jefes locales realicen ceremonias tradicionales de "limpieza". Así mismo, se espera que estas últimas, junto con las reuniones de reconciliación, ayuden a las comunidades a aceptar a los hijos e hijas que retornan. También se confía en que ello alivie los temores de los ex combatientes, sobre actos de represalia por parte de otros ciudadanos.

En Guatemala, los donantes internacionales apoyaron el fin de la impunidad, al crear una misión observadora de los derechos humanos, cerca de dos años antes que se alcanzara un acuerdo de paz final con el establecimiento de la Misión de las Naciones Unidas en 1994 (Minugua). Desde una perspectiva operativa, la presencia de la Misión de la ONU también significó una cuota mínima de seguridad y receptividad. Ella se requería, para que, quienes deseaban apoyar un proceso de paz, pudieran convertirse en participantes activos. Un proceso similar ocurrió en El Salvador. Allí, además, los derechos económicos de las poblaciones afectadas por la guerra, también recibieron un respaldo significativo de las instituciones financieras internacionales y de los donantes bilaterales. Sus marcos de orientación para el desarrollo económico y para el establecimiento de redes de apoyo social desempeñaron un papel clave, al ofrecer un futuro más esperanzador.

B. La paz como un proceso multifacético

La firma de un acuerdo de paz o la celebración de elecciones, no bastan para garantizar la paz. La verdadera pacificación es un proceso que se fundamenta en tres pilares: lo político, lo económico y lo relacionado con la seguridad, los cuales deben apoyarse mutuamente por medio de un proceso integral de toma de decisiones. Los logros políticos deben ir de la mano de las transformaciones económicas y sociales. Las personas que se han visto sometidas a un conflicto violento, inevitablemente, esperarán beneficios inmediatos de su conclusión. Uno de ellos es el alivio a su pobreza y a su condición de marginalidad.

1. La paz como seguridad

La debilidad o inexistencia de sistemas de seguridad que actúen como amortiguadores –a veces, los únicos– entre ganadores y perdedores es una de las más grandes amenazas para la paz, en una situación postconflicto: una de las lecciones importantes de la reconstrucción es que el grado de seguridad disfrutado influye en la durabilidad de la paz. En Bosnia y Herzegovina, la presencia de la Fuerza de Implementación, la alianza multinacional de fuerzas de la OTAN, ha permitido que los desplazados retornen a sus hogares y ha ofrecido, a la vez, garantías a los ciudadanos ordinarios de que es posible restablecer la cotidianidad. Experiencias recientes en América Central muestran que la desmovilización y reintegración de las fuerzas guerrilleras son fundamentales para la seguridad ciudadana; como también lo son recolectar armas de la población civil y establecer nuevas fuerzas policiales civiles y libres de mancha. Tal vez, uno de los asuntos más delicados que enfrentan los promotores de la paz en el mundo es el de cómo ofrecer una seguridad básica a la humanidad, en entornos en los cuales los recursos son escasos y las armas abundantes. En definitiva, será la seguridad la que determinará si, después de una guerra, la población está dispuesta a reconstruir su sociedad.

Crear una fuerza local de seguridad que inspire confianza entre los ciudadanos ha sido uno de los principales retos del proceso de reconstrucción en una situación postconflicto. En el hemisferio occidental, ello ha resultado particularmente cierto en El Salvador, Guatemala y Haití. En estos casos, se crearon nuevas fuerzas de seguridad al concluir el conflicto.

Todavía no se dispone de conocimiento sobre las implicaciones que, a largo plazo, tiene el involucrar a la comunidad en la constitución de la policía. Sin embargo, ha quedado en claro que la participación ciudadana en la selección y colocación de los oficiales encargados de defender la ley, es parte de un esfuerzo mayor por construir un consenso sobre el estado de derecho. La policía se encuentra en el corazón mismo de tal proceso. Sin embargo, ésta debe verse como participante en una tarea más amplia que busca garantizar que la paz traiga también consigo la justicia.

2. La paz como un proceso político

La voluntad que demuestren las partes por negociar la paz ya constituye, por sí sola, un paso fundamental para poner fin al conflicto. Sin embargo, las deliberaciones no concluyen cuando las mismas han logrado un acuerdo. Una de las principales exigencias al implementar un acuerdo de paz, en esta etapa, es mantener abierto un foro para que las partes sigan dialogando sobre temas todavía no resueltos y puedan, así, resolver pacíficamente sus diferencias. La experiencia guatemalteca demuestra la importancia del proceso de implementación de la paz. Allí se creó una comisión que sirve como espacio de discusión, donde los actores del conflicto pueden exponer sus preocupaciones. Paralelamente, la presencia de donantes internacionales ha fortalecido los aspectos diplomáticos del proceso de paz, al garantizar que los acuerdos se cumplan y que los recursos se distribuyan de manera equitativa.

Otro aspecto importante de un proceso de paz consiste en la incorporación de los grupos guerrilleros a la actividad política, después de haber permanecido, por completo, fuera del marco estatal. En El Salvador, el Frente Farabundo Martí para la Liberación Nacional (FMLN) se transformó en una fuerza política significativa, tan pronto se consolidó como partido legítimo. Sus miembros lograron, sin dificultad, la transición de los frentes de batalla al escenario político. Colombia experimentó un proceso similar, cuando los guerrilleros del M-19 decidieron ingresar a la arena política, como actores reconocidos. En Sudáfrica, el Congreso Nacional Africano dejó de ser un movimiento insurgente y al convertirse en un partido político logró modificar, con éxito, su agenda para satisfacer las demandas populares dentro del sistema partidista.

3. La paz como un proceso económico

Los estudios que se han realizado sobre la transición de la guerra a la paz indican que la fase de posguerra es, por lo general, un momento difícil para la economía. En ella deben quedar atrás los gastos improductivos del conflicto y se requiere definir un uso más productivo de los recursos, que, a partir de entonces, se destinarán a la reconstrucción. Los economistas, forzosamente, deben trabajar en el nivel macroeconómico, concentrándose en estrategias e intervenciones que mejoren la capacidad del Estado para administrar la reconstrucción financiera de un país. Sin embargo, tienen también que tomar conciencia de las igualmente importantes demandas comunitarias, como son el empleo, los programas de desarrollo local y los microcréditos, sin descuidar otros apoyos financieros de emergencia, capaces de dar un nuevo impulso a la vida económica en el plano local.

El desplazamiento de recursos humanos provocado por los conflictos internos, generalmente conduce a un incremento en el desempleo o subempleo. Todo proceso de paz debe tomar en cuenta que la creación de nuevos empleos no sólo es buena para el desarrollo económico, sino también para la seguridad. La paz sólo es posible si se dispone de puestos de trabajo para los ex combatientes y los desplazados por el conflicto.

Hacer la paz demanda que los individuos dispongan de incentivos para trabajar y mejorar sus vidas. Para garantizar la reconstrucción del Estado, debe reconocerse que mantener la paz exigirá programas de creación de empleos. Éste ha sido el caso, ciertamente, en Bosnia y Herzegovina y en Irlanda del Norte.

C. El apoyo internacional a los procesos nacionales

Por su neutralidad con respecto a los conflictos civiles, la comunidad internacional se erige en un importante mediador. También puede actuar como un colaborador intelectual y financiero del proceso de paz, y fomentar la despolitización del debate, así como ofrecer incentivos y garantías. Incluso –de ser invitada a desempeñar tal papel– puede actuar como asesor técnico en la mesa de negociaciones. Igualmente, está en capacidad de apoyar a las partes, tanto en la discusión de lo que es viable, como en la identificación de lo que es deseable pero irrealizable.

Otra contribución potencial de la comunidad internacional es la transmisión oportuna de conocimientos y de las lecciones aprendidas de otras situaciones de postconflicto (*véase* Recuadro 3.3). El intercambio de información puede resultar muy útil, particularmente en las relaciones Sur-Sur. Un ejemplo lo constituye la colaboración entre guatemaltecos y sudamericanos sobre reformas militares. Asimismo, la comunidad internacional puede ayudar a *despolitizar* cuestiones fundamentales como la reforma agraria, los derechos indígenas y la desmilitarización, aspectos sin los cuales un acuerdo de paz puede resultar incompleto y, quizás, poco duradero.

D. La economía de la pacificación

Durante una guerra civil, buena parte de los esfuerzos de la Nación se destinan ya sea a la conquista o a la defensa del poder, por medio de las armas. El fin de una guerra debería constituir el augurio de una nueva era de crecimiento económico y desarrollo. Sin embargo, esto a menudo no sucede. La repercusión de un conflicto en una economía nacional depende de su naturaleza, intensidad y duración. Una guerra de gran envergadura, como la ocurrida en El Salvador y Guatemala, tiene un impacto mucho mayor en el crecimiento del PIB que los conflictos de baja intensidad, limitados a ciertas zonas de un país, como los que se han dado en Colombia.

RECUADRO 3.3
ASISTENCIA TÉCNICA Y TRANSFERENCIA DE CONOCIMIENTOS

Como institución imparcial, el Banco Mundial actuó como asesor técnico de las partes en la mesa de negociación en Bosnia y Herzegovina, Guatemala, Cisjordania y Gaza. El Banco ofreció asesoría sobre las implicaciones para el desarrollo económico de cada acuerdo de paz y ayudó a planificar la recuperación postconflicto, con una visión a más largo plazo, por medio de la creación de un marco coherente para la reconstrucción y recuperación. Su papel como "banco de conocimientos" y asesor en Sudáfrica, en campos tales como la política fiscal, la infraestructura urbana y la vivienda, se destaca particularmente. Por ejemplo, poco después de su juramento, el nuevo gobierno anunció que sus estrategias con respecto a temas agrícolas y de propiedad de la tierra se basarían fundamentalmente en las conclusiones del trabajo técnico conjunto realizado. Como una contraparte de la sociedad civil, el Banco Mundial ha sido un importante proveedor de asistencia técnica, con lo cual también ha fortalecido la capacidad para un desarrollo económico de largo plazo.

Los análisis comparativos sobre América Latina sugieren que el potencial para un repunte en el crecimiento, en una situación de postconflicto, depende, sobre todo, de cuán severos fueron los daños sufridos por los activos físicos del país durante la guerra. Si fueron graves, el crecimiento que se da en un comienzo sirve simplemente para "ponerse al día", o recuperar el terreno perdido. Lo más importante es garantizar el crecimiento sostenido, a largo plazo. En consideración a sus patrones de conflicto violento, es probable que Colombia al lograr la paz no pueda cosechar, de inmediato, un rico dividendo al menos en lo que se refiere a su PIB.

Al examinar el crecimiento postconflicto de los países latinoamericanos más afectados por la guerra, lo primero que se descubre es que éstos no tuvieron automáticamente un desempeño mejor que el promedio regional. En Guatemala, donde los combates terminaron al comenzar el decenio de 1990, el crecimiento, desde entonces, no ha sido significativo. Incluso, irónicamente, disminuyó cuando se firmaron los acuerdos de paz en 1996. A su vez, El Salvador experimentó un *boom* durante la primera mitad del decenio actual, con un crecimiento casi 3,5% mayor que el promedio. Sin embargo, parece que este fenómeno fue provocado, sobre todo, por el influjo de la ayuda externa y las remesas enviadas por salvadoreños residentes en el exterior. Para mediados de la década, el ritmo de crecimiento había regresado a sus niveles normales. Perú sobrepasó el promedio latinoamericano del 3,7% durante la primera mitad de los años noventa, y creció aproximadamente un 0,75% por encima del promedio, durante su período cúspide de 1996-1997. Aunque su desempeño en la primera mitad del decenio de los noventa puede atribuirse en parte al control de la hiperinflación y a las reformas económicas, antes que al fin de las hostilidades, el impresionante crecimiento que ha sostenido desde entonces, tal vez, indique que este país se encuentra en una senda de expansión económica, por encima de lo normal. La terminación del conflicto fue, sin duda, uno de los factores que contribuyeron a este logro, pero las políticas macroeconómicas sólidas también han sido un factor clave para el éxito peruano. En cambio, el crecimiento en Nicaragua ha sido deplorable en esta década, lo cual refleja que el país está pasando por una transición económica difícil, similar a la que viven los países de Europa del Este.

La reducción del tamaño de las fuerzas armadas, elemento común en varios acuerdos de paz, a menudo ofrece la oportunidad de liberar recursos para el gasto social. Tal fue el caso en Mozambique. En general, la desmovilización y reintegración exitosa de los ex combatientes tienen una serie de efectos importantes. Los ahorros presupuestales pueden usarse para financiar iniciativas que respondan a las causas subyacentes del conflicto y promover, así, el proceso de paz y el alivio de la pobreza. La reducción de las fuerzas armadas en Uganda hizo que el presupuesto de defensa se redujera a un 10% del presupuesto ordinario, es decir, US$10 millones al año. En Camboya, los ahorros anuales se calculan en US$14 millones, pero podrían llegar a US$41 millones, si se desmoviliza un mayor número de soldados. Reducciones de tal índole harían que la relación entre los gastos de defensa y los rubros sociales pase de 1,5 a menos de 0,5. Además, la desmovilización y la reintegración inspiran confianza entre los inversionistas locales e internacionales y con ello se fomenta el crecimiento y se reduce la pobreza.

La provisión de una red de seguridad social, tal vez temporal, para los grupos más afectados por la guerra, en la forma de transferencias en efectivo, puede justificarse, si facilita un cambio en el estilo de vida y en la forma de subsistencia. Un ejemplo de ello es el paso del estado de combatiente o refugiado al de económicamente activo. Tales transferencias también pueden constituir un importante estímulo para la inversión y la producción locales, así como incrementar la disponibilidad de productos y elevar los ingresos. En Uganda, se ha comprobado la sustancial contribución económica de los ex combatientes a la economía nacional. Los cerca de 32.000 soldados desmovilizados en las etapas I y II, entre 1992-1993 y 1994-1995, han contribuido a unos US$12,4 millones al PIB. Al menos, parte de este resultado puede atribuirse al capital inicial ofrecido para la reintegración a la vida civil. Los ex combatientes recibieron un apoyo, en efectivo, que equivalía aproximadamente al PIB *per cápita* para la población económicamente activa. Tal ayuda, les proporcionó recursos no sólo para consumir, sino también para invertir y generar impresionantes dividendos en el plano microeconómico.

En Colombia, sin embargo, la reducción de las fuerzas armadas puede no producir un dividendo de paz notable en el presupuesto del gobierno. Los gastos en defensa podrían incluso aumentar en el corto plazo, si parte de los rebeldes se integrara al ejército o a la policía, como ocurrió en Camboya. Pero, aún si se lograsen ahorros en defensa, éstos contribuirían al crecimiento general solamente si son canalizados hacia las áreas más productivas del desarrollo social y económico.

La privatización de las fuerzas armadas, se ha convertido en un tema espinoso en muchas naciones sumidas en conflictos armados. A menudo, los rebeldes o guerrilleros no están en guerra únicamente con los ejércitos regulares, sino también con otros combatientes privados, quienes son apoyados por una diversidad de actores, que van desde el sector empresarial hasta las fuerzas armadas formales. Éste es ciertamente el caso en Colombia con los grupos paramilitares. Tal situación existió también en Sierra Leona. Allí el gobierno contrató un ejército privado para combatir a los rebeldes. Igualmente, en la antigua Yugoslavia se recurrió a fuerzas paramilitares para practicar el terrorismo contra la población civil, incluso después de la suscripción de los acuerdos de Dayton.

Surge, entonces, la siguiente pregunta: ¿Qué hacer con los grupos paramilitares después de un conflicto? Se trata de un interrogante que todavía no halla respuesta en los países que han vivido tales situaciones. No parece existir una solución única para desarmarlos y reintegrarlos. Existe consenso en que ellos representan una seria amenaza para la paz y, sin embargo, el proponer programas para su beneficio sigue suscitando controversia.

Al finalizar un conflicto, el crecimiento económico a largo plazo exige un marco económico y político sano. Poner fin a una guerra civil es un requisito necesario, aunque no el único, para conseguir un mayor crecimiento. Es decir, tal marco por sí solo, a menudo, no basta. Si se quiere aprovechar plenamente el potencial de un país, es necesario que la buena gestión económica se vea acompañada por una gama de medidas sociales. El reto para Colombia es éste: tendrá que mantener los gastos en efectivo y en capital necesarios para sustentar la paz y, paralelamente, buscar un ajuste fiscal para corregir los actuales desequilibrios macroeconómicos. Una opción para consolidar la situación fiscal, al tiempo que se invierte en la paz, sería el establecimiento de un Fideicomiso para la Paz, que se ubique fuera de los presupuestos ordinarios. Tal fondo podría financiarse con un impuesto al uso de los recursos naturales, así como con las contribuciones de los ciudadanos, del sector privado y de la comunidad internacional. Pero hay que advertir que, a pesar de que se tomen tales medidas, la recuperación duradera no se conquistará de la noche a la mañana. La reconstrucción postconflicto y la gestión económica sana, sólo pueden sentar las bases para un desarrollo sostenible a largo plazo.

II. Apropiarse de la paz

Una sociedad dividida, únicamente, puede alcanzar una paz duradera si todos los segmentos sociales se involucran en el proceso y perciben que están obteniendo beneficios tangibles gracias a él. Éste será más sostenible, en la medida en que los diferentes sectores de la sociedad se sientan *propietarios* del mismo. En Irlanda del Norte, por ejemplo, se definió que las *potestades políticas se compartirían en un mayor grado,* con base en el acuerdo negociado entre los representantes de los diferentes bandos y ratificado posteriormente en un referendo nacional. Con pocas excepciones, la apropiación de un proceso de paz es un fenómeno que debe darse en el ámbito nacional.

A. La participación de la sociedad civil

La paz sólo prospera si ofrece oportunidades a todos. Por ello es clave un *proceso continuo de consultas* que involucre a todos los actores: el gobierno, los grupos de oposición, el sector privado, las ONG y los medios de prensa (*véase* Recuadro 3.4). Como mediador neutral entre los bandos de una sociedad dividida, la comunidad internacional puede desempeñar un papel importante, al fomentar la participación y ofrecer un espacio imparcial para el diálogo. Esto lo puede lograr organizando encuentros informales, talleres, giras de estudio y otras actividades con y para todos los segmentos de la sociedad. Dondequiera que la comunidad internacional se encuentre directamente involucrada en el proceso, también debe hallar maneras de trabajar eficazmente con todos los sectores.

RECUADRO 3.4

EL INVOLUCRAMIENTO DE LA SOCIEDAD CIVIL EN GUATEMALA

Aquí los acuerdos de paz han demostrado la importancia de involucrar a la sociedad civil en el proceso. No sólo se reconoció el papel de la Asamblea de la Sociedad Civil en la presentación de propuestas a la mesa de negociaciones. También se crearon oportunidades diversas para que el gobierno y los diferentes sectores de la sociedad discutieran propuestas sobre la implementación de los acuerdos y buscaran el consenso. El proceso ha contado con una base sólida para la paz sustentable, gracias a las comisiones conjuntas entre el gobierno y las organizaciones indígenas, el involucramiento de representantes civiles en la discusión y reforma de temas constitucionales y judiciales, y la participación de la sociedad civil en la implementación de medidas relacionadas con la propiedad de la tierra. Todo ello, ha permitido que sectores significativos de la sociedad se identifiquen con los acuerdos de paz, creando un sentimiento de propiedad del proceso.

El *capital social* acumulado[1] constituye la médula de cualquier colectividad. Cada país posee una sociedad civil que, de una forma u otra, da expresión política al capital social. Éste abarca tanto las organizaciones

1 El capital social se ha definido como "la confianza, las normas y las redes que pueden mejorar la eficiencia de la sociedad al facilitar la coordinación de acciones entre individuos" (Putnam, 1993, 167.)

civiles y sus redes, como aquellas normas y reglas no escritas, que facilitan la acción coordinada y permiten que la gente emprenda proyectos cooperativos para provecho mutuo.

Los conflictos civiles socavan la confianza y las estructuras sociales que facilitan la inversión. El temor, el recelo y la falta de capacidad organizativa o de otro tipo pueden ser un mayor obstáculo para rectificar las políticas macroeconómicas, o para revivir la inversión, que los mismos daños en la infraestructura. Reedificar la sociedad civil, por ende, implica reconstruir el capital social. La sociedad civil y las comunidades locales, pueden desempeñar un papel activo, al discutir y plantear propuestas y recomendaciones, tanto al gobierno como al sector privado, que reflejen las necesidades de la colectividad. También pueden proponer instrumentos institucionales para responder a estas necesidades y vigilar la implementación de sus recomendaciones. El establecimiento de nuevas relaciones sociales y económicas, así como la reparación del tejido social en sociedades y comunidades fragmentadas por la guerra, mediante proyectos conjuntos de reconstrucción y reconstitución de la confianza mutua, son pasos importantes hacia la reconciliación duradera.

B. El empoderamiento (*empowerment*) de la sociedad civil y la descentralización

1. El "empoderamiento"

Quienes sufren a raíz de un conflicto violento conocen –mejor que cualquier observador– los retos particulares que enfrentan. Por ello, potenciar a la gente y escucharla es un componente importante, en el momento de planificar intervenciones por medio de proyectos. Los enfoques participativos exigen una mayor inversión de tiempo. Por eso mismo, pueden considerarse poco adecuados durante la fase de transición. Sin embargo, la respuesta positiva que genera la apertura de los procesos de planificación y de ejecución, así como la voluntad que muestra la comunidad por lograr el éxito de proyectos que considera suyos, justifican plenamente el tiempo que se consuma en tales medidas preparatorias.

Para ser eficaz, el "empoderamiento" debe ir acompañado por dos procesos fundamentales: (1) la descentralización, la cual implica, además, reconocerle a la gente la oportunidad de participar activamente en el proceso de toma de decisiones, y (2) el fortalecimiento de capacidades, para garantizar que los actores del proceso cuenten con las destrezas necesarias para aprovechar al máximo su potencial.

2. *La descentralización*

Para cerrar la brecha entre el Estado y sus ciudadanos, así como para mejorar la capacidad y eficacia de las instituciones estatales, se requieren mecanismos que permitan: (a) incrementar la apertura y la transparencia; (b) fortalecer los incentivos para participar en cuestiones públicas, y (c) acercar al Estado las comunidades a las que éste pretende servir. Experiencias recolectadas a nivel mundial sugieren algunos puntos de partida claros:

a. Promover discusiones y evaluaciones públicas y generalizadas acerca del rumbo que deben tomar las políticas nacionales, y de las prioridades que ellas reflejan.
b. Estimular la participación directa de los usuarios y grupos beneficiarios, en el diseño, entrega y prestación de los bienes y servicios públicos locales, así como en la vigilancia de dichos procesos.
c. Fortalecer la capacidad y eficiencia de las organizaciones e instituciones locales responsables, en lugar de reemplazarlas con un organismo más centralizado.
d. Introducir mecanismos fuertes de vigilancia y supervisión del uso que se le da a los bienes públicos.
e. Concentrarse en procesos e incentivos que fomenten la responsabilidad y la competencia a nivel local.

C. El fortalecimiento de capacidades

La paz sólo resulta duradera, si todos los grupos sociales pueden participar activamente en ella. En cualquier situación postconflicto, los principales obstáculos para esta participación son la *escasez de capacidad* y las *deficiencias institucionales,* tanto a nivel local como nacional. Un conflicto violento cobra múltiples víctimas, tales como la pérdida (por muerte o desplazamiento) de profesionales y de líderes comunales y de otro tipo. Ello socava la capacidad de la colectividad para enfrentarse a los retos que surgen en una situación postconflicto. Por esto, la participación de la sociedad civil debe apoyarse por medio de la capacitación y del fortalecimiento de habilidades técnicas, económicas y legales, para que pueda desempeñar un papel eficaz, en el proceso de reconstrucción. Un buen ejemplo ha sido la lucha de las organizaciones mayas en Guatemala por capacitar a sus líderes, con el fin de que puedan participar plenamente en el proceso de paz y en el desarrollo de su país.

En Líbano, una capacidad institucional limitada para planificar e implementar proyectos, acompañada de la falta de personal calificado y experimentado, ha hecho que el Estado no pueda responder a las demandas económicas y sociales de sus ciudadanos, tales como la provisión de servicios básicos. La falta de capacidad para la gestión financiera en Haití y Mozambique, así como el deseo de obtener resultados rápidos *in situ*, llevaron a los donantes a administrar los fondos y los programas por su propia cuenta, dejando de lado a las instituciones gubernamentales. Este descuido en la creación y fortalecimiento de instituciones viables de carácter nacional tiene consecuencias graves a largo plazo, cuando los donantes comienzan a retirarse del país y no existen cuadros locales que puedan asumir el papel que estos últimos han venido desempeñando.

Al mismo tiempo, para ganarse la confianza de los donantes, los gobiernos deben mostrar un compromiso firme en favor de reformas que mejoren la transparencia presupuestal, la responsabilidad en el uso de los recursos públicos y la eficiencia administrativa. La experiencia demuestra que el fortalecimiento institucional y de capacidades, durante la transición de la guerra a la paz, es considerablemente más difícil que la provisión de infraestructura física y que, sobre todo, a nivel local, esta labor demanda tiempo y recursos. No obstante, sin tal inversión, los beneficiarios no pueden derivar provecho de su "empoderamiento". Por lo tanto, es fundamental que se realicen esfuerzos considerables para que los logros a corto plazo puedan sostenerse. La participación en el proceso de planificación, por parte de los grupos locales, es un componente clave del fortalecimiento de capacidades. Otros aspectos pertinentes son los siguientes:

1. Reformas administrativas: mejorar la calificación de los empleados públicos y pasar revista a las estructuras salariales y de incentivos.
2. Programas de capacitación y asistencia técnica.
3. La simplicidad en el diseño de instituciones y programas.
4. La gestión local de los fondos y la implementación de proyectos, bajo la supervisión del gobierno central y del donante en cuestión.

5. El uso de contratistas, trabajadores y proveedores de servicios locales.
6. Alianzas entre organizaciones no gubernamentales locales e internacionales.

Los proyectos de asistencia técnica, como los emprendidos por el Banco Mundial en Camboya, Ruanda y Cisjordania y la Franja de Gaza, ofrecen un auxilio crucial, en el corto plazo. La incorporación de recursos humanos nacionales en las actividades de las organizaciones internacionales, puede proporcionarles opciones importantes de capacitación en el mismo lugar de trabajo. Ruanda ofrece un ejemplo iluminador de cómo la participación de los beneficiarios y el compromiso político pueden generar sinergia entre la descentralización, la participación y el fortalecimiento de capacidades para reconstruir el capital social (*véase* Recuadro 3.5).

RECUADRO 3.5

LA RECONSTITUCIÓN DE LA CONFIANZA EN RUANDA POR MEDIO DE LA RECONSTRUCCIÓN

En la Ruanda postcolonial, la centralización del gobierno impidió que se diera una lucha eficaz contra la pobreza a nivel local y produjo consecuencias sociopolíticas impactantes. Para superar este legado, el nuevo gobierno lanzó en 1996 un enfoque comunitario para responder al retorno masivo de refugiados del antiguo Zaire y Tanzania. Los objetivos centrales del proyecto eran: (a) fortalecer las capacidades en el plano central y local por medio de un programa de capacitación integrado, que incluyó la gestión de proyectos y el manejo ambiental; (b) establecer sistemas comunitarios de adquisición y pago de equipos y otros recursos; y (c) desarrollar procedimientos transparentes de gestión financiera a nivel comunal.

Este enfoque introdujo un mecanismo innovador de implementación para fomentar una alianza entre la comunidad y la administración local, para potenciar a la gente de modo que pudiera tomar decisiones, para descentralizar la planificación y trasladar la gestión de las diferentes etapas de los proyectos y el manejo financiero de los mismos al plano local y para crear un mayor grado de autosuficiencia entre la población rural. El proyecto no sólo ha sido útil para los individuos y grupos, sino que ha revivido las economías locales y reunificado a las comunidades en torno a actividades tangibles. Los elementos centrales de la estrategia general se concentran, en materia política, en la descentralización, en lo económico en la autonomía financiera y, en lo social, en el concepto de alianza. A fin de cuentas, el proyecto puede verse como una inversión económica y social integrada, con miras a un futuro pacífico.

III. APOYAR LA PAZ

La asistencia internacional durante las fases de resolución del conflicto y de transición constituye una inversión de *alto riesgo*, pero con un *elevado potencial* para generar grandes utilidades. Éstas se encuentran en los beneficios que la paz y el desarrollo pueden llevar a un país o región. Una de las operaciones de paz más exitosas, la realizada en Mozambique, constituye un ejemplo bastante demostrativo. Sin embargo, la posibilidad de la desestabilización siempre está presente. Las inversiones hechas en capital físico y humano, tras un cese de hostilidades, se pueden perder, con rapidez, si se reanuda el conflicto. Así lo demuestra el caso de Angola, en donde dos intentos por implementar un acuerdo de paz, en 1992 y 1998, han fracasado. Liberia también enfrenta dificultades en la implementación de la paz. Sin embargo, en lugar de reducir su participación, la comunidad internacional debe, más bien, responder al reto de mantener su compromiso y credibilidad.

A. Un marco para las intervenciones en la transición

La participación de la comunidad internacional, en la etapa posterior al conflicto, se puede dividir en tres fases genéricas, como se hizo por ejemplo, en Bosnia y en Cisjordania y Gaza. Estas fases fueron:

1. La provisión de apoyo técnico y la evaluación de los daños relacionados con el conflicto y las necesidades sociales y económicas de reconstrucción, incluyendo las demandas de financiamiento y movilización de recursos.
2. El suministro de apoyo financiero de emergencia, a corto plazo, incluyendo apoyo presupuestal, para la reintegración de las poblaciones desplazadas, la erradicación de minas, el desarme y la movilización, así como actividades tempranas de reconstrucción (como la rehabilitación de la infraestructura social y económica y la generación de empleo) y una estabilización razonable (por ejemplo, el control de la inflación).
3. La ejecución de intervenciones sostenibles a largo plazo, como el ajuste económico y la creación de un clima propicio tanto para el desarrollo del sector privado como para la generación de alianzas entre éste y el sector público. Se deben fomentar: una gestión eficaz

del sector estatal, la gobernabilidad, las reformas judiciales, el fortalecimiento institucional, las inversiones adecuadas en el desarrollo de recursos humanos y el alivio de la pobreza.

Las tres fases pueden distinguirse en varias de las situaciones postconflicto. Sin embargo, las intervenciones deben caracterizarse por su flexibilidad y basarse en las oportunidades que surjan sobre la marcha, antes que en un calendario rígidamente predefinido. Las intervenciones deben ser, además, *multisectoriales* y conceder igual peso a los aspectos económicos y sociales. Debe evitarse un énfasis excesivo en la reconstrucción física, que lleve a no tomar en cuenta las preocupaciones sociales, tal como ocurrió en Líbano, porque ello puede servir de detonante para nuevos casos de inestabilidad política.

El elemento crucial en la reconstrucción debe ser el vínculo entre el corto y el largo plazo. Lo preferible es que el gobierno, la sociedad civil y la comunidad internacional construyan un *marco estratégico* en el mismo comienzo del proceso, el cual debe tomar en cuenta, sobre todo, el calendario y la secuencia de las intervenciones programadas.

La *apropiación* del proceso a nivel local es aspecto central, si se quiere tener éxito. En Ruanda, por ejemplo, se lanzó un programa conjunto entre el gobierno, el Programa de las Naciones Unidas para el Desarrollo (PNUD) y el Banco Mundial, por medio de una misión de evaluación, en el mismo momento en que se dio el retorno masivo de refugiados, a fines de 1996. La misión recomendó un programa de reintegración y reconstrucción de emergencia que, además de ser coherente, también resultó flexible y se basó en consultas con los grupos beneficiarios. Este marco sigue guiando las intervenciones específicas de los donantes bilaterales y multilaterales.

La fijación del calendario y la secuencia de las intervenciones de política deben reflejar las condiciones locales y los compromisos de un acuerdo de paz, así como la capacidad local de planificación y ejecución. Las intervenciones deben dirigirse, sobre todo, a la generación de destrezas, la creación de empleos y el desarrollo del sector privado, con el objeto de reducir la pobreza y ofrecer alternativas pacíficas de trabajo y obtención de ingresos. La secuencia bien puede contradecir las apreciaciones convencionales sobre las intervenciones para el desarrollo. Por ejemplo, la consolidación fiscal, por medio de una reforma al servicio civil y la reducción de subsidios, puede considerarse una herramienta apropiada para controlar un alto déficit presupuestal. Sin embargo, puede resultar más prudente seguir una política de inclusión, que incorpore alguna modalidad de compartir el poder, entre los grupos inicialmente enfrentados. Por ejemplo, las elecciones de 1993 en Camboya llevaron al establecimiento de un gobierno de coalición que procuró –sin éxito– alcanzar un equilibrio cuidadoso entre los dos bandos principales. El acuerdo de compartir el poder, políticamente necesario, también llevó a un incremento sustancial en el servicio civil. Incluso, en algunas ocasiones, un mismo ministerio llegó a tener dos ministros. Otro caso es el de Sierra Leona, donde la reducción de subsidios alimentarios al ejército en 1996 provocó deserciones masivas y, en fin de cuentas, la ruptura de la paz en 1997.

B. Principios para la cooperación internacional

Un principio fundamental que debe guiar la participación de la comunidad internacional, en las acciones relacionadas con el conflicto y la paz en los países, es la necesidad de mantener la neutralidad política y respetar escrupulosamente los detalles de lo estipulado en los acuerdos de paz. También son importantes la sensibilidad al contexto sociopolítico y una interacción próxima y prolongada con el gobierno y los otros actores de la sociedad, para llegar a comprender cuáles son sus papeles en el proceso de paz.

Tal participación puede exigir un compromiso financiero y moral significativo. La pacificación, el restablecimiento de la confianza y la reconciliación requieren tiempo. Al seguir las pautas aquí enumeradas, la comunidad internacional puede ayudar a mantener la fe en el proceso de paz.

Los actores internacionales deben dejarse guiar por sus *ventajas comparativas*. En el caso de Cisjordania y Gaza, por ejemplo, la ventaja del Banco Mundial se fundamentó en su capacidad de impulsar el desarrollo, por medio de estrategias macroeconómicas y análisis de políticas sectoriales. También se basó en su trayectoria en el manejo de cuestiones institucionales, reguladoras, multisectoriales y financieras complejas, particularmente en relación con el sector privado. Un apoyo básico, en este caso, fue la provisión de proyectos de infraestructura, a pequeña escala, y también muy intensos en mano de obra.

Las ventajas comparativas no se derivan solamente de los conocimientos institucionales. El contexto nacional es un determinante importante. Además, los diferentes actores pueden desempeñar papeles diferentes según la naturaleza específica de la transición. Hay que advertir que pueden surgir conflictos sobre los papeles respectivos de las diferentes agencias, en la coordinación de la ayuda y otras labores y ello puede demandar la búsqueda de consenso entre todas las partes involucradas, para que las intervenciones específicas resulten plenamente complementarias. Un ejemplo lo constituye la cooperación que se ha dado entre el Alto Comisionado de las Naciones Unidas para Refugiados (ACNUR) y el Banco Mundial, en el ofrecimiento de asistencia a los refugiados afganos en Pakistán y a los de Kosovo en Albania.

Durante la etapa de resolución del conflicto, el apoyo internacional debe ser coherente con los objetivos y metas del proceso de paz. Éste debe servir de guía para la comunidad internacional, con orientaciones en la fijación de prioridades y definición de mecanismos para su cumplimiento. Los países con una fuerte capacidad institucional serán capaces de encabezar el proceso, con el respaldo de la comunidad internacional. Una buena muestra de este tipo de coordinación se dio en Guatemala, donde las agencias internacionales han coordinado su apoyo a la reconstrucción, por medio de un Grupo Consultor que ha resultado eficaz.

Entre más débil sea la capacidad de un país para coordinar el apoyo externo, más tendrá que depender de una *agencia líder.* Ésta puede garantizar el diseño e implementación de un programa comprensivo de reconstrucción y obtener, así, un mayor apalancamiento por medio de alianzas y de la distribución de tareas, tal como ocurrió en Bosnia y Herzegovina y en Cisjordania y Gaza. El papel de dicha agencia se puede ver limitado si existe, de parte del país anfitrión, una cierta falta de disposición para ser guiado o coordinado. Otro obstáculo potencial es el deseo de los donantes de mantener un alto perfil, el cual pueden manifestar, por ejemplo, "atando" su ayuda a ciertas condiciones. Sin embargo, sin una agencia líder clara, las intervenciones serán fragmentarias, como ocurrió en Namibia, y la cooperación general podría ser menos formal, tal como sucedió en Ruanda.

La transición del conflicto a la paz invariablemente requiere esfuerzos extraordinarios de la comunidad internacional, para responder a las necesidades de emergencia y de desarrollo y para actuar de manera coordinada, en el mayor grado posible. Por ello, resulta fundamental una *transferencia organizada de las responsabilidades* de los organismos internacionales de emergencia a las agencias de desarrollo nacionales. El ACNUR ha venido adelantando proyectos de impacto rápido para facilitar la reinserción de refugiados en muchos países del mundo, como El Salvador y la República Democrática de Congo. Sin embargo, el mantenimiento y extensión tanto de la infraestructura como de la capacidad creada por tales proyectos es probable que deban ser emprendidos con la asistencia de agencias como el PNUD, los bancos regionales de desarrollo o el Banco Mundial. La coordinación, desde el inicio, entre el gobierno y las entidades involucradas facilita la transferencia de responsabilidades.

C. El financiamiento de la reconstrucción

Una responsabilidad importante de la agencia líder puede ser la gestión de un *fondo de fideicomiso* que sirva bien para programas individuales (como el de Asistencia a los Veteranos en Uganda), o bien para el proceso global de reconstrucción, como fue el caso en Cisjordania y Gaza (*véase* Recuadro 3.6). Los fideicomisos requieren, entre otros aspectos:

1. Arreglos flexibles para desembolsar la asistencia y para la administración de programas.
2. El uso local de servicios de contabilidad que sean reconocidos para aumentar la transparencia y la confianza de los ciudadanos y de los donantes.
3. Arreglos de flujo de caja que vinculen efectivamente la ejecución con la capacidad de absorción asociada.
4. Un mecanismo para realizar el seguimiento a la asistencia de los donantes y vigilar el desempeño (por ejemplo, el desarrollo de matrices comprensivas).

Los fondos de fideicomiso pueden ser una valiosa herramienta para la movilización de recursos. Sin embargo, esta figura, así como otras similares, a menudo sufren deficiencias administrativas –incluso demoras en los desembolsos de los donantes– y procedimientos rígidos que pueden no ser consistentes con las necesidades de emergencia, como las que se registran en ciertos lugares de Irlanda del Norte, Cisjordania y Gaza. La preparación convencional de un proyecto puede demorar demasiado y los arreglos de adquisición de equipos y otros bienes y servicios pueden ser tediosos y venir "atados" (condicionados), y los procesos de toma de decisiones pueden resultar excesivamente centralizados. Simplificar los procedimientos, en particular para los proyectos comunales, y entregar a tiempo bienes y nuevos fondos son acciones que ayudan a resolver tales cuellos de botella. Por ejemplo, donaciones especiales del gobierno de los Países Bajos, facilitaron el arranque del proceso de reconstrucción en Bosnia y Herzegovina, cuando otros recursos todavía no se encontraban disponibles.

RECUADRO 3.6
EL FONDO HOLST EN CISJORDANIA Y GAZA

El Banco Mundial ha venido administrando el *Fondo Holst*, el cual se estableció en 1994 para financiar los costos de arranque –tales como inversiones, consumibles y salarios– de la Autoridad Palestina y sus agencias. Después de desempeñar un papel prominente, apoyando el sistema fiscal palestino entre 1994 y 1996, el Fondo Holst se utiliza ahora primordialmente como un vehículo para respaldar las actividades de generación de empleo y, en ocasiones, como apoyo presupuestal. Un total de US$248 millones, aportados por 26 donantes multilaterales y bilaterales, han sido desembolsados por el Fondo, incluyendo aproximadamente US$212 millones para apoyo presupuestal y US$ 36 millones para actividades de generación de empleo.

Aunque las actividades del Fondo Holst se han reducido considerablemente desde su cúspide en los años fiscales 1995 y 1996, y es poco probable que los donantes ofrezcan un nuevo apoyo presupuestal directo a gran escala a la Autoridad Palestina, se ha decidido mantener el Fondo abierto, al menos hasta el final del año calendario 1998. Esto refleja el aprecio que se siente por la flexibilidad del Fondo como un mecanismo para entregar asistencia, así como para que el Banco pueda administrar más fácilmente el programa.

IV. SUSTENTAR LA PAZ

Sustentar la paz exige la franca y continua consideración de los orígenes de un conflicto violento. Se necesita, por ende, tomar en cuenta las cuestiones estructurales. Sólo por medio de reformas y programas políticos, sociales y económicos, las palabras de un acuerdo de paz se convierten en realidad. Sustentar estos esfuerzos constituye la parte más difícil de la transición y demanda el consenso político, tanto a nivel nacional como regional. Por ejemplo, el Parlamento nacional puede tener que aprobar las reformas; el sector privado debe estar dispuesto a establecer alianzas con otros sectores de la sociedad; se requiere disponibilidad de fondos y es menester coordinar el trabajo de las agencias internacionales y las ONG. La sostenibilidad de la paz, también exige planificación avanzada, o sea, el desarrollo tanto de estrategias a mediano y largo plazo, como el fortalecimiento institucional, la reforma agraria y las acciones en educación y salud.

A. Hacia la recuperación y el desarrollo por medio de la inclusión

El contexto específico del conflicto violento varía de país en país, pero un factor importante siempre ha sido la exclusión de algunos grupos y la alienación de los ciudadanos del Estado, tal como ocurrió en Guatemala, Nicaragua e Irlanda del Norte. La asistencia internacional al proceso de reconstrucción debe tomar en cuenta los diferentes tipos de exclusión. Los proyectos que pretenden ofrecer nuevas oportunidades a todos los grupos, deben ser más arriesgados que los proyectos tradicionales de desarrollo. También se requieren mecanismos de planificación e implementación adecuados.

La exclusión toma muchas formas. Puede ser política, social, económica, étnica o regional. La *exclusión política* denota la falta de oportunidades de ciertos sectores sociales para participar plenamente en el escenario político. Los acuerdos de paz de El Salvador y Guatemala respondieron precisamente a este problema, al proponer reformas constitucionales, legales e institucionales para garantizar una participación más amplia de la sociedad en el proceso de toma de decisiones. Igualmente, las elecciones y una nueva Constitución permitieron a todos los grupos de la Sudáfrica posterior al *Apartheid* participar en el proceso político. En el Líbano, los acuerdos de Ta'if reestructuraron el sistema político al crear un gabinete constituido en partes iguales por musulmanes y cristianos. De otro lado, responder a la *exclusión étnica* significa luchar contra la discriminación y la marginación, reconocer los derechos culturales de las etnias y facilitar su participación en las estructuras políticas, económicas y sociales, tal como ha ocurrido en el proceso de paz de Guatemala.

Combatir la *exclusión regional* implica superar los desequilibrios entre las regiones y, sobre todo, entre las áreas urbanas y rurales. Las cuestiones regionales son importantes en la transición de la guerra a la paz, porque las situaciones locales, los recursos de que disponen las comunidades y la forma de gestión varían de un lugar a otro. Las comunidades pueden usar sus propios recursos para resolver los conflictos políticos y la violencia, de maneras diferentes. En un plano más general, superar la exclusión regional también demanda revitalizar la agricultura y la economía rural y reducir la pobreza. Medidas posibles para apoyar la agricultura, a pequeña escala, incluyen esquemas de tenencia de la tierra que ofrezcan garantías sobre el acceso a la misma, un sistema de distribución, basado en el mercado, para los insumos y los productos, con precios apropiados para los productores y el fomento de cultivos alternativos (*véase* Recuadro 3.7).

RECUADRO 3.7
EL PROYECTO DEL FONDO DE TIERRAS EN GUATEMALA

Guatemala tiene una elevada población indígena, de bajos ingresos, sobre todo en las zonas altas rurales. Éstas se encuentran entre las más pobres del país y presentan déficit de servicios públicos y sociales, infraestructura y oportunidades económicas. El proyecto del Fondo de Tierras, actualmente en preparación, creará oportunidades económicas para los grupos rurales, no sólo al facilitar el acceso a la tierra, sino también al ofrecer apoyo a proyectos productivos por medio de créditos, asistencia técnica y el fortalecimiento de las comunidades locales.

Por ende, dentro de un marco genérico, el diseño y la implementación de estrategias de transición pueden variar, si se pretende que las intervenciones respondan a problemas locales. En Sri Lanka, por ejemplo, los proyectos de reconstrucción del gobierno en el Norte y el Este, asolados por la guerra, incluyen esfuerzos específicos por estimular el espíritu empresarial local, el procesamiento local de productos agrícolas y marinos y la penetración a mercados más amplios. Con ello, se pretende contribuir al restablecimiento de una economía local viable, que ofrezca oportunidades de empleo a los desplazados internos que retornan y reducir, así, las disparidades regionales.

No responder a esos desequilibrios trae consigo el riesgo de sembrar las semillas de un conflicto futuro. Por ejemplo, años después de haber asumido el poder el actual gobierno, los distritos más afectados del norte de Uganda, todavía no se habían beneficiado de ninguna asistencia visible para su reconstrucción. Estos distritos, que coincidieron con las polaridades políticas durante la guerra, se han vuelto, de nuevo, incubadores de la resistencia. De un modo similar, la concentración de los gastos para la reconstrucción en Beirut, poco hizo por superar los desequilibrios regionales en el Líbano. El antiguo Zaire ofrece un ejemplo todavía más impactante de la desatención regional. Así, pese a su riqueza en recursos naturales y a su potencial de desarrollo regional, muchas provincias y territorios se mantienen como enclaves, sin acceso ni siquiera a las regiones vecinas, mucho menos al mundo exterior. Tal situación detonó finalmente un conflicto violento.

La superación de la *exclusión social* implica involucrar a todos los grupos sociales en el proceso de toma de decisiones. El primer paso consiste en generar confianza entre las diferentes comunidades, para promover la reconciliación. Si bien, la generación de confianza es un proceso a largo plazo, ya se cuenta con experiencias positivas de reconstrucción comunitaria en varios países, como Irlanda del Norte y Ruanda (*véanse* Recuadros 3.2 y 3.5), así como en Colombia. Estos proyectos contienen una serie de elementos especiales: (a) la inclusión de grupos antes marginados, al abrirles oportunidades para su avance económico y social; (b) el fomento del contacto, el diálogo y las alianzas; (c) el uso de mecanismos locales de resolución de problemas, y (d) el concepto de que el proceso vale tanto como el producto y que, a largo plazo, la sostenibilidad es más importante que la eficiencia.

De modo similar, en El Salvador, un enfoque de gestión comunitaria de la educación primaria, que más tarde recibió apoyo internacional, ya había sido lanzado por las comunidades locales durante el conflicto. Las actividades que se apoyaron incluyeron la capacitación de maestros, un programa de salud y nutrición escolar para los municipios más pobres y un fondo piloto para poner a prueba métodos alternativos de educación básica, por medio de las municipalidades y organizaciones privadas sin fines de lucro. La naturaleza participativa del proyecto contribuyó a la generación de consenso y a la sostenibilidad del proceso de paz. Igual importancia reviste la democratización en las decisiones gubernamentales, lo que requiere la creación de mecanismos para la participación pública en los programas estatales y la inclusión de representantes de las organizaciones locales en las instituciones nacionales.

La entidad guatemalteca encargada de los asuntos relacionados con la tierra, que incluye la participación de representantes de organizaciones campesinas e indígenas en el diseño y ejecución de sus programas, es un ejemplo pertinente.

B. El desarrollo del sector privado y la generación de empleo

Si bien los gobiernos y la comunidad internacional desempeñan un papel importante en la reconstrucción posterior al conflicto, es a fin de cuentas el sector privado (formal e informal) –en particular la pequeña y la mediana empresa– el que tendrá que estimular la recuperación económica, mediante la generación de empleo y de ingresos para la población. Los gobiernos deben crear un clima que ayude al sector privado a desarrollarse y que contribuya a superar la *exclusión económica*. Tal clima debe tener las siguientes características: (a) seguridad sobre el futuro político, (b) estabilidad fiscal, (c) un marco legal e institucional favorable, (d) una infraestructura económica de apoyo y (e) una fuerza laboral capacitada (*véase* Recuadro 3.8).

RECUADRO 3.8
LA INSTITUCIÓN DE SERVICIOS FINANCIEROS APEX EN SUDÁFRICA

La institución es un mecanismo dedicado a mejorar el marco institucional. Apoya el desarrollo de intermediarios autosostenibles; actúa como catalizador para la introducción de técnicas e innovaciones basadas en las prácticas más exitosas a nivel internacional en el financiamiento de microempresas y sirve como enlace entre las organizaciones con fondos y los intermediarios financieros detallistas que financian a las microempresas. Se utilizan dos medios –dirigidos a reducir los costos de transacción– para persuadir a los bancos y a los intermediarios financieros de que presten dinero a las microempresas de población negra: (1) incentivos para servir a ese mercado y (2) un programa de desarrollo institucional para introducir las prácticas más exitosas.

1. El empleo sostenible

Debe hacerse una distinción entre la creación, a corto plazo, de empleos temporales y los programas de generación de empleo, a largo plazo. Mediante lo primero, se busca mantener ocupados a ciertos grupos, a cambio de ofrecerles ingresos. Por ejemplo, las iniciativas de uso intensivo de la mano de obra pueden emplear a los grupos pobres o vulnerables para la construcción de infraestructura pública. Sin embargo, estos planes son de corta duración. Por su parte, la generación de empleos sostenibles tiene que vincularse al desarrollo de destrezas, por medio de la capacitación en el trabajo y mediante programas de aprendizaje en el sector informal (*véase* Recuadro 3.11).

RECUADRO 3.9
LA PRIVATIZACIÓN EN RUSIA

"La privatización ocurrió en dos etapas: la privatización con cupones (*vouchers*) y la privatización con dinero. Durante la privatización con cupones, cada ciudadano recibió un cupón por un valor nominal de 10.000 rublos, que se suponía debía usar para comprar acciones de las industrias rusas. En la práctica, sin embargo, estos cupones eran inútiles para los ciudadanos individuales y fueron comprados en la calle por sombrías organizaciones comerciales y criminales que los usaron para comprar industrias rusas a un precio regalado. Durante la privatización con dinero, los precios de las empresas más cotizadas se prefijaron, con la ayuda de funcionarios locales de la privatización, para beneficiar a los conglomerados de negocios criminales. Muchas subastas ocurrieron sólo sobre el papel. Si se daba una verdadera puja y un grupo poderoso perdía ante un competidor insistente, el mejor postor bien podía pagar, por su tenacidad, con su vida. Al final, las empresas gigantes se vendieron por centavos" (Satter, 1998, 23).

Una experiencia innovadora del desarrollo de pequeñas empresas tuvo lugar en Kenia. Partiendo del supuesto de que ellas son una parte integral de la economía nacional, se realizó una encuesta para identificar sus características y necesidades así como obstáculos ambientales, financieros y reguladores; restricciones en el mercado, premisas empresariales no apropiadas y esquemas inadecuados de arrendamiento, que limitan su desempeño. Por su parte, el proyecto de desarrollo del sector informal que se puso en marcha, ofreció servicios de fortalecimiento empresarial, mecanismos para compartir información y, lo más importante, arreglos seguros de tenencia. Se logró, así, mejorar el potencial y la efectividad del sector informal a pequeña escala.

La creación de empleos y de pequeñas empresas también puede tener un impacto directo en la violencia. En El Salvador, el número de personas asesinadas después de la firma del acuerdo de paz superó al de las muertes violentas ocurridas en cada año durante la guerra civil. Una explicación común para el estallido de la violencia es que algunos soldados desmovilizados decidieron ganarse la vida recurriendo a las armas. Una asistencia integral para la reintegración podría haber creado fuentes de ingreso alternativos e impedido que la violencia se incrementara.

Uno de los errores del pensamiento económico ortodoxo consiste en aconsejar la privatización de las empresas estatales muy tempranamente en el proceso de transición, en un esfuerzo por ayudar al Estado a concentrarse en intervenciones sociales clave y permitirle financiarlas. Las experiencias en Europa del Este y la antigua Unión Soviética demostraron que si la privatización no se planifica debidamente y excluye a la sociedad civil, puede llevar a una mayor concentración de activos en manos de unos pocos (*véase* Recuadro 3.9). Además, a menudo, las empresas privatizadas siguen disfrutando de poderes prácticamente monopolísticos, en lugar de exponerse a la competencia internacional; con lo cual se le niega al consumidor el disfrute de los beneficios, en precios bajos y calidad de los productos y servicios, que debería esperar de la venta de activos estatales.

Entre las intervenciones económicas fundamentales se encuentra la garantía de los derechos de propiedad. En Uganda, por ejemplo, el clima macroeconómico y de seguridad era favorable, como resultado de políticas fiscal y monetaria prudentes y de la exitosa ejecución de un programa de desmovilización y reintegración. Sin embargo, sólo al devolverse las propiedades confiscadas a la minoría asiática, expulsada en el decenio de 1970, el sector privado pudo realmente recuperar su vigor. Las consecuencias económicas negativas del cambio constitucional en Sudáfrica han sido limitadas hasta ahora, porque se han mantenido los derechos de propiedad. En cambio, la amenaza a la propiedad privada de la minoría china en Indonesia ha afectado severamente la confianza empresarial.

Las instituciones financieras internacionales pueden desempeñar un papel importante en la recuperación del sector privado (*véase* Recuadro 3.10). Su participación en el proceso ayuda a incrementar la confianza, puesto que reduce la incertidumbre que ocasiona el hecho de efectuar inversiones en una situación postconflicto y contribuye a mejorar el clima general para las actividades del sector privado. También sirve para demostrar a los demás que es hora de vincularse a la reconstrucción nacional, tal como ocurrió en Uganda. Las evaluaciones del sector privado pueden ser una herramienta útil en este proceso, tal como se demostró en el Líbano. Ellas pueden incluir un retrato fiel de las preocupaciones del sector y una discusión sobre las características, los problemas y las necesidades de las pequeñas y medianas empresas. Igualmente, pueden llevar a crear una amplia conciencia acerca de la necesidad de dar ciertos pasos, como un mayor diálogo entre el gobierno, el sector privado y otros grupos, la creación de un marco de incentivos y la eliminación de obstáculos institucionales y de otro tipo. Un ejemplo de esto último es el mejoramiento del marco legal y regulador de las instituciones financieras.

RECUADRO 3.10

EL BANCO MUNDIAL, LA CORPORACIÓN FINANCIERA INTERNACIONAL Y LA AGENCIA MULTILATERAL PARA LA GARANTÍA DE INVERSIONES EN CISJORDANIA Y GAZA

Temáticamente, el Grupo del Banco Mundial está dedicando gran atención a apoyar la creación de un clima favorable para las inversiones y ha establecido una serie de proyectos que buscan crear o racionalizar los sistemas legales, reguladores y financieros clave. El Banco y la Corporación Financiera Internacional (CFI) han forjado una alianza que incluye esfuerzos conjuntos para expandir las transacciones del sector privado y la intermediación financiera, impulsar leyes en los sectores financiero y comercial y establecer o fortalecer las instituciones encargadas de la implementación. Al diseñar y ejecutar estos proyectos, las tres instituciones hermanas (el Banco, la CFI y la Agencia Multilateral para la Garantía de Inversiones, AMGI) están trabajando juntas para conjugar sus fortalezas relativas en el programa.

El Banco Mundial recurre a la colaboración con las otras organizaciones del Grupo, para promover el cofinanciamiento de los donantes bilaterales y multilaterales, el sector privado y las ONG. El Banco Mundial y la CFI están trabajando juntos en tres operaciones en Cisjordania y Gaza: el Proyecto de Microempresas, el Proyecto de Parque Industrial de Gaza y el Proyecto de Vivienda. La AMGI inició su Fondo Palestino de Garantía de Inversiones con una inversión inicial de US$19 millones; desde entonces, se han recaudado cerca de US$11 millones más en suscripciones adicionales de otros donantes.

C. La gestión de los recursos naturales

A menudo, se produce un conflicto, cuando algunos grupos sociales se ven excluidos del acceso a los recursos naturales. Las facciones en guerra pueden acceder, por la fuerza, a recursos tales como piedras preciosas o madera e intercambiarlos por armas y remunerar a sus combatientes. Angola, Camboya, Liberia y Sierra Leona son ejemplos de países ricos en recursos naturales, en donde la disputa por el acceso a éstos, por parte de las diversas facciones en pugna, ha prolongado el conflicto y llevado a la pérdida o deterioro de valiosos recursos.

Durante la fase de transición, esta riqueza natural debe convertirse en un estímulo para la reconstrucción y el desarrollo y para el mayor bienestar de la población.

Como lo muestra la experiencia en la República Democrática de Congo, la perspectiva a largo plazo para los países en situaciones de postconflicto debe consistir en obtener los mayores beneficios de sus recursos, al tiempo que se conservan la calidad ambiental y la biodiversidad. En el sector minero, por ejemplo, puede requerirse un marco legal y regulador, con el objeto de fomentar la participación competitiva del sector privado –incluyendo el pequeño sector artesanal–, por una parte, y de fortalecer los derechos de propiedad, por la otra. En la industria forestal, son elementos importantes: un sistema transparente para emitir concesiones (por ejemplo, por medio de subastas); una estructura fiscal específica para el sector que favorezca la explotación equilibrada en lugar del acaparamiento; un creciente valor agregado nacional en la transformación de la madera; el apoyo a los parques nacionales y la protección de la biodiversidad.

D. La reintegración de los desplazados

El conflicto violento y la guerra desarraigan a individuos, familias y comunidades enteras en las zonas afectadas. Por haber dejado atrás, muchas veces, la mayoría o la totalidad de sus posesiones, los desplazados merecen especial atención. Los países vecinos que reciben refugiados, por ejemplo, Malawi que alberga a refugiados de Mozambique, o Pakistán, que acoge a refugiados afganos, deben recibir asistencia. Lo mismo vale para las ciudades o regiones colindantes que carecen de capacidad para recibir a los miles de desplazados internos como nuevos residentes, como ha sido el caso, por ejemplo, en Argelia y Angola. El drama de los desplazados en los campamentos, a menudo atrae grandes sumas para el financiamiento de la asistencia a estas personas. Sin embargo, no se deben descuidar las necesidades de personas igualmente pobres que permanecieron en sus comarcas, como sucedió durante la crisis de refugiados en Ruanda.

1. Factores clave

Una vez ha concluido formalmente un conflicto violento, los principales obstáculos para el retorno de las *poblaciones desplazadas* son la seguridad local, la vivienda, el empleo y la tierra, además de oportunidades sociales como la educación, la salud y los servicios públicos. Esto se vio claramente, por ejemplo, en Bosnia y Herzegovina, Camboya y Ruanda.

Para los desplazados internos, la decisión de retornar a sus comunidades de origen o permanecer en su nuevo entorno, depende, especialmente, de algunos factores. Los gobiernos que buscan facilitar el *retorno voluntario* de las poblaciones desplazadas deberán dar especial énfasis a las medidas eficaces y sostenibles de reintegración. Sin embargo, estas últimas deben implementarse a *nivel comunitario*, para ofrecer beneficios a todos los grupos necesitados en la zona en cuestión. Los proyectos que favorecen a quienes retornan, a expensas de las comunidades que los reciben, incrementan el riesgo de un conflicto social entre los desplazados y el resto de la ciudadanía. Así sucedió en Guatemala. En cambio, los proyectos deben diseñarse para fomentar un espíritu de confianza y reconciliación, por medio de la toma de decisiones conjuntas, que beneficien a todos los grupos, tal como sucedió en Ruanda. Las intervenciones especiales deben siempre planearse con la plena participación de todos los grupos afectados y vincular, también, a los sistemas de planificación en los niveles nacional, regional y local.

La huida de miles de albaneses étnicos de Kosovo desde la antigua Yugoslavia hacia Albania, constituyó una emergencia de tan grandes proporciones que demandó una respuesta rápida. El Fondo Postconflicto del Banco Mundial ofreció una donación al gobierno de Albania, para apoyar programas de desarrollo comunal que pudieran ofrecer empleo inmediato y proyectos productivos, en aquellas áreas del país más afectadas por la inmigración involuntaria. Responder a los requerimientos de las poblaciones desplazadas, de manera pronta, con recursos financieros que impidan la desestabilización reporta beneficios. Ésta es una lección que se está aplicando en Albania. Incluso, atender sus necesidades antes de la resolución de un conflicto puede ayudar a impedir un mayor deterioro de las frágiles condiciones en los países vecinos.

2. *El impacto ambiental del desplazamiento*

Sin embargo, la asistencia a las comunidades que retornan debe acompañarse de ayuda a las antiguas comunidades anfitrionas, sobre todo, si algunos de los desplazados deciden permanecer allí. La concentración de poblaciones desplazadas, a menudo, tiene un impacto severo en la economía de las comunidades anfitrionas, así como en su infraestructura y en su entorno natural. Las zonas fronterizas de Tailandia y Pakistán, por ejemplo, muestran profundas cicatrices dejadas por tales experiencias. La rehabilitación de las zonas que viven el impacto de los desplazados es esencial y es preferible realizarla durante la misma crisis, tal como está ocurriendo, en la actualidad, en Albania.

La migración forzada plantea una amenaza, aún más seria, para el medio ambiente. Aunque los nuevos asentamientos surgen como resultado de un conflicto violento, también guardan semejanzas con la expansión de la frontera agrícola y usan el mismo tipo de agricultura de corte y quema, común en Brasil e Indonesia. Incorporar los nuevos asentamientos, en forma coherente, a la planificación regional para el desarrollo, no sólo permite a los colonos acceder a servicios que pueden beneficiar a otros desplazados internos, sino que ayuda a proteger a las minorías étnicas y a su ambiente y con ello se previene, como ocurrió en Camboya, la usurpación de tierras para realizar actividades como la tala de bosques (legal o ilegal).

E. La eliminación de minas explosivas y el desarme

Una gran barrera para el retorno de las poblaciones desplazadas y para la recuperación económica y social de las zonas rurales, se encuentra en las minas explosivas que, como se encuentran bajo tierra, afectan la seguridad personal y lo seguirán haciendo después de la conclusión de las hostilidades. La limpieza de minas es, a menudo, una actividad esencial en situaciones postconflicto, como en los casos de Angola, Camboya y Mozambique. El objetivo final de esta labor es recuperar la tierra para las actividades humanas, al limpiar las zonas donde se sabe que hay minas y al confirmar si una zona tiene minas o no. Sin una limpieza de minas, ciertas partes del país pueden estancarse económicamente y provocar nuevas oleadas de emigración forzada.

La *limpieza humanitaria de minas* busca reducir los riesgos que ellas representan en la vida cotidiana. En cambio, la *limpieza de minas para la reconstrucción* apoya los proyectos de rehabilitación. Ambas se practican para ayudar a reconstruir la sociedad y proteger vidas. La limpieza de minas es lenta y costosa. Por lo tanto, sólo debe emprenderse luego de conducir una evaluación y una encuesta detalladas para definir las áreas prioritarias, de acuerdo con su impacto general en la recuperación y el desarrollo. La encuesta generalmente se basa en mapas informales preparados por los ex combatientes y en información histórica provista por habitantes locales.

Para cada proyecto de limpieza de minas debe desarrollarse un sistema de información confiable. También ha de realizarse un cálculo aproximado de su número, del tamaño de las áreas contaminadas, de la ubicación de los campos minados y de los patrones de distribución de las minas. Ejemplos de posibles intervenciones incluyen la creación de capacidad para apoyar el desarrollo de centros nacionales o locales de limpieza de minas, el financiamiento de programas, con este objetivo, en zonas particulares para ayudar a la reintegración de los desplazados y a la reactivación de la economía local y, finalmente, el apoyo a programas de limpieza de minas dirigidos a sectores específicos, como el de transporte o el agrícola.

A diferencia de la erradicación de minas, para lo cual existen normas bien establecidas y se dispone de amplia capacitación, la labor de *desarme en armas livianas* no se ha desarrollado en forma sistemática en una situación postconflicto. Se requieren normas contra su acumulación, así como medios para la participación pública en el proceso. En 1997, la Asamblea General de la Organización de Estados Americanos (OEA) ratificó la Convención Interamericana contra la Producción y Tráfico de Armas de Fuego, Municiones y Explosivos Ilegales y otros Materiales Relacionados. Este acuerdo ha permitido a los líderes de América Latina trabajar a nivel local, en el apoyo a programas que pretenden eliminar las herramientas de la violencia, por medio de un enfoque sistemático y nacional.

En años recientes, ha quedado en claro que alcanzar la paz exige políticas que al concentrarse en sus herramientas más ubicuas, como son las armas pequeñas y livianas, sirvan para prevenir la violencia. La reducción de estas armas debe buscarse en el período de postconflicto. También se requiere promover políticas estatales más amplias que establezcan normas contra la acumulación de armas livianas. Los diferentes ciclos de una confrontación exigen enfoques diferentes sobre el control de armamentos. Por ejemplo, el desarme forzado puede funcionar, durante el conflicto, si se impone por medios militares. En cambio, en una situación postconflicto, los programas de recolección de armas por entrega voluntaria pueden ser más efectivos para respaldar la paz.

La reducción de las armas en una situación postconflicto debe acompañarse de políticas estatales más amplias, tales como la expedición de normas que controlen la posesión y acumulación de armas livianas. Así, el desarme puede reducir la posibilidad de la violencia armada, pero también dar énfasis a los valores políticos y simbólicos que subyacen en tal acción. Esto es particularmente cierto cuando un país se encuentra en la transición entre la guerra y la paz y es fundamental aplicar medidas que generen confianza entre las partes enfrentadas. De modo similar, el desarme es un componente fundamental de los programas de desmovilización y reintegración que, como se sabe, reducen el potencial de un incremento en la violencia. Pero el desarme en tales situaciones requerirá la cooperación de las autoridades locales, la policía y el personal judicial.

F. La desmovilización y reintegración de los ex combatientes

La inseguridad tanto personal como económica son efectos laterales inevitables del conflicto violento. La muerte, el desplazamiento y la desinversión afectan los costos de transacción, la movilidad laboral y, por ende, la producción. El ejemplo reciente más dramático es el de Ruanda, donde el PIB en 1994, o sea, en un momento posterior al genocidio, sólo llegó al 60% del nivel anterior a la guerra. El restablecimiento de la seguridad es, por ello, una de las tareas más importantes de la fase de transición. La desmovilización y reintegración de los ex combatientes y el fortalecimiento o la reforma del sistema judicial son dos de las intervenciones más importantes.

La desmovilización y reintegración de los ex combatientes de las fuerzas armadas y policiales pueden ser parte integral de un acuerdo de paz, como ocurrió en El Salvador, Guatemala y Mozambique. Pero, en otros casos, si se ha pactado compartir el poder y buscar la reconciliación, puede resultar más oportuno integrar las fuerzas rebeldes en un ejército unificado para desmovilizarlo más adelante, tal como se hizo en Uganda y Camboya.

El objetivo final de los programas de reintegración es ofrecer a los ex combatientes una alternativa pacífica y sostenible al combate: que sus ingresos no surjan de la 'boca de un fusil'. Como componentes importantes de tal estrategia aparecen la creación de una "red de seguridad" temporal para la fase crítica de reinserción, a corto plazo, y la provisión de asistencia para la reintegración. Esta última debe guiarse por la demanda, es decir, debe tomar en cuenta la modalidad de subsistencia. La ayuda para la reincorporación puede incluir acciones para facilitar el acceso a la tierra, a la capacitación y al desarrollo de destrezas, como también a fuentes de información sobre oportunidades de empleo. Otro componente puede ser la orientación psicosocial (*véase* Recuadro 3.11.) Tampoco deben ignorarse las necesidades especiales de los ex combatientes mujeres, menores de edad o discapacitados.

Aspectos que requieren especial atención son: (a) vigilar la seguridad personal de los ex combatientes que han renunciado a las armas, en las comunidades donde se asienten, y (b) evitar el resentimiento entre la población local, lo cual implica tener en cuenta el bienestar de la comunidad, cuando se ofrezca ayuda para la reintegración. La forma integral como se planificaron y ejecutaron estos programas ha producido experiencias valiosas en Camboya, Etiopía y Uganda, mientras que la falta de atención a estos problemas resultó costosa en Sierra Leona en 1996-1997.

G. La promoción de la justicia y la reconciliación

Un conflicto violento deja cicatrices de temor, desconfianza y resentimiento. Estas heridas se profundizan en una cultura de impunidad. La reconciliación con el pasado es el reto más difícil para una sociedad que emerge de un conflicto violento, desde Bosnia y Herzegovina a Guatemala o Ruanda. Un gobierno que adhiera genuinamente al respeto de los derechos humanos es uno de los requisitos esenciales, si una sociedad ha de reconciliarse. La reconciliación también exige actividades concretas que produzcan resultados tangibles, para aquellos a quienes se les está pidiendo que perdonen y dejen atrás el pasado (*véase* Recuadro 3.5).

RECUADRO 3.11
EL PROGRAMA DE APOYO A LA REINTEGRACIÓN PROVINCIAL EN MOZAMBIQUE

El objetivo primario de este programa piloto en las provincias de Manica y Nampula fue ofrecer oportunidades de capacitación y empleo a los grupos afectados por la guerra, en particular los ex combatientes, pero también a los desplazados internos y los refugiados que regresaban. Los logros del programa piloto a lo largo de un año fueron impresionantes: más de 2.100 veteranos han recibido capacitación, por medio de proveedores de entrenamiento del sector formal y proyectos de aprendizaje en el sector informal. Casi tres cuartas partes de los participantes fueron adiestrados informalmente con los proyectos de aprendizaje (capacitación más un subsidio laboral), a cerca de dos tercios del costo normal por unidad, con el mismo nivel de posibilidades de empleo que los capacitados formalmente. Esto confirmó la hipótesis original del diseño del programa: llevar la capacitación lo más cerca posible de los puestos de trabajo aumentaría las posibilidades de obtener trabajo y a un costo menor.

Además, se financiaron más de 300 microproyectos orientados al empleo, que llegaron a más de 4.700 beneficiarios directos. El programa piloto permitió comparar un enfoque de emergencia, destinado a fomentar el empleo a corto plazo con otro más orientado al desarrollo, y que se concentró en la creación de microproyectos viables y sostenibles, con criterios más estrictos para la selección y vigilancia de los proyectos. Ambos enfoques han dado buenos resultados. Además, aunque la inseguridad se mantiene en algunas partes del país, no parece haber una relación sistemática entre los niveles de delincuencia y el número de soldados desmovilizados en una comunidad. Los enfoques de emergencia y de desarrollo, entonces, parecen tener igual validez, al menos inmediatamente después de concluido un conflicto.

Una de las tareas más difíciles que enfrenta un gobierno, al terminar un conflicto, es responder al problema de las *violaciones a los derechos humanos y de los abusos de la justicia* durante la confrontación. Ya sea que se manejen por medio de tribunales para crímenes de guerra –como en Ruanda y la antigua Yugoslavia– o de Comisiones de la Verdad –como en Guatemala, El Salvador y Sudáfrica–, las sanciones legales y morales son fundamentales en un proceso de reconciliación. La gobernabilidad y la lucha contra la impunidad en una situación postconflicto han de tener, como punto de arranque, la capacidad del Estado para reconciliarse con la sociedad, aceptar sus responsabilidades y sentar las bases para un esfuerzo más amplio de generación de confianza.

El Cuadro 3.1 ofrece algunos ejemplos de cómo varias naciones latinoamericanas han manejado el proceso de reconciliación. No existe una única manera de lograr esta tarea. Sin embargo, la simple existencia de procesos políticos sirve para crear foros, con el fin de que la sociedad civil exprese públicamente sus preocupaciones y frustraciones, como parte esencial en el proceso de curación.

CUADRO 3.1
TÉCNICAS DE RECONCILIACIÓN EN AMÉRICA LATINA

Proceso de reconciliación	**País**				
	Argentina	**Brasil**	**Chile**	**El Salvador**	**Guatemala**
Involucramiento de terceras partes	No	No	No	Sí	Sí
Desmovilización	No	No	No	Sí	Sí
Purgas	Sí	No	No	Sí	Sí
Impunidad	Sí	Sí	Sí	Sí	Sí
Juicios	Sí	No	Sí	Sí[1]	No
Guerra sucia	Sí	Sí	Sí	Sí	Sí
Amnistía	Sí	Sí	Sí	Sí	Sí
Comisión de la Verdad	No	Sí[2]	Sí	Sí[3]	Sí
Acuerdo negociado	No	No	Sí[4]	Sí	Sí
Desarme	No	No[5]	No	Sí	No[6]
Abusos y violaciones de los derechos humanos	Sí	Sí	Sí	Sí	Sí

1 Relacionado con delitos específicos.
2 Manejado por la Iglesia.
3 Comisión ordenada por la ONU y Comisión Nacional.
4 Elección.
5 Elección de Presidente civil.
6 Paralelo.

Estos procesos, forzosamente, deberán responder a los problemas estructurales en el sistema de justicia, para que los abusos y las violaciones no ocurran nunca más. Tal es el objetivo de la Comisión de la Verdad en Guatemala. Las reformas judiciales deben tomar en cuenta el legado de años de conflicto y la desconfianza de ciertos sectores sociales hacia los sistemas de justicia y seguridad. El socavamiento del Estado de derecho, en general, y del sistema de justicia, en particular, es resultado directo del conflicto violento, sobre todo, cuando éste se encuentra vinculado a la impunidad. La paz sostenible sólo se conseguirá si se promueve la reconciliación con justicia.

RECUADRO 3.12
LA REFORMA JUDICIAL EN GUATEMALA

Las reformas judiciales deben practicar la inclusión, adaptarse a las características específicas de la sociedad y, sobre todo, garantizar que la justicia se aplique sin consideraciones políticas. El proyecto de Reforma Judicial es un buen ejemplo de un enfoque integrado para una sociedad pluricultural, multiétnica y plurilingüe, golpeada por 35 años de guerra interna. El tema de la impunidad que afectó a sectores importantes de la población, las profundas heridas provocadas por la desconfianza y la falta de garantías judiciales para defender los derechos de la población son parte fundamental del Programa de Justicia en el país. El diseño del proyecto gozó de la participación de los sectores antes excluidos de la sociedad guatemalteca. También es un excelente ejemplo de la coordinación interinstitucional entre las agencias multilaterales (el Banco Mundial, el Banco Interamericano de Desarrollo, las Naciones Unidas, los donantes bilaterales y el gobierno).

Hay muchos casos en que simplemente no existe un sistema judicial, o éste funciona defectuosamente. En tales ocasiones, deben crearse o reformarse instituciones que fomenten en la ciudadanía un sentimiento de confianza hacia el sistema judicial y la policía (*véase* Recuadro 3.12). Este reto es tan grande en Irlanda del Norte como en Sudáfrica. Intervenciones pertinentes incluyen cambios institucionales y organizativos, la capacitación de jueces y la coordinación institucional con otros poderes del Estado.

CONCLUSIONES

A lo largo de los últimos 16 años, una sucesión de presidentes de la República de Colombia ha realizado numerosos esfuerzos por poner fin a la violencia en el país. El gobierno del presidente Andrés Pastrana ha convertido la paz en uno de los objetivos centrales de su administración. También ha intensificado el diálogo con la sociedad civil y la comunidad internacional para apoyar el esfuerzo por la paz.

El reconocimiento de que un proceso de paz tomará su tiempo, e involucrará a una gama muy amplia de actores, no debe servir de excusa para que se pierda de vista el objetivo último, que es poner fin a la guerra en Colombia. Las experiencias descritas en esta ponencia dejan en claro que se trata de un proceso de largo plazo y que los pasos iniciales tomados son sólo eso: el comienzo. La paz exigirá compromisos políticos, económicos y de seguridad con la capacidad de garantizar que el resultado sea un proceso sostenible y de inclusión, que construya la paz para todos los ciudadanos. Se presenta una oportunidad importante para beneficiarse de las experiencias y lecciones de otros países, donde la pacificación aún está en marcha. Diseñar incentivos preacuerdo, crear estrategias económicas para la reconstrucción postconflicto e involucrar a un amplio espectro de actores nacionales en un diálogo sobre las necesidades de la posguerra, son acciones que bien pueden definir si el proceso de paz resultará sostenible.

La discusión anterior sugiere que la experiencia mundial en transiciones de la guerra a la paz puede ofrecer lecciones valiosas para lograr, hacer propia, apoyar y sostener la paz en Colombia. Al haber respaldado tales procesos en varios países alrededor del globo, la comunidad internacional se encuentra en una buena posición para ayudar al gobierno y al pueblo colombianos. Un primer paso, en tal dirección, puede ser la evaluación conjunta de las intervenciones nacionales en favor de la paz, en el contexto de las experiencias internacionales. Sin embargo, la participación de la comunidad internacional, en el proceso de paz, tiene que ser definida y dirigida por los mismos colombianos, de acuerdo con sus necesidades y aspiraciones.

BIBLIOGRAFÍA

Acuerdos de Ta'if. En el Líbano, Internet.

Ahrend, Rüdiger, 1998. "The economic consequences of fighting and ending Latin America's civil wars: What to Expect from Peace in Colombia" (borrador). Washington, D.C.: Banco Mundial, LCC4C.

Banco Mundial, 1998. "Building the New Congo: An Economic Report" (borrador). Agosto.

——, 1998. *The World Bank's Experience with Post-Conflict Reconstruction*, Vols. I-V, Informe No. 17769, Departamento de Evaluación de Operaciones.

——, 1998. "Rwanda community reintegration and development project. Project appraisal document". Informe No. 17776-RW. (Borrador).
——, 1998. "Public expenditure review for Cambodia" (borrador).
——, 1998. "Implementation completion report, Bosnia Herzegovina, emergency housing repair project credit 2909-BA", Informe No. 17486-BA, mayo 29.
——, 1998. "Implementation completion report, Bosnia Herzegovina, emergency farm reconstruction credit, trust fund 024031-BA", mayo 15. Report No. 17666-BA.
——, 1998. "South Africa CAS upstream review package", agosto 19 (borrador).
——, 1998. *A Framework for Post-Conflict Reconstruction*. Washington, D.C.
——, 1998. *Violence in Colombia: Towards Peace, Partnerships and Sustainable Development* (mimeografiado), estudio sectorial del Banco Mundial, Washington, D.C.
——, 1997. "Country assistance strategy for Lebanon". Washington, D.C.
——, 1997. "War-to-peace transition in Mozambique: the provincial reintegration support program. Findings". No. 90 (julio).
——, 1997. *The State in a Changing World.: World Development Report*. Oxford: Oxford University Press.
——, 1997. "Industrial competitiveness and job creation in South Africa". Informe de evaluación de personal. Washington, D.C.
——, 1997. "Implementation completion Report, Bosnia and Herzegovina, transition assistance credit". 16671 (junio 10), División de Operaciones por País, Departamento de Europa Central, Región de Europa y Asia Central, Washington, D.C.
——, 1997. "The donor experience and the way ahead". Declaración del Banco Mundial ante la reunión del Grupo Consultivo para Cisjordania y Gaza, diciembre 14-15. Washington, D.C.
——, 1996. "A World Bank Group strategy for the west bank and Gaza and a request for a replenishment of the trust fund for Gaza and the west bank". (R98-96) Washington, D.C.
——, 1995. "Findings: Africa Region". No. 48 (septiembre). Washington, D.C.
——, 1995. "Lebanon private sector assessment". Informe 13956-LE. Washington, D.C.
——, 1992. "Request for bank economic work in support of the Middle East multilateral peace talks". Sec. M92-1523, diciembre 3.
——, 1993. "World Bank Assistance to the West Bank and the Gaza Strip". R93-163, septiembre 20.
——, 1994. "Country assistance strategy for Lebanon". Washington, D.C.
Carnegie Commission on Preventing Deadly Conflict, 1997. *Preventing Deadly Conflict*. Nueva York: Carnegie Commission.

Cleves, Patricia, 1998. *Comparative Experiences of the Peace Processes in El Salvador and Guatemala and their Relationship to the Situation in Colombia* (mimeografiado). Washington D.C.: Banco Mundial.

Colletta, Nat, Markus Kostner e Ingo Wiederhofer, 1996. *The Transition from War to Peace*. Directions in Development Series. Washington, D.C.: Banco Mundial.

Community Relations Council, 1994. "A guide to peace reconciliation and community relations projects in Ireland". Joe Hinds (ed.).

Departamento de Estado de Estados Unidos, 1997. "Lebanon Country report on Human Rights Practices for 1996". Washington, D.C.

——, 1997. "South Africa Country Report on Human Rights Practices for 1996". Washington, D.C.

DFI International, 1997. "Effective transitions from peace operations to sustainable peace: Final report".

González Cofino, Roberto, 1995. "A successful approach to participation: The World Bank relationship with South Africa". Human Capital Development and Operations Policy (HCO). Working Papers. Washington, D.C.: Banco Mundial.

Kostner, Markus, Taies Nezam y Colin Scott. 1997, "From civil war to civil society. The transition from war to peace in Guatemala and Liberia", Washington, D.C.: Banco Mundial y el Centro Carter.

Mendelson, Johanna, 1998. "The security environment in Colombia: A chance to end the violence?" (borrador). Unidad Postconflicto, Washington, D.C.: Banco Mundial.

Northern Ireland Voluntary Trust, 1998. "Taking risks for peace: A mid-term review by an Intermediary Funding Body of the E.U. Peace Process".

Programa de las Naciones Unidas para el Desarrollo (PNUD), 1997. Comunicado de prensa: "Development Cooperation Report-Lebanon", diciembre.

Putterman, Joshua, 1998. The Johan Jørgen Holst Peace Fund for the West Bank and Gaza Strip: A financial instrument utilized for post-conflict reconstruction (borrador). Washington, D.C.: Banco Mundial.

República de Sudáfrica, 1996. "Constitution of the Republic of South Africa", mayo. Internet.

——. 1995. "Promotion of a national unity and reconciliation bill", octubre. Internet.

Satter, David, 1998. "Russian Rubble". *National Review*, septiembre 28, pp. 22-24.

Wallensteen, Peter y Margaret Sollenberg, 1996. "The end of international war? Armed Conflict, 1989-95". *Journal of Peace Research*, Vol. 33.

Este libro se terminó de imprimir en septiembre de 1999
en los talleres de Tercer Mundo Editores, División Gráfica.
PBX (571) 312 6816. Fax (571) 212 5976
E-mail: tmundoed@polcola.com.co
Santa Fe de Bogotá, Colombia